고객은 물론 함께 일하는 내 사람도 챙길 수 있는 또 하나의 경영 방식. 일탈은 부끄러운 것이 아닌 또 다른 자유의 이름!

Kim.DW.me(김동욱)

틀에 박힌 경영 방식으론 이제 성공할 수 없음을 알아야 한다. 이 책 속 여행 박사의 성공 스토리를 보니 여행계의 스티브 잡스, 한국의 리처드 브랜슨이라 불려도 손색없을 듯!

verzit(베르지트)

이 책의 메시지는 꼭 경영을 하는 사람들만을 위한 것이 아니다. 어느 누구라도 자신의 삶에 적용해 '나는 왜 이걸 하고 있지?'라고 자문하며 삶의 방향성을 잃지 않을 수 있다.

becokim(푸른하늘)

이 책은 '차별화'라는 긴 여정을 가기 위한 나침반이자, '마케팅이란 결국 사람이다'라는 명제를 실천하기 위해 언제나 열정적으로 대중들과 소통하게 하는 지침서이다.

John1210(John yu)

경영을 하는 데 '비전'이란 정말 중요한 요소다. 다른 말로 하면 '초심'이라고도 하는데, 이 책은 그 초심을 위한 미션을 수행하는 데 친절한 로드맵이 되어줄 듯하다.

busanhi(안녕하세요)

직원들 모두를 경영주로 만든 경영 일탈이라… 이거 한번 해볼 만하지 않을까?

lsy3747(구서리)

내가 더 이상 성장하지 못하고 있는 이유를 이 책을 통해 찾은 듯하다. '아등바등 일해서 100억을 버느니 즐기며 일하면서 20억을 버는 게 낫다!'는 메시지를 통해 여행박사의 가장 큰 자산이 '사람'인 이유를 알 수 있었다.

hrseat(콩콩국장)

때때로 흔들릴 수밖에 없는 경영인들에게 '가능성'이라는 희망을 보여주는 진정성 있는 스토리!

flaghrcjstk(좋은사람)

세상에는 '괴짜'라고 불리는 사람들이 있는데 이들 대부분에게는 '본질'이 부족하다. 중요한 핵심 없이 괴짜의 삶을 그저 동경하며 겉모습만 따라 할 뿐이지만, 이 책 속 주인공은 바로 이 '본질', '핵심'을 잘 알고 있다.

corail83(뽀마왕)

누군가를 그저 따라 하는 마케팅이 아닌 자신만의 마케팅 비법을 터득해가도록 도와주는 책이다.

jaeyeong.go(고재영)

강소기업 경영크로키

경영 일탈, 정답은 많다

여행박사 행복CEO의 '내맘대로' 경영여행

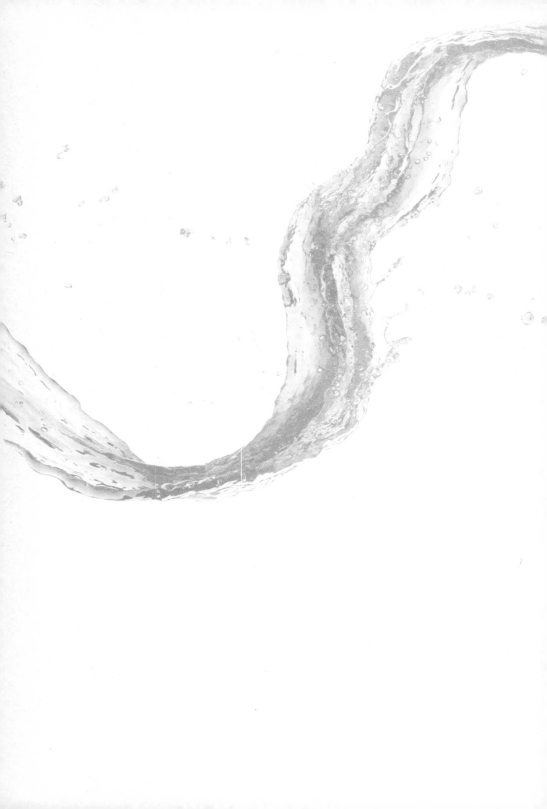

경영일탈

정답은많다

여행박사 행복CEO의 '내맘대로' 경영여행

보통마케터 **안병민** 지음

책비

다르니까 경영이고
재밌으니 경영이다

"이런 회사, 이런 CEO가 있네요. 그 파격적인 창의에서 나오는 혁신의 조직문화가 내부직원을 열정에 휩싸이게 하고 그 직원이 고객의 영혼을 감동시키는 메커니즘, 실로 대단합니다."

2013년 어느 날, 신문을 읽다 눈에 들어온 한 기사를 보고 필자가 페이스북에 올렸던 짧은 글이다(facebook.com/Minoppa/posts/405974719486209). 처음엔 눈을 의심했다. 팀장, 임원, 대표이사를 직원들의 투표로 뽑는 회사라니 말이 되나 싶었다. 팀장이 되기 위해 공약을 내걸고, 입후보하고, 이듬해에 10% 이상 더 득표하지 못하면 팀장 자리를 내놓아야 하는 회사란다. 결재판도 없을뿐더러 직원 채용 면접에 대표나 임원은 참여하지 않는단다. 이게 다가 아니다. 상식을 뒤엎는 급여 체계도 입을 딱 벌어지게 한다. 이 회사는 팀마다 일정 금액을 회사에 세금으로 낸다. 나머지는 모두 팀원들 몫이다. 일종의 팀별 독립채산제[1]다. 성과가 좋으

---

1) 단일 기업 또는 공장·사업부 등의 기업 내 경영 단위가 자기의 수지(收支)에 의해 단독으로 사업을 성립시킬 수 있도록 하는 경영 관리 제도. 출처 : 두산백과

면 내 몫이 늘어나는 구조이다 보니 누가 시키지 않아도 자발적으로 일하는 분위기다. 실로 놀라운 회사다. 여행업계 후발 주자로 들어와 '개별 자유여행FIT : Free Individual Tour' 이란 새로운 콘셉트로 돌풍을 일으킨 젊은 여행사 '여행박사' 이야기다.

명색이 마케팅을 강의하고 경영에 대한 글을 쓰는 입장이기에 이런 식의 이른바 '창의경영' 이 생면부지의 그것은 아니었다. 하지만 머나먼 선진 외국이나 경영학 교과서 속에서나 존재하던 사례였지 내 눈앞에서 생방송으로 살아 움직이는 사례가 아니었다. 그런데 우리나라에도 이런 기업이 있었다니…. 언젠가 기회가 되는 대로 꼭 한번 이 회사 CEO를 만나야겠다 싶었다. 이 모든 게 사실인지 내 눈으로 확인해보고 싶었다.

꿈은 이루어진다 했다. 살다 보니 참 좁은 게 또 우리 사는 세상이다. 우연한 기회로 연결된 인연 덕에 해당 기사를 접한 지 오래 지나지 않아 여행박사 신창연 대표와 마주 앉았다. 차 한잔으로 시작된 만남은 점심 식사를 넘어 저녁 식사로까지 이어졌다. 언론을 통해 걸러진 모습이 아닌, 직접 만나 대화를 나누며 확인한 경영인 듯 경영 아닌 경영 같은 경영 이야기. 눈앞에 실재하는 현실임에도 설마 싶은 신창연 대표의 경영 철학과 사례들을 들으며 경영에는 정답이 없음을 다시 한 번 실감했다. 경영, 역시 관건은 '사람' 그리고 '재미' 였다.

이른바 창조경제가 화두다. 그 의미가 무엇인지에 대해 갑론을박이 많지만 결국엔 창의력, 상상력이 핵심이다. 그렇다면 창의력은 어떻게 해야 나올까? 속도보다 방향을 중시하고 결과보다 과정에서 재미와 가치를 찾을 수 있다면 가능하지 않을까? 물론 쉽지 않은 일이다. 하지만 벌써 그런 파격적 문화로 새로운 성공 신화를 조심스레 한 줄 한 줄 써 내려가고 있는 기업들이 나타나고 있다. 여행박사가 그 대표적인 사례다. 필

 자가 4년간 연재했던 〈조선일보〉 경영칼럼에 '넥타이를 풀어라… 기업문화 바꾸는 캐주얼 경영'이란 제목의 글 (bit.ly/13S0BbO)을 썼던 이유다. 이 칼럼은 이후 '투표로 팀장 뽑고, 성형수술비 지원, 1년 내 골프 100타 이내 치 면 천만 원… '펀fun 경영'으로 불황에도 매출 쑥쑥'이란 제목의 경제 면 후속기사(bit.ly/TRQ3p0)로 이어졌다.

여행박사와의, 그리고 신창연 대표와의 인연은 그렇게 시작되었다. 그러던 어느 날, "우리 회사에 대한 책 한번 써보지 않을래요?"라며 늘 그렇듯 무심한 듯 시크한 신창연 대표의 제안. 물론 쓰고 싶었다. 너무나 훌륭한 실제 경영 사례 분석의 기회! 하지만 수박 겉핥기 식의 기업 홍보 책자 같은, 그런 책을 만들고 싶은 생각은 전혀 없었다. 만약 쓴다면 국외자의 시각이 아니라 회사 내부로 들어가 회사의 속살을 속속들이 보아야 한다 싶었다. "회사에 제 책상 하나 놓아주세요. 내부 게시판도 열어주시고 직원 분들 인터뷰도 언제든 할 수 있도록 해주세요"라는 받아들이기 힘들 수도 있었던 나의 요구에 10초도 안 되어 그 자리에서 되돌아온 대답은, 흔쾌한 OK였다.

그러나 고민의 연속이었다. 쓸 거리는 무궁무진했지만 문제는 기획과 구성이었다. 어떤 관점으로, 어디에 초점을 맞출 것인가? 시간별 구성,

아니면 이슈별 구성? 시간별 구성이라면 어디서부터 어디까지를 다룰 것이며, 이슈별 구성이라면 이슈의 범위는 어디까지? 정답이 없는 문제를 풀자니 생각할수록 미궁이었다. 게다가 경영이란 살아 움직이는 생물로, 상황은 늘 바뀌기 마련이다. 고정된 자세로 포즈를 잡고 있는 모델이 아니다 보니 어수룩한 화가로서는 제대로 된 그림을 그리기가 힘들 수밖에…. 그렇게 속절없이 1년이 넘는 시간이 흘렀다.

"뭘 그렇게 고민해요? 그냥 일기 쓰듯이 보이는 것부터 편하게 써 봐요."

어떻게 하면 매듭을 풀 수 있을까 고민하던 내게 그냥 매듭을 끊어버리라는 신창연 대표다운 발상. 고심 끝에 찾아낸 나름의 해답은 '크로키croquis'였다. 크로키란 움직이는 동물이나 사람의 형태를 짧은 시간 동안 빠르게 그리는 것, 혹은 그 그림을 가리킨다. 세부 묘사에 치중하지 않고 대상의 가장 중요한 성질이나 특징을 표현하는 데 역점을 두는 게 포인트다. 이름하여 '여행박사 크로키!'

〈강소기업 경영크로키 - 여행박사〉편은 이렇게 시작된 프로젝트이자 책이다. 물론 크로키로서의 한계는 분명히 존재한다. 하지만 크로키로서의 장점 또한 뚜렷하다. 코끼리를 본 적 없던 장님이 코끼리를 만져보고 책을 쓰자니 하세월何歲月. 우선 손에 만져지는 부분부터 크로키를 시작했던 이유다. 하지만 마음은 간단치 않다. 괜한 일을 저지른 게 아닐까 문득 두렵기도 했다. 노파심에 강조하건대 이 책은 여행박사라는 회사의 성공에 초점을 맞춘 책이 아니다. 다른 회사보다 '나은' 회사가 아니라 '다른' 회사라는 데 방점을 찍은 크로키다. 벤치마킹의 대상으로서 여행박사를 조명한 게 아니라는 이야기다. 다르니까 경영이고 행복하니 경영이다. 성과나 실적보다는 그 '다름' 자체에 보다 많은 비중을 할애한 건 그래서다.

1부에서는 여행박사 신창연 창업주의 리더십과 경영 철학에 대해 짚어보았다. 명장 밑에 약졸 없다 했다. 세상에 없는 여행박사의 '다름'은 전적으로 신창연 창업주에 기인한다. 내가 낳은 자식이라고 아이의 인생이 내것이 아니듯, 내가 만든 회사 또한 결코 내 것이 아니라 역설하는 독특한 기업관의 신창연 창업주. '정답'과 '완벽'은 없다며 바람처럼 자유로운 영혼으로 지금의 여행박사를 빚어낸 그의 경영과 리더십을 살펴본다.

2부의 초점은 여행박사의 비즈니스 전략이다. 업계 후발 주자로 들어와 어떤 차별적 강점으로, 어떻게 고객과 소통하며, 어떻게 시장을 만들어내었는지 여행박사만의 독특한 차별화 전략, 일명 '언더독Underdog[2]' 전략'을 마케팅을 포함한 다양한 각도에서 살펴본다. 관건은 역시 '나음'이 아니라 '다름', '넘버 원No 1'이 아니라 '온리 원Only 1', '추월'이 아니라 '초월'이다.

이제 조직의 경쟁력은 맨파워Man Power나 제도, 보유 기술 등에 달려 있지 않다. 바로 조직문화다. 잘되는 기업의 직원들은 같은 방향을 바라본다. 그 시선의 끝에 조직의 비전과 미션, 가치가 있다. 3부를 여행박사의

---

2) '(생존경쟁 따위의) 패배자, 낙오자, (사회적 부정이나 박해 등에 의한) 희생자, 약자'를 뜻하는 말이다. 반대말은 overdog(지배계급의 일원), top dog(승자, 우세한 쪽)으로, '언더독 효과'라 하면 절대적인 강자가 존재할 때 상대적으로 약자가 강자를 이겨주기를 바라는 현상을 말한다.

조직문화로 구성한 이유다. 팀장을 투표로 뽑고 전사 워크숍도 가족과 함께 가는, 상식에 반하는 그들의 내밀한 조직문화를 소개한다. 영혼을 담아 즐기는 재미와 캐주얼의 문화다.

끝으로 에필로그에서는 필자가 생각하는 여행박사의 숙제를 열거했다. 가치 혁신, 업業에 대한 재해석, 초심에 대한 반추, 업무 프로세스 혁신, 끝으로 리더십 혁신이다. 부족하나마 여행박사의 뜨거운 오늘을 응원하고 여행박사의 더 뜨거울 내일을 기대하는 여행박사 팬으로서의 애정 어린 경영 제언이다.

서설이 길었다. '벤치마킹'의 유효기간은 끝났다. 남들이 어떻게 하는지 신경 쓸 게 아니라 남과는 다른 나만의 차별적 강점에 집중해야 하는 요즘이다. 누가 뭐라 하든 무소의 뿔처럼 내 갈 길 씩씩하게 걸어가니 고객도 눈여겨본다. 주어진 보기 중에서 정답을 골라야 하는 객관식이 아니라 내가 생각하는 나의 대답을 소신껏 써 내려가는 주관식 경영, 여행박사의 그런 '주관식 경영'을 책으로 만들고 싶었다.

다행히 많은 분들께서 이 뜻을 응원해주시고 격려해주셨다. 전작 『마케팅 리스타트』에 이어 이번 작업에서도 전적으로 필자를 믿고 응원해주신 도서출판 책비의 조윤지 대표님과 유환민 팀장님, 역시 전작에 이어 이번 책의 편집을 맡아주신 정은아 팀장님과 아기자기한 일러스트로 책의 분위기를 유쾌하게 만들어주신 신명기 작가님께 감사할 따름이다. 늘 바쁜 와중에도 사무실에 갈 때마다 객손님 느낌 들지 않게끔 살뜰히 챙겨주신 여행박사 심원보 마케팅 부서장님과 황주영 대표님을 비롯한 여행박사 모든 임직원 분들께도 이 지면을 빌어 머리 숙여 감사의 말씀을 전한다. 아울러 원고 마감에 쫓겨 숨이 턱밑까지 차오를 때 차분히 글만 쓸 수 있게끔 아늑한 잠수潛水의 공간을 내어주신 한국자활연수원의 이봉원 원장님과 이유라 주임님도 이 책의 숨은 공로자다. 뭣도 아닌 책 하나 쓴답시고 집필 막판, 이래저래 한 달 가까이 집을 비웠음에도 변치 않는 신뢰를 보여준 마눌님 주 여사와 사랑하는 두 아이, 선우와 시우도 고맙기만 하다. 마지막으로 결코 빼놓을 수 없는 이 책의 숨은 저자가 있다. 특유의 리더십과 경영 철학으로 오늘의 여행박사를 빚어낸 장본인 신창연 여행박사 창업주께는 그야말로 스페셜 땡스Special Thanks를 아낌없이 날려드린다.

싫으나 좋으나 이제 또 하나의 주사위가 던져졌다. 시장은 늘 냉정하고 고객은 항상 옳다는 걸 알기에 힘주어 맞서지 않으련다. 몸에 힘 빼고 바람에 달 가듯이 그저 흘러가련다. 창의경영, 유머경영, 괴짜경영, 편경영, 무위경영, 무심경영으로 표현되는 여행박사. 아무쪼록 그 속살에 대한 거칠고 투박한 이 크로키가 독자 제위께 벼락같은 영감을 선사하기만 바랄 뿐이다. 경영은 나만의 고유명사다!

사과 향기 가득한 충주 계명산을 그리며
보통마케터 안병민 쓰다

1부

CEO Leadership

물처럼 바람처럼

명장 밑에 약졸 없다 했다. 세상에 없는 여행박사의 '다름'은 전적으로 신창연 창업주에 기인한다. 내가 낳은 자식이라고 아이의 인생이 내 것이 아니듯 내가 만든 회사 또한 결코 내 것이 아니라 역설하는 독특한 기업관의 신창연 창업주. '정답'과 '완벽'은 없다며 바람처럼 자유로운 영혼으로 지금의 여행박사를 빚어낸 그의 경영과 리더십을 살펴본다.

**CEO Leadership
01**

도전

잃을 게 없으니
무서울 것도 없다

✦ 정장 파티에 빨강 운동화를 신고 나타난 사람?

모두들 나비넥타이에 턱시도를 입고 참석한 어느 호텔 연회장. 그곳에 누군가가 청바지 차림에 빨간색 운동화를 신고 나타났다. 모두의 시선이 그에게로 쏠린 것은 당연한 일. 도대체 뭐 하는 사람이기에 격식을 깬 옷차림으로 참석했을까, 사람들은 궁금했다. 하지만 부정적인 호기심이 아니다. 모두가 순순히 따르는 규칙을 깨다니, 뭔가 대단한 사람일 것 같다는 긍정적인 호기심이다. 놀라지 마시라. 이는 하버드 대학교 경영대학원의 연구 결과다. 격식에서 벗어난 옷차림이나 태도가 권력이나 성공의 상징으로 여겨지는 현상, 이른바 '레드 스니커즈Red Sneakers 효과'다. 전 세계를 대상으로 신제품 발표를 하는 그 중요한 공식 석상에 티셔츠와 청바지, 운동화를 신고 나타났던 스티브 잡스는 '레드 스니커즈 효과'를 십분 활용한 심리학의 대가였던 셈이다.

꼭 그런 의도가 있는 건 아니지만 여행박사 신창연 창업주[3] 또한 어딜 가나 눈에 띈다. 항상 삐딱해서다. 삐딱하다는 건 기준에서 벗어나 있다는 의미다. 모두가 가지런히 줄을 맞추어 서 있는데 혼자 삐죽 튀어나와 있으니 눈에 띌 수밖에 없다. 다른 사람들과 달라서다. 옷차림이 다르고 말투가 다르고 생각이 다르다. 그와 함께라면 상식은 더 이상 상식이

---

[3] 신창연 대표는 2013년 10월, 여행박사 대표이사 투표에서 낙선했다. 지금은 옐로모바일의 자회사이자 여행박사의 모회사인 옐로트래블 대표 겸 다양한 분야의 스타트업 기업들의 경영 자문으로 활동 중이다. 이 책에서는 그의 직함을 여행박사 창업주란 표현으로 통일한다.

아니다. 상식이라 일컬어지는 모든 것들이 신창연 창업주 앞에선 여지없이 깨져나간다.

"지금도 생각납니다. 당시 여행박사 부산 지점에서 지점장님을 앞에 두고 한창 입사 면접을 보고 있는데 갑자기 누군가가 사무실에 불쑥 들어오더라고요. 슬리퍼를 신고 사무실 여기저기를 내 집처럼 돌아다니시기에 참 특이하다 싶었는데 나중에 알고 보니 사쵸[4]였어요. (웃음)"

– 정희연 언트래블 대표

---

[4] 여행박사 직원들은 다들 신창연 창업주를 '사쵸'라 부른다. '사쵸'는 '사장(社長)'의 일본어로, 일본을 중심으로 성장해온 여행박사의 비즈니스 배경과 탈권위주의적인 여행박사의 문화를 상징적으로 보여주는, 신창연 창업주에 대한 직원들의 애정 어린 호칭이다.

지금은 독립했지만 무려 10년의 청춘을 여행박사에 쏟았던 정희연 연트래블 대표는 면접 당시 스쳐 지나갔던 신창연 창업주를 아직도 생생하게 기억한다. 예사롭지 않은 그만의 포스가 있었기 때문이다.

어느새 지천명知天命의 나이를 넘어선 신창연 창업주는 지금도 장난기 가득한 개구쟁이 얼굴에 빨래판 복근을 유지하며 티셔츠에 청바지를 즐겨 입는다. 한여름엔 샌들을 신고 민소매 티셔츠와 반바지를 입고 출근하는 그다. 입도 걸다. 욕하는 사장이다. 욕쟁이 할머니도 아니면서 귀에 착착 감기는, 무척이나 찰진 욕을 구사한다. 모르는 사람이 보면 영락없는 동네 불량 아저씨다. 그의 말투와 옷차림에서 2천억 원이 넘는 매출을 기록하는 중견기업의 창업자이자 CEO를 떠올릴 사람은 단언컨대 없다.

✦ 경영에 정답이 어디 있니?

옷차림과 말투만 튀는 게 아니다. 생각도 튄다. 모든 사람이 '예스Yes'라고 외칠 때 그는 '노No'라고 소리친다. 왜 그래야 하냐는 것이다. 세상에 정답은 없다. 그러니 내 길은 내가 만들어 가는 거라 생각하는 그다. 여행업계 후발 주자로 들어온 여행박사를, 그는 그렇게 자기만의 방식으로 업계 상위권에 올려놓았다. 아등바등 일해서 100억 원을 버느니, 재미있게 즐기면서 20억 원을 버는 게 낫다고 여기는 그는 학력을 불문하고 직원을 채용하고 팀장급 이상을 직원 투표로 뽑으며 전 직원들에게 법인

카드를 지급하는 등 파격적인 정책들로 대기업 직원들 부럽지 않은 억대 연봉 직원들을 만들어냈다.

시쳇말로 X구멍 찢어지게 가난하다는, 지독히도 어려운 어린 시절을 살아낸 그에게 삶은 일체의 연습이 허용되지 않는 가혹한 실전이었다. 가진 게 없으니 남들처럼 살 수가 없었다. 늘 맨몸으로 부딪히고 항상 맨 땅에 헤딩해야 했으니 보통 사람들과는 다른 사고방식을 가질 수밖에. 그래서 모든 게 새로운 도전일 수밖에 없는 나날들이었다. 그래서 그는 잡초를 닮았다. 잡초는 강인하다. 밟아도 밟아도 다시 일어서는 게 잡초 다. 온실에서 자란 화려한 꽃들에게선 찾아보기 힘든 근성이다. 그러니 따뜻한 온실은 그에겐 답답할 뿐이다. 편안한 온실이 아니라 맘껏 내달 릴 수 있는 거친 들판이 반가운 그다. 그래서일까, 그와 함께하는 시간은 늘 자유와 여유로 가득하다. 통쾌하고 거침없는 도전의 시간이다.

그런 면에서 신창연 창업주는 리처드 브랜슨Richard Branson 회장을 연상케 한다. 리처드 브랜슨 회장은 항공 사업, 미디어 사업, 관광 사업 등 여섯 개의 사업 부문과 20여 개의 법인으로 구성된 영국의 기업 집단 버진 그룹Virgin Group의 창업자로, 재계에서 이름난 괴짜다. 톡톡 튀는 생각과 행동으로 상상을 현실로 만드는 영화 같은 인물이다. 비키니를 입은 여성들과 카이트 서핑Kite Surfing으로 도버 해협을 건너 기네스 신기록을 세운 일은 약과다. 자사 제품 버진콜라의 성공을 위해 뉴욕 한복판에 탱크를 몰고 나타나 코카콜라 간판에 가짜 대포를 쏘기도 했다. 항공사 에어아시아AirAsia CEO와의 장난기 넘치는 내기에 진 대가로 기꺼이 여장을 하고 에어아시아의 일일 여승무원으로 변신하기도 했다.

멈추지 않는 이런 기행과 도전을 일삼던 그는 2004년 민간 우주여행 개발 회사인 버진 갤럭틱Virgin Galactic을 설립해 민간 우주여행 사업을 시작했다. 2014년 우주여행선 '스페이스쉽2Spaceship2'가 안타까운 사고를 맞기도 했지만 우주를 향한 그의 도전은 아직도 진행형이다. 사람들은 이런 그를 두고 단순히 괴짜라 하지만 그의 이 모든 행동은 순간적인 기행이 아니라 확고한 철학에 의한 것이었다. 그는 말한다. 단지 돈을 벌려고 시작한 사업이 아니라 새로운 것을 창조해보고 싶어 시작한 일들이었다고 말이다. 이처럼 리처드 브랜슨은 더 많은 돈을 벌기 위해 심사숙고하는 '햄릿형 경영자'가 아니라 재미있는 일이라면 먼저 저지르고 보는 '돈키호테형 창의경영'의 CEO다.

"어느 날 인터넷을 뒤지다가 우연히 여행박사 홈페이지에 들어가게 되었어요. 거기서 사쵸가 직접 쓴 글들을 본 거지요. 그런데 정말 거짓말 하나 안 보태고 무엇에 홀린 듯이 그 글들을 며칠 동안 집중적으로 읽었습니다. 그러다 문득 그런 생각이 들었습니다. 이런 회사라면 한번 일해보고 싶다는 생각요. 그래서 주저 없이 사쵸에게 메일을 쓴 겁니다. 여행박사에서 일하고 싶으니 면접을 보게 해달라고요."

— 심원보 여행박사 마케팅부서장

공식적인 채용 공고를 보고 지원한 게 아니라 홈페이지에 있는 창업주의 글을 읽고 지원했다는 여행박사 심원보 부서장의 말이다. 왜 그랬는지는 지금도 알 수가 없단다. 그냥 특이하단 생각이었단다. 대표란 사람이 이럴 수가 있다니, 그동안 알고 있던 대표란 존재에 대한 모든 선입관을 깡그리 깨는 신창연 창업주의 글들. 지금도 여행박사의 홈페이지 회사 소개에는 '여행박사 대표이사 이야기'란 메뉴가 있다. 클릭해서 들어가 보면 2004년 5월 10일자 글을 시작으로 총 200편의 글이 올라와 있다. 당시 신창연 대표가 회사를 경영하며 짬짬이 올린 글들이다. 여행사를 경영하는 경영자로서의 독특한 철학과 그의 일상이, 이래도 되나 싶을 정도로 날것 그대로 녹아 있다. 그중 2010년 9월 어느 날 올린 글 하나를 갖고 왔다.

여덟 명의 식구가 단칸방에서 살 만큼의 처절한 가난은 차라리 행운이었다.
그 이후 어떤 잠자리도 내게는 왕실이었다.

술주정뱅이 아버지를 보면서 살 수 있었던 것은 차라리 행운이었다.
절대로 절대로 술 때문에 망가지지는 않을 것이다.

고등학교 갈 나이에 고아 같은 사회생활은 차라리 행운이었다.
사람은 배워야 올라갈 수 있다는 걸 깨달을 수 있었다.

좋은 대학에 떨어진 것은 차라리 행운이었다.

나는 공부로 승부할 머리는 아니란 것을 빨리 깨우쳤다.

몸이 약한 '비실이'는 차라리 행운이었다.
몸을 대신할 악을 키웠다.

급여가 낮은 회사 생활은 차라리 행운이었다.
급여만으로는 평생설계가 불가능하다는 계산이 나왔다.

상사를 잘못 만난 건 차라리 행운이었다.
나의 10년 후 자화상은 그와 정반대의 그림이었다.

회사에서 잘린 건 차라리 행운이었다.
내 용기만으로 자의적인 회사를 만들 수 없었을 것이다.

창업 밑천이 없었다는 건 차라리 행운이었다.
돈 대신 열정과 머리로 덤볐다.

회사의 잘못된 구조들은 차라리 행운이었다.
내 회사를 창업하면 어떻게 하면 되는지 길이 보였다.

머리 좋고 학벌 좋은 인재가 주변에 없다는 건 차라리 행운이었다.
몸과 열정과 정성만이 기댈 수 있는 전부였다.

주변에 친구가 많지 않다는 것은 차라리 행운이었다.

친구를 만나는 시간에 회사 친구들과 함께 낮과 밤을 같이했다.

사랑의 시련을 당한 건 차라리 행운이었다.
그때마다 새로운 천국의 여신이 기다리고 있었다.

모회사 트라이콤의 부도는 차라리 행운이었다.
돈다발에 묻힌 내 꼴의 추잡함을 모르고 살았을 것이다.

바닥까지 떨어진 회사의 운명은 차라리 행운이었다.
떠나야 할 사람과 남아야 할 사람들의 인적 구조조정이 자연스럽게 이루어졌다.

죽을 때까지 내 인생은 행운만 계속될 것임을 100% 확신한다.

진짜 괴짜 CEO다. 영국에 리처드 브랜슨이 있다면 한국에는 신창연이 있다.

✦ 일단 하자, 안 되면 말고!

생각만 하다 보면 행동은 멈춘다. 될 이유보다는 안 될 이유가 자꾸 보인다. 변화라는 게 얼마나 힘들었으면 살가죽을 벗기는 고통을 수반한다 해서 혁신革新이라 했을까? 프랑스 인시아드Insead 경영대학원의 허미니아 아이바라Herminia Ibarra 교수도 말한다.

"혼자 골똘히 사색에 잠긴다고 답이 나오는 게 아니다. 좋은 리더가 되기 위해서는 생각보다는 행동이 먼저 이뤄져야 하며 거기에서 답을 찾아낼 수 있다. 스스로가 가진 틀을 깨부숴야 한다."

– 허미니아 아이바라 프랑스 인시아드 경영대학원 교수

성공하든 실패하든 일단 해보면 뭔가 새로운 걸 배울 수 있다. 그러니 해보는 거다. 안 되면 어떻게 하냐고? 그것도 간단하다. '안 되면 말고'다. 안 되면 안 되는 대로 뭔가 또 배우게 된다. 성공을 통해 배운 것보다 실패를 통해 배운 게 훨씬 더 오래간다. 이른바 '주의의 포획Attentional Capture 효과'다. 확신을 가지고 일을 저질렀는데 실패로 귀결되면 그를 통해 배우는 것은 훨씬 더 오래간다, 라는 연구 결과에서 나온 용어다. 그렇게 보면 실수나 실패 없이 처음부터 잘 배우는 것보다 자신 있게 실패하는 게 더 좋다는 말도 터무니없는 건 아니다.

'일단 구체적 위험이 없으면 제한 없이 신사업을 하도록 하고 문제가 생기면 정부가 조속히 대책을 세울 수 있어야 한다'는 이야기는 O2O서비스, 드론, 로봇 등 분초를 다투며 쏟아지는 새로운 비즈니스 모델·신기술과 관련하여 정부가 선도적 대응을 해달라는 업계의 아우성을 담고 있다. 정부가 규정을 놓고 좌고우면左顧右眄하다 보니 한국의 비즈니스 현장은 세계 업계를 리드하기는커녕 뒤따라가기도 숨이 턱밑까지 차오른다. '혹시 잘못되면 어떡하지?' 하는 책임감의 회피이자 '일단 하자' 정신의 부재의 결과다.

신창연 창업주는 '일단 하자'를 실천하는 경영자다. 많은 CEO들이 변화를 두려워한다. 불안하기 때문이다. 그래서 늘 질문한다.

"왜 우리가 이렇게 바꾸어야 하지?"

이는 도전과 혁신을 가로막는 커다란 장애물이다. 어지간하면 안 바꾸겠다는 얘기다. 신창연 창업주는 그 반대다. 앞장서서 지른다. 왜 해야하는지가 아니라 왜 하면 안 되는지를 묻는다. 일단 해보자는 거다. 아니면 수정·개선하거나 정말 아니면 말면 된다는 거다. '일단 하자, 안 되면 말고' 정신이다. 해보고 할 후회보다는 안 해보고 할 후회가 훨씬 크다는 걸 신창연 창업주는 잘 안다. '할 수 있을까, 없을까' 두려움에 아예 시도조차 못 하는 우愚를 범하지 말자는 이야기다. 그래서 그의 또 다른 이름은 도전자다.

✧ 그래서 배는 또 떠난다

얼마 전 있었던 옐로모바일과의 인수합병 건도 그런 맥락에서 보면 이해가 된다. 2014년 6월부터 솔솔 들려오던 여행박사의 소식 하나. 놀랍게도 인수합병 건이었다. 옐로모바일이란 회사의 인수합병 제안에 대해 여행박사의 이사회 멤버들이 치열한 난상토론을 벌였다는 이야기였다. 결론은 쉽게 모아지지 않았다. 모바일 역량을 기반으로 한 새로운 비즈니스 모델로 업계에 과감히 도전장을 던진 옐로모바일의 행보에 기대와 우려가 교차하던 시각 때문이었다.

난상토론 후 나온 1차적인 결론은 부결이었다. 하지만 불씨는 사그라지지 않았다. 옐로모바일의 제안은 꽤나 매력적이었고 그 의지 또한 간단치 않았던 까닭이다. 수차례의 토론을 더 거치며 결론은 뒤집어졌다. 가결이었다. 여행박사 사옥을 포함하여 유동성 자산을 제외하고 브랜드 자산과 영업권을 인수하는 조건으로 작지 않은 규모의 인수합병 딜Deal이 성사된 것이다. 직간접적으로 이번 인수합병 건의 진행과 결과에 대해 전해 들으며 결과뿐만 아니라 그 의미 또한 중요하다 싶었다. 이번 합병 건, 과연 최대주주로서의 신창연 창업주의 생각은 어떠했을까?

첫째, 여행 비즈니스는 그 속성상 수익이 박한 업종이다. 그러니 예전에 비해 많이 올랐다고는 하지만 여행사 직원들의 급여 수준이 여타 업종에 비해 그리 높을 수가 없었다. 이 부분은 신창연 창업주의 마음 한가운데 늘 묵직하게 자리 잡고 있었다. 그러던 차에 받게 된 인수 제안은 충분히 검토해볼 만한 가치가 있었다. 이번 인수합병을 통해 스스로를 포함해서 직원들에게 크지는 않더라도 나름 목돈을 쥐여줄 수 있겠구나, 하는 생각. 늘 직원들을 부자로 만들어주겠다던 신창연 창업주의 생각은 이 제안을 뿌리칠 수 없게끔 만들었다. (이 당시 여행박사 주식은 창업주가 22.5%, 나머지 77.5%는 직원들이 보유하고 있었다.)

둘째, 나무가 아니라 숲을 보아야 한다는 '마케팅 근시안Marketing Myopia' 개념에서의 관점이다. 스마트워치를 만드는 애플이 명품 시계 브랜드 오메가의 경쟁자가 되는 세상이다. 급변하는 시장 상황에서 우리 제품이나 서비스뿐만 아니라 고객의 라이프스타일 변화에 주목해야 하는 이유다. 많은 것들이 이젠 웹Web을 넘어 앱App으로 이루어지는 모바일 세상. 그러니 '모바일 퍼스트Mobile First'란 말이 낯설게 들리지 않는 요즘, 여행 비즈니스에도 모바일 역량의 접목이 시급하단 판단이었다. 모바일 기반 기업 그룹의 일원으로 여행박사가 들어가면 자연스레 모바일에 대한 마인드가 강화되고 그에 대한 조직의 대응과 변화가 잇따를 것이라는 생각, 신창연 창업주가 옐로모바일의 제안을 받아들인 두 번째 이유다.

셋째, 안주해 있는 조직문화에 던진 돌로서의 의미다. 여행박사 설립도 어느덧 10년이 훌쩍 넘었다. 앞만 보고 달려온 세월이다. 그 결과 누가 보더라도 의미 있는 성장을 이루어냈다. 후발 주자임에도 불구하고 매출액 2천억 원 수준에 이르는 외형적 성장과 함께 업계에서 손꼽히는 회사가 된 것이다. 그러나 달도 차면 기우는 법, 열흘 붉은 꽃 없고 십 년 가는 권력 없다 했다. 회사의 성장은 안주의 조직문화로 이어졌다. 과거의 치열했던 개척과 도전의 DNA는 빛이 많이 바랬다는 게 신창연 창업주의 판단이었다. 무언가 새로운 자극이 필요했다. 옐로모바일과의 합병을 통한 비즈니스 환경의 변화는 내부적으로 새로운 변화의 씨앗이 될 것이라 생각했다. 오늘의 여행박사를 있게 한, 여행박사 특유의 젊은 열정의 부활. 이번 합병을 결정한 가장 중요한 이유 중의 하나였다.

그렇게 주사위는 던져졌다. 시계視界 제로의 불명확한 상황임을 신창연 창업주도 잘 안다. 하지만 늘 그랬던 것처럼 유사 이래 안정적인 것은 없다. 안정과 안전으로만 따지자면 항구에 정박해 있는 배가 최고다. 그러나 배의 가치는 바다로 나가서야 빛나는 법이다. 신창연 창업주가 저 거친 바다로 여행박사 호를 다시 몰고 나갔던 이유다. 이제 여행박사는 또 새로운 돛을 올렸다. 목적지는 미지의 신세계다. 뚜렷하게 보이는 건 아직 없다. 하지만 잃을 것도 크게 없다. 아니, 잃는다고 해도 그 순간의 잃음을 통해 또다시 더 크게 배우는 것들이 많을 것이다. 지금껏 변화를 두려워하기보다 적극적으로 변화를 껴안고 즐기며 만들어온 회사다. 여행박사의 새로운 항해는 이미 갖고 있는 것에 안주하지 않으며 늘 삐딱한 반골 기질로 새로운 일을 벌여온 신창연 창업주의 또 다른 도전이다. 그의 말마따나 애초에 맨주먹으로 시작한 회사다. 잃을 게 없으니 무서울 것도 없다. 넘어지면 다시 툭툭 털고 일어서면 그뿐이다. 인사人事를 다했으니 천명天命을 기다릴 뿐이다!

성공

고객을 위하고
재미를 즐기다

✧ 마케팅, 몸으로 배우다

신창연 창업주는 머리가 좋다. 스스로도 자신 있게 이야기한다. 공부하는 머리는 모르겠지만 돈 버는 머리만큼은 자신 있다고 말이다. 그를 아는 사람들은 누구나 인정하는 부분이다. 어릴 때부터 스티로폼 공장, 포장마차, 주간지 판매 등에 이르기까지 50여 가지의 아르바이트를 하며 산전·수전·공중전까지 다 겪었던 그다. 하지만 무슨 일을 하든 늘 돈 하나만큼은 야무지게 벌었다. 단지 운이 좋다는 말로는 설명이 안 되는 일이었다.

예컨대 이런 식이다. 신창연 창업주가 예전에 포장마차에서 아르바이트를 할 때의 일이다. 다른 포장마차들과 달리 그는 '청결함'을 모토로 내걸고 포장마차 곳곳을 윤이 나게 닦고 쓸었다. 그게 다가 아니었다. 곱창 안주에 들어갈 곱창을, 다른 포장마차에서는 다들 세제로 씻었다. 하지만 그는 달랐다. 돈이 더 많이 들어간다며 난색을 표하던 주인아주머니를 설득해 밀가루와 콜라로 빡빡 씻었다. 심지어 소주로 한 번 더 씻어 잡냄새까지 없앴다. 그래서인지 이웃한 많은 포장마차들과 달리 그가 일하던 포장마차는 늘 문전성시였다.

신창연 창업주의 돈 버는 능력은 여러 군데에서 도드라졌다. 여행박사 설립 전 몸담고 있던 여행사에서 일할 때 그는, 한국과 일본을 오가던 여객선 관련 업무를 맡았었다. 하지만 당시에는 다들 비행기를 타고 일본을 드나들던 시절이었다. 그래서 그는 고객의 입장이 되어 직접 배를

타고 수십 차례 한국과 일본을 오가며 볼거리, 즐길 거리, 먹거리들을 발굴하고 개발했다. 그렇게 모은 정보들을 모아 책으로 만들어 고객들에게 무료로 배포했다. 고객들의 반응은 바로 나타났다. 여기까지만 해도 대단한 마케팅이다. 하지만 그는 한발 더 나아갔다. 그 책에 일본 각 지역 관광청과 명소들의 광고를 수주했다. 물론 쉽지 않은 일이었다. 하지만 책의 알찬 내용들과 신창연 창업주의 부단한 방문과 설득, 연락 등 열정적인 영업으로 광고는 늘어났다. 책 제작비용을 모두 제하고도 많은 돈이 남았다. 심지어 이 책의 반응은 고객들의 입에서 입으로, 손에서 손으로 전달되어 책으로까지 출간되었다. 보통 사람들에게선 쉽게 찾아보기 힘든, 그만의 타고난 감각이자 재주다. 고객의 마음을 읽어내는 마케팅 능력 말이다.

마케팅은 단순히 고객의 지갑을 열게 만드는 기술이 아니다. 고객이 원하는 바를 찾아내어 그것을 해결해주는 일이다. 그는 고객이 불안해하는 포장마차에서의 위생 문제를 청소뿐만이 아닌 밀가루와 콜라, 소주를 이용해 해결했고, 효과적인 광고 채널을 찾던 일본의 관광명소와 관광청들에겐 최적의 매체를 만들어주었다.

이런 마케팅 능력을 갖게 된 비결이 무엇인지 신창연 창업주에게 물었다. 딱히 설명을 못 하겠다는 대답이 돌아왔다. 그냥 보인단다. "홍시 맛이 나서 홍시 맛이 난다고 하였는데 왜 홍시 맛이 난다고 생각하느냐

물으시면 무어라 대답하옵니까?"라는 대장금의 명대사가 문득 떠올랐다. 돈을 버는 방법이 그냥 보여서 그리한 것뿐인데 어찌 그리한 건지 물어봐야 별 무소용이다. 우문愚問이었다.

그는 타고난 마케터였다. 고객이 무엇을 힘들어하는지가 눈에 보였고 그걸 자신만의 방법으로 해결해줬을 뿐이다. 그러니 고객이 꼬리를 물고 이어진다. 원래 머리도 좋았거니와 단지 머리로 배운 마케팅이 아니라 사람들과 부대끼며 몸으로 익힌 마케팅이었다. 그래서일까, 그가 생각하는 비즈니스의 중심에는 늘 사람이 있고 고객이 있다.

✦ 세상에 '진상고객'이 어디 있니?

 "회사 내에서도 이른바 '진상고객'이란 말을 흔하게 쓴다. 하지만 난 이 단어에 결코 동의할 수 없다. 세상에 진상고객이 어디 있나? 오늘 이 회사에 제대로 진상 부려야지, 작정하고 덤벼드는 고객은 그야말로 극소수다. 대부분의 불만 고객들은 그들이 원하는 바가 충족되지 못해 그 답답한 심정을 회사에 토로하는 것이다. 그런 그들을 진상고객이라 낙인찍는 순간, 더 이상의 고객 서비스는 원천적으로 차단된다. 오죽했으면 이 바쁜 시간에 회사 붙잡고 저렇게 불평을 늘어놓을까? 고객의 입장에서 보면 이해 안 될 일이 없다."

– 신창연 여행박사 창업주

신창연 창업주는 그렇게 '역지사지'를 힘주어 말한다. 이거 하나만 잘해도 사업의 절반은 성공이란다. 물건을 팔려는 대상으로서의 고객 이전에 나와 똑같은 한 명의 사람으로서 그를 존중하고 배려해주면 안 될 일이 없단다. 그의 말을 좀 더 들어보자.

"불평을 늘어놓는 고객을 오히려 감사하게 생각한다. 서비스에 실망한 대부분의 고객은 한마디 말도 없이 떠난다. 나 지금 떠나려는데 날 잡아 달라 일부러 시간 내어 이야기해주는 게 바로 불만 고객이다. 이 얼마나 고마운 일인가?"

– 신창연 여행박사 창업주

경영학을 전공하거나 MBA 학위를 받진 않았지만 신창연 창업주는 '고객'의 핵심 개념을 이처럼 정확히 꿰뚫어보고 있다. 고객은 항상 떠날 준비를 하고 있다. 고객과 한 번 거래하는 게 중요한 게 아니라 그들과 평생 가는 관계를 만드는 게 관건이다. 우리 회사가 이제는 고객의 컴플레인까지 받을 정도로 성장했다는 뜻으로 알고 불만 고객을 오히려 귀하게 여겨야 한다는 게 신창연 창업주의 말이다.

"열 개의 고객 불만 사항이 있다면 그중 대략 여덟 개는 우리의 잘못이다. 얼마나 억울하고 답답했으면 회사에 불평불만을 이야기하겠나? 사정을 들어보니 말도 안 되는 억지라고? 우

리가 직접 그 고객 입장이 되어보면 다르다. 다른 거 필요 없다. 고객의 이야기를 경청하고 거기에 공감하면 된다. 그런데 그걸 못 하다니, 말이 되나?"

– 신창연 여행박사 창업주

지금도 많은 기업들의 회의 시간엔 홈페이지의 고객게시판을 없애버리자는 이야기가 심심찮게 나온다. 괜히 고객 불평불만들만 올라오니 관리가 힘들고 회사 이미지만 안 좋아진다는 것이다. 금쪽같은 고객의 소리Voice of Customer에 아예 귀를 틀어막자는 얘기와 다를 바 없다. 고객게시판을 없애버리면 고객들의 불평불만도 사라질까? 게시판이 사라지는 순간 그 불평불만들은 그대로 소셜미디어로 옮겨간다. 그럼에도 많은 기업들이 이런 실수를 저지른다.

반면 여행박사 홈페이지에는 다양한 종류의 고객게시판이 즐비하다. 〈여행 질문과 답변〉, 〈기타 질문과 답변〉, 〈고객 상품평〉, 〈칭찬·건의·불만〉 등 주제별로 고객게시판을 열어두고 직원들뿐만 아니라 고객을 포함한 모든 이가 볼 수 있도록 해놓은 것도 신창연 창업주의 '고객중심 철학' 때문이다. 게시판에 올라온 고객들의 글에 답변이 필요한 경우, 업무시간 24시간 안에 피드백을 주는 것을 원칙으로 한다. 물론 직원들을 곤혹스럽게 만드는 고객들의 불평불만 글도 자주 올라온다. 하지만 쉬쉬할 일이 아니다. 이 모든 걸 만천하에 드러내어 잘못이 있다면 고객에게 진심으로 사과하고 다시는 같은 일이 재발하지 않도록 스스로를 단속하자는 게 근본 취지다.

"다른 건 몰라도 '고객마인드' 하나만큼은 정말 제대로 배운 것 같습니다. 사쵸가 늘 입버릇처럼 하시는 말씀이 있는데요, '고객은 세 살'이라는 말입니다. 우리가 세 살짜리 아이에게 잘잘못을 따지며 이기려 하지 않는 것처럼 고객을 그렇게 대해야 한다는 말입니다. 그렇게 10년을 일하다 보니 알게 모르게 제게도 고객마인드 하나만큼은 몸에 확실히 밴 것 같아요.

– 박임석 여행박사 영업본부 이사

영어에도 'Customers are badly-spoiled children' 이라는 표현이 있다. '고객은 아주 버릇없는 꼬마' 라는 뜻이다. 그러니 고객과 싸우지 말고 잘 달래주라는 이야기다. 상사와 싸워 백전백승하는 자 직장을 잃고, 배우자와 싸워 백전백승하는 자 가정을 잃는다 했다. 고객과 싸워 백전백승하는 자 그 업業을 잃을 것이다. 성공적인 세일즈맨은 행복하게 지는 사람이란 말이 그래서 나온다.

✦ 직원도 고객이고 거래처도 고객이다

신창연 창업주의 이러한 '고객중심 철학'에서 '고객'이라 함은 매출을 일으켜주는 일반 고객만을 의미하는 건 아니다. 거래처와 내부 직원들도 그가 생각하는 고객의 범주에 들어간다. 단지 혼자 잘 먹고 잘 살기 위해 사업을 시작한 게 아니다. "돈을 못 벌더라도 쪽팔리게는 살지 않겠다"고 말하는 그다. 말도 안 되는 기계적인 권위로 직원들 위에 군림하지 않으며, 거래처에 지급할 돈은 항상 어음이 아니라 현금으로 먼저 지급하고, 여행을 위해 받아놓은 고객의 돈에는 어떤 일이 있더라도 절대 손을 대지 않는 건 그래서다. 그게 그가 사업을 하는 이유에 대한 답변이자 그를 둘러싸고 있는 삶의 고객들을 향한 그의 의리다.

"지급 조건도 그렇다. 이왕 줄 거 왜 최대한 늦게 주나? 사업은 사람이 하는 거다. 그래서 직원들에게도 거래처에 지급할 돈은 가급적 빨리 주라고 얘기한다. 2009년 여행박사가 파산을 하고 직원들 연봉을 1원에 계약하면서도 거래처에 줄 돈은 더 빨리 현금으로 지급했다. 거래처에 대한 갑질? 여행박사에서는 있을 수 없는 일이다. 접대도 안 받는다. 직원들한테도 그런 자리라면 차라리 우리 회사 돈으로 계산하라고 한다. 착해서 그러는 게 아니라 쪽팔려서 그러는 거다."

– 신창연 여행박사 창업주

그의 일상이 그렇듯 비즈니스에서도 신창연 창업주는 상남자다. 상남자의 키워드가 그렇듯 그 역시 의리를 강조한다. 고객과 거래처에 대한 의리다.

"결제해줘야 할 돈이 없어서 망하는 것도 물론 망하는 거다. 하지만 진짜 망하는 건 고객과 거래처 사람들 눈에 눈물 나게 하는 거다. 다시 말해 사람을 잃는 거다. 그게 아니라면 회사는 단지 수명이 다한 것일 뿐이다. 망할 때 망하더라도 줘야 될 돈은 다 주고 불꽃처럼 장렬하게 전사하는 게 깔끔하다. 이별도 그렇다. '세이 굿바이Say Goodbye'를 잘해야 한다. 그래야 쪽팔리지 않다."

– 신창연 여행박사 창업주

어려웠던 가정환경 탓에 열다섯 나이에 세상으로 나와 안 해본 일 없이 돈을 벌어야 했던 그다. "돈이 없어서 망하는 건 두렵지 않다. 당장 내일부터라도 나는 리어카를 끌 자신이 있다"는 그의 말이 허투루 들리지 않는다.

✦ 경영? 직원들과 즐기는 재미있는 놀이!

'고객'과 함께 신창연 창업주의 경영 철학을 관통하는 또 하나의 열쇳말은 '재미'다. 그는 큰돈을 벌기보다는 재미있는 회사 만들기로 늘 고민이다.

　2012년 대선 때, 전 직원이 투표하면 1인당 50만 원씩 총 1억 원의 보너스를 쏜다는 공약을 실천했다. 2011년 서울시장 보궐선거 때는 1인당 5만 원씩 총 천만 원을, 2012년 총선 때는 30만 원씩 총 6천만 원의 거금을 사비로 지급했다. 전국적인 투표 격려 캠페인과 관련하여 재미난 이벤트로 직원들을 즐겁게 한 것이다. 회사를 세울 때부터 직원들이 재미있고 행복한 회사를 만들겠다, 다짐했던 터다. 그래서 여행박사에는 다른 회사에선 상상도 하기 힘든 재미있는 이벤트들이 많다. 매년 전 직원들과 함께 가족 동반 해외여행을 떠나고, 10년 근속 직원들에겐 열흘간의 크루즈Cruise 여행을 선사한다. 자기계발과 관련해서는 상상을 초월하는 다양한 인센티브를 걸어 직원들의 동기를 부여한다. 골프에 입문한 지 1년 안에 100타(남자), 120타(여자) 이하를 치면 천만 원을 포상하고, 10㎞ 마라톤 대회에 참가하여 47분(남자), 57분(여자) 안에 결승점을 통과하면 100만 원을 포상하는 식이다.

"여행박사 창업주로서의 내 일과 중에서 가장 재미있고 가장 의미 있고 가장 보람 있는 일이 무엇인지 아나? 바로 '여박 가족'들과 함께 뒹굴며 노는 것이다. 작게는 회사 내부에서 부대끼며 일하는 것부터 시작해 근무 외 시간에 술, 영화, 등산, 스키 등 각종 모임을 통한 스킨십까지, 통 크게는 해외로 출장 겸 놀이 겸 해서 직원들과 떼거지로 해외 나들이를 하는 것이다. 금년에도 매월 주말은 우리 '여박이'들과의 국내외 놀이 스케줄로 꽉 채워질 듯하다. 공식적인 업무 출장을 비롯해서 때로는 직급 별로, 때로는 팀 별로, 때로는 짬밥 순으로, 그렇게 즉흥적으로 뭉친 멤버들과 함께 1년 내내 국내외로 놀이 겸 출장을 떠난다. 여박 직원들 충원할 때 내가 면접을 보는 경우는 이제 거의 없기 때문에 이런 기회에 나는 자연스러운 분위기 속에서 직원들과 소통하며 서로를 알게 된다. 그게 재미있고 좋다. 직원들과의 놀이에 내 시간을 가장 많이 할애하는 이유다."

– 신창연 여행박사 창업주

신창연 창업주가 2010년 게시판에 올렸던 글 중 일부다. 이처럼 그의 소통엔 재미가 핵심 요소다. 그 재미를 혼자 누리는 게 아니라 같이 즐긴다. 그가 '여박이' 혹은 '여박 가족'이라고 부르는 회사 직원들과 함께 말이다.

하루는 TV 드라마를 보는데 주인공이 여행사 본부장이더란다. 그런데 얼굴도 잘생긴 데다 옷 입는 센스에 외국어 실력과 매너 등등 모든 걸 다 갖춘 그 주인공을 보고 신창연 창업주는 회사 본부장들을 불러 모아 방콕으로 여행을 떠났다. 모두에게 각각 천만 원씩을 지급할 테니 1년 안에 외모, 스타일, 매너 등 모든 부문에 걸쳐 TV 드라마의 주인공처럼 멋진 본부장으로 변신하라 주문했다. 즉흥적으로 떠난 방콕 여행에서의 폭탄(?) 선언. 적어도 여행박사의 본부장이라면 저 정도는 되어야 하지 않겠냐며 벌인 일종의 '깜짝 이벤트'였다. 평소 일에 대한 열정으로 야근을 밥 먹듯이 하며 외모 가꾸기엔 통 관심도 없던 여행박사 본부장들에겐 즐거운 날벼락이었다. 귀국하자마자 그들은 헬스클럽부터 등록을 하고 삼삼오오 짝을 지어 백화점 쇼핑에 나섰다.

직원들의 이런 깨알 재미를 위해 여행박사는 매년 적지 않은 돈을 쓴다. 해마다 영업이익의 상당 부분이 직원들을 위한 이벤트성 인센티브와 복리후생 비용으로 쓰인다. 그런 일들을 하지 않는다면 물론 이익은 더 남길 수 있다. 하지만 그는 직원들의 재미를 포기할 생각이 없다.

"까라면 까야 하는 회사 문화가 너무나도 싫어 만든 회사가 여행박사다. 이왕 하는 일, 재밌게 하는 게 좋지 않나? 돈 좀 적게 벌더라도 재미있게 사는 게 훨씬 낫다고 생각한다. 물론 처음부터 이랬던 건 아니다. 사업 초기에는 생존이 관건이었기에 이렇게 할 수도 없었다. 그때는 시시콜콜 잔소리도 많이 했다. 하지만 시간이 흐르면서 나도 조금씩 바뀌었다. 매출과 이익은 직원들과 함께, 이렇게 즐겁게 일을 지속할 수 있는 정도라면 충분하다. 매출 좀 덜 올리더라도 직원들과 재미있게 일할 수 있다면 내 선택은 당연히 그쪽이다."

– 신창연 여행박사 창업주

신창연 창업주의 말은 필자가 MBA 공부를 할 때 접했던 한 케이스를 떠올리게 한다. 간단한 케이스다. 매출이 좋은 어느 회사가 있다. 시장 수요도 갈수록 커져만 간다. 현재 직원은 60여 명. 수요에 맞추어 제품을 공급하려면 직원을 더 늘릴 수밖에 없는 상황이다. 하지만 사장은 고민이다. 물론 직원을 더 뽑으면 돈은 더 많이 벌 수 있겠지만 조직이 커지고 인원이 늘어나면 서로를 아끼고 배려하고 존중하는, 지금의 가족적인 회사 분위기는 포기할 수밖에 없어서다. 돈도 돈이지만 직원들과 함께 누리는 오붓한 행복도 포기할 순 없다. 자, 어떻게 해야 할까? 물론 정답은 없다. 하지만 신창연 창업주의 말을 곱씹어보면 예전엔 이해할 수 없었던 이 케이스 속 사장의 고민에 이젠 나도 고개를 끄덕이게 된다.

리더십

물처럼 바람처럼
거침없이 훨훨

✦ 회사가 군대냐?

2015년 9월, 삼성의 조직문화 혁신에 관한 기사가 나왔다. 헤드라인은 '일사불란一絲不亂한 삼성은 이제 잊어라' 였다. 일사불란, 한 올의 실도 흐트러지지 않았다는 의미로, '관리의 삼성'을 상징하는 표현이다. 예전 산업화 시대에서는 효율이 경쟁력이었다. 그래서 '표준'과 '속도'를 내세우며 '직선경영直線經營'을 해왔던 삼성이다. 하지만 무게 추는 넘어갔다. 창의력의 총본산이라 불리는 구글이나 페이스북, 애플 같은 기업은 직선을 강조하지 않는다. 오히려 곡선을 독려한다. '자유'와 '창의'에 초점을 맞춘 이른바 '곡선경영曲線經營'이다. '싱글 삼성Single Samsung'을 강조했던 삼성이 '컬러풀 삼성Colorful Samsung'을 추구하게 된 배경이다.

세상이 바뀌고 있다. 하드웨어에 있던 무게중심은 이제 소프트웨어로 옮겨갔고, 일사불란하던 통일성의 조직문화는 창의적 아이디어를 가로막는 장애물이 되었다. 산업화 사회에서 성장을 견인했던 농업적 근면성과 교조적 엄숙주의는 이제 그 유효기한이 얼마 남지 않았다.

"유능한 직원에게 더 많은 자유를 주어라. 리더가, 직원들이 창의력을 발휘해 자유롭게 일하고 성과에 따라 보상을 받는 문화를 만들지 못하면 유능한 직원들이 떠날 수 있다. 이 때문에 리더는 회사를, 초등학생 시절 가장 친했던 친구 집과 같은 곳으로 만들어야 한다. 재미있는 장난감도 많고 재미있는 놀이거리도 많았던, 모두가 시간을 보내고 싶어 하던 곳으로 만들어야 한다."

– 잭 웰치John Frances Welch Jr 전 GE CEO

작금의 창조경제 사회에서는 익숙한 말이다. 하지만 이 말을 한 사람이 GE의 회장이었던 잭 웰치라는 사실을 알게 되면 귀를 의심하게 된다. 잭 웰치가 누군가? 직원들을 끊임없이 채찍질하며 '불도저식 경영'에 앞장섰던 경영자다. 엄청난 강도의 구조조정으로 '중성자탄'이란 별명이 붙기도 했다. 실적 하위 10%의 직원들은 무자비하게 해고하고 성과가 나지 않는 사업들은 과감하게 매각하거나 접었다. 그런 그가 직원의 자유와 놀이를 말하다니, 이건 허를 찌르는 반전이다. '철鐵의 경영' 시대가 막을 내리고 '인仁의 경영' 시대가 도래했음을 보여주는 상징적인 사건인 셈이다.

도대체 무엇이 잭 웰치의 이런 극적 변화를 만들어낸 것일까? 잭 웰치는 말한다. GE에 있던 40년보다 GE 회장에서 물러나 경영을 연구하고 강의하고 책을 쓰며 보낸 이후 10년 동안 비즈니스에 대해 더 많은 것을 배웠다며 스스로의 변화를 인정한다. 그 이유는 단순했다. 최첨단 IT 기술이 등장하면서 경영과 리더십에서 너무나 많은 것들이 달라졌다. 달라진 시대에 따라 많은 기업가들과 경영학자들이 '굿바이 잭 웰치'를 외치며 그의 과거 경영방식에 이별을 고하는 요즘, 그 또한 바뀐 비즈니스 환경에 따라 경영자의 덕목도 달라져야 한다고 말한다.

◆ 관리도 일이다, 믿고 맡겨라

과거 직장인 시절, 상명하복식의 조직문화에 넌덜머리를 냈던 신창연 창업주는 여행박사를 경영하며 '관리'라는 요소를 최소화했다. "관리하려고 이런저런 규정들을 만들어놓으니 내가 그렇게 못 하겠더라"라며 너스레를 떠는 그는 직원 개개인의 '개성'을 존중했다.

"관리라는 말을 싫어한다. 솔선수범 못 하겠더라. 그래서 남들에게 하라고도 안 한다. 내 몸뚱아리 하나도 제대로 관리하지 못하는 내가 다른 사람을 관리한다는 게 말이 되나? 또 하나, 직원이 알아서 움직이게 하는 게 사업이지, 직원 관리하기 위해 사업하는 게 아니지 않나? 검은 고양이든 흰 고양이든 쥐만 잘 잡으면 되듯이 직원 관리를 하든 안 하든 우리가 하고 싶은 일을 즐겁게 할 수 있으면 되는 거 아닌가? 규칙이나 규정, 그거 다 누가 만든 건가? 강자들이 만든 룰이다. 약자를 다스리기 위해 만든 거다. 정치인이나 사장은 죽을 때까지 자자손손 해먹으면서도 약자들인 직원들에겐 정년停年을 강요한다. 자기네들은 잘 지키지도 않으면서 룰만 잔뜩 만들어놓고 직원들에게는 어기지 말라고 한다. 왜 그래야 하는지 정말 알 수가 없다."

– 신창연 여행박사 창업주

신창연 창업주가 군 제대 후 늦깎이로 대학을 마치고 처음 입사한 곳이 바로 여행사였다. 자유로운 영혼의 그가 까라면 까야 하는 당시의 권위주의 조직문화에 적응하기란 쉽지 않았을 터다. 자연스레 그는 회사 내 고문관이 되었고 그때의 기억은 여행박사 경영에 반면교사反面敎師로 작용했다. 회사는 군대가 아니라는 그의 생각 덕분에 여타의 회사에서 일상적인 많은 것들이 여행박사에는 없다. 그는 억지로 넥타이에 정장을 입어야 했던 예전 시절을 떠올리며 여행박사에 복장 규정을 아예 만들지도 않았고 출퇴근 시간도 자율성을 대폭 높였다. 전 직원이 함께 산을 오르는 따위의 극기 훈련 프로그램은 눈을 씻고 봐도 없다. 형식적인 회의와 보고, 결재도 없애버렸을 뿐만 아니라 정년과 해고도 없다. 범죄 수준의 몇 가지만 제외하면 여행박사 직원들은 자신들이 원하는 모든 걸 다 할 수 있게 만들었다.

대신 모든 것들을 투명하게 공개한다. 경영에 관한 모든 수치와 자금의 운영 내역까지 공개한다. 회사의 수익과 지출은 물론 대표이사의 법인카드 사용 내역까지도 공개한다. 사내 인트라넷을 통한 '누드 커뮤니케이션Nude Communication'이다. 타율, 권위, 명령, 지시, 통제를 내려놓으니 그 자리에 자율, 자발, 열정, 창의, 개성, 공유가 들어섰다. 관리 비용이 줄어든 것도 가시적 성과지만 더 좋은 건 직원들의 얼굴에서 생기가 넘쳐난다는 점이다. 당근과 채찍 같은 외적 보상에 의한 동기가 아니라 자율에 의한 뜨거운 열정이 샘솟는다. 그러니 신창연 창업주가 며칠씩 사무실을 비워도 회사는 잘만 돌아간다. 대표 눈치 보며 일하는 회사가 아니라는 이야기다.

✦ 있는 듯 없는 듯, 비우니 차는 경영

내가 나중에 사장이 되면 절대 안 하겠다 마음먹은 것들을 그는 여기 여행박사에서 그대로 실천했다. 내가 하기 싫은 건 직원들에게도 강요하지 않았다. 내가 재미있는 건 직원들과 함께 즐겼다. 대표 혼자가 아니라 함께 즐기자 하니 직원들이 좋아한다. 그런 직원 행복이 성과와 성장으로 이어졌는지, 아니면 오히려 성장의 발목을 잡았는지는 정확히 알 수 없다. 하지만 그런 조직을 바라보는 신창연 창업주의 마음만큼은 누가 뭐라 해도 행복하다. 신창연 창업주의 리더십은 그래서 노자를 닮았다. 노자는 철학자다. 하지만 필자의 관점에서 노자는 역逆발상의 경영자다. 다들 '부국강병富國强兵'을 부르짖을 때 노자는 반대로 '소국과민小國寡民'을 주장했다. 부자나라 만들겠다며 강한 병사들을 길러 맨날 전쟁만 하니 도대체 누가 행복하냐는 거다. 오히려 나라가 작고 백성 숫자가 적어도 다들 만족함을 안다면 그게 이상적인 나라가 아니겠냐는 거다. 중앙집권이 아니라 지방분권의 개념이 녹아 있는 창의적 주장이다.

그러면서 또 '당무유용當無有用'을 말한다. 비어 있음으로 해서 쓰임이 생긴다는 말이다. 예는 그릇과 방이다. 진흙을 이겨서 그릇을 만들지만 그릇은 속이 비어 있음으로 인해 그 쓰임새가 생긴다. 방 또한 방으로서 그 쓰임이 있으려면 가운데가 비어 있어야 한다. 그래야 가구도 들어가고 사람도 들어갈 수 있다. 그런데 욕심을 내어 방을 무언가로 가득 채워 놓으면 방으로서의 쓰임새는 사라진다.

　노자 철학을 상징하는 '무위자연無爲自然' 개념도 같은 맥락이다. 많은 사람들이 '무위'에 대해 오해한다. 무위는 아무것도 하지 않는 것이라 여긴다. 하지만 노자를 공부하다 보니 무위는 아무것도 안 하는, 수동적인 의미가 아니다. 무위는 아무것도 안 함을 행하는, 매우 적극적인 개념이다. 아무것도 안 하는 게 어떻게 적극적인 개념일 수 있냐고? 그게 포인트다. 무릇 사람이란 아무것도 안 하기가 참으로 힘든 존재다. 자기만의 잣대로 늘 만사를 재단하고 그에 따라 안 해도 될 일, 하면 안 될 일을 벌인다. 예컨대, 새들이 둥지를 틀고 잘 살고 있는 나무를 베서 그 나무로 새집을 짓는 식의 일 말이다.

　무위했더라면 더 나을 것을 굳이 일을 만들어 어느 누구에게도 효용이 없는 일을 하는 셈이다. 이런 일이 수많은 기업에서도 비일비재하다.

직원들을 믿고 맡기면 될 것을, 사사건건 간섭하고 챙겨야 회사가 제대로 굴러간다고 생각하는 CEO들이 많다. 그만큼 아무것도 안 하기가 참으로 힘들다는 이야기다. 리더십의 대가인 미국 켈로그스쿨Kellogg School of Management의 키스 머니건J. Keith Murnighan 교수는 "최고의 리더십은 '아무것도 하지 않는 것Do Nothing'"이라 일갈한다. 노자의 가르침과도 맥이 닿아 있는 이 말을 신창연 창업주는 온몸으로 실천하고 있다.

천도무친天道無親, 자연의 질서에는 친함과 덜 친함이 없다. 즉, 하늘의 도는 객관적이고 투명하다는 의미다. 다시 말해 노자는 인간의 주관성을 탈피하여 자연의 객관성을 통해 인간질서의 근거를 찾고자 했다. 하늘에서 비가 내리는 이유? 하늘이 메마른 대지를 불쌍히 여겨 비를 내려주는 게 아니다. 그저 자연의 섭리다. 비 올 때가 되었으니 내리는 것뿐이다. 그걸 인위적으로 만들어내려 하니 모든 것들이 삐걱거린다. 자연은 가만 내버려둘 때 제대로 자연이다. 무정형의 정형이며 무질서의 질서다. 스스로의 생태계가 그렇게 영위된다.

신창연 창업주의 경영도 자연이다. 여행박사는 그래서 하나의 생태계다. 그래서일까, 여행박사에는 매출이나 이익 목표 달성을 위한 인위적인 채찍질이 없다. 신창연 창업주는 반문한다.

"목표는 누가, 왜 정한 것이며, 직원들은 왜 그걸 달성해야 하나? 그거 달성 못 한다고 직원들 해고하고, 그렇게 직원들 쥐어짜서 매출 더 많이 올리면 뭐 하나? 중요한 건 1등이나 매출 규

모가 아니다. 돈을 많이 번다고 성공이라 생각하지 않는다. 그런 목표를 달성하느라 많은 사람들이 죽어나간다. 돈 많이 벌어 1등은 하겠지만 수많은 사람들에게 욕먹는 기업들이 즐비하다. 착취하는 1등 기업이 무슨 의미가 있나?"

– 신창연 여행박사 창업주

귀를 의심케 하는 도발적 이야기다. 하지만 여행박사에선 이런 파격이 상식이 된다. 채용만 해도 그렇다. 여행박사는 학력이나 성적을 보지 않는다. 고졸 직원도 수두룩하다. 인사人事가 만사萬事라며 채용도 여러 단계를 거쳐 아주 깐깐하게 진행하는 여타 기업들에 비해 여행박사의 채용은 다르다. 조금 부풀리자면 '막' 뽑는다. 회사 초기에는 신창연 창업주가 직접 채용 면접을 보기도 했다. 하지만 아주 잠시뿐이었다. 이후로는 직원 채용에 일체 관여하지 않는다. 어차피 잠깐의 면접으로는 그 사람의 실력이나 인성 검증이 불가능하다는 생각에서다.

"채용도 사업 초기에는 선착순으로 그냥 막 뽑았다. 직원이 40명 정도의 규모가 될 때까지는 내가 직접 면접을 봤다. 하지만 그 이후로는 안 본다. 이유? 어차피 직접 부딪히면서 일하는 사람이 사장이 아닌 동료들이라면 같이 일할 동료가 면접을 보는 게 더 합리적이라는 생각이 들었다. 또 잠깐의 면접으로는 실력이나 인성 좋은 사람을 골라내는 게 불가능하다 싶었다. 그럴 바에야 면접은 같이 일할 사람이 보게 하고, 나는 그 시간에 좀 더 나은 회사 분위기를 만드는

데 신경 쓰는 게 좋겠다고 생각했다. 아무리 좋은 사람을 뽑아도 회사 분위기가 개판이면 버티지 못할 것이고, 그냥 선착순으로 막 뽑아도 회사가 좋으면 잘하지 않을까? 내로라하는 대기업들을 봐도 채용에 실패하는 경우가 얼마나 많나? 우리 회사에선 별론데 다른 회사 가면 펄펄 날아다니는 친구들도 많다. 회사와 궁합이 안 맞는 거다. 결론적으로 채용 단계에서 검증할 수 있는 건 거의 없더라."

— 신창연, 여행박사 창업주

그러니 '된 사람'을 뽑는 게 아니라 사람을 뽑아 '되도록' 만드는 것이 중요하다는 게 신창연 창업주의 생각이다. 물론 '된 사람이 되는' 것도 그 직원 하기 나름이다. 이쯤 되니 여행박사의 파격적인 정책들이 대략 이해가 된다. 자연 생태계는 인위적 제도가 없어도 잘만 돌아가는데 직원들의 무한자유는 왜 안 되는 걸까에 대한 대답들을 신창연 창업주는 직접 보여주었다. 직원을 평가와 판단의 '객체'가 아니라 자연 생태계의 '주체'로 보는 것이다.

절대적 권력은 부하를 지시만 따르는 기계로 만들고, 독단적 판단은 문제에 대한 다양한 접근을 차단한다. 그래서 신창연 창업주는 군림하지 않으며 통제하지 않는다. 조직은 리더가 혼자 끌고 가는 게 아니라 폴로어Follower와 함께 빚어내는 것임을 그는 알고 있기 때문이다. 그러니 리더라면 더할 게 아니라 빼야 한다.

"요堯 임금의 덕이 매우 커 백성들이 말로 형용할 길이 없다"는 이야기는 예전부터 가장 이상적인 정치를 표현할 때 입에 많이 오르내리던 말이다. '왕이 누구인지, 왕이 있는지 없는지 모르지만 세상은 태평하고 백성들은 자유롭게 풍요로운 삶을 누린다', 이것이 하늘을 닮은 요의 덕인 것이다. 노자 또한 말했다. '하지유지下知有之'라 하여 이상적인 지도자는 아랫사람들이 리더의 존재만을 알 뿐, 그가 어디서 무엇을 하는지 모르는 리더라 했다. 없는 게 있는 것보다 종종 더 낫다.

✦ 경영인 듯 경영 아닌 경영 같은 경영

자전거를 처음 배우는 아이를 떠올려 보자. 아빠가 뒤에서 자전거 안장을 잡아주지만 아이는 금세 넘어지고 만다. 안쓰러운 마음에 아빠는 안장을 잡은 손을 놓을 수가 없다. 넘어지고 잡아주고, 결코 헤어나지 못하는 무한루프Infinite Loop[5]다. 그렇게 한참을 씨름하다 갑자기 아이가 말한다. 혼자서 한번 해보겠다고. 말 그대로 고군분투. 넘어지면 일어나고 또 넘어지면 또 일어나고, 보는 부모는 애가 타지만 그래도 진득하니 지켜본다. 그렇게 저 혼자 끙끙대며 이런저런 시도를 해보던 아이는 어느샌가 페달을 힘차게 밟으며 바람을 가른다. 아이는 그렇게 자란다.

---

5) 컴퓨터에서 프로그램이 끝없이 동작하는 것으로, 명령문에 종료 조건이 없거나 종료 조건과 만날 수 없을 때 생긴다. 출처 : 위키백과

부모가 아이를 위해 해줄 수 있는 건 물론 여러 가지다. 그중 중요한 건 가만히 기다려주기다. 아이가 살아갈 인생에서 중요한 건 물고기가 아니라 물고기를 잡을 수 있는 그물이나 낚싯대인 까닭이다. 안쓰러운 마음에 부모가 계속 물고기를 잡아주면 아이는 물고기 잡는 방법을 영원히 배울 수 없다. 기다려주지 않는 부모가 아이의 삶을 망가뜨린다.

이런 철학이 있으니 신창연 창업주의 경영관과 기업관 또한 독특하다. 팀장급 이상을 투표로 뽑는 여행박사에서 대표 또한 예외가 아니다. 2013년 10월 투표에서 신창연 창업주는 자의 반 타의 반[6]으로 낙선했다. 2000년 회사 설립 후 햇수로 15년 가까이 직접 이끌어온 회사였다. 하지만 룰은 룰. 그는 흔쾌히 대표이사 자리에서 물러났다. 창업주가 대표이사로서 15년간 회사의 성장을 이끌다 투표에서 떨어져 물러난다? 파격을 넘어 충격이었다. 하지만 신창연 창업주는 담담했다.

"그동안 알게 모르게 '여행박사=대표이사 신창연'이라는 등식이 만들어졌다면 그건 내가 가장 잘못한 일이고, 그게 사실이라면 여행박사의 새로운 도약은 꿈도 못 꿀 일이다. 여행박사는 내가 만든 회사긴 하지만 내 회사는 아니다. 이번 일을

---

6) 여행박사 투표 제도에 의하면 대표이사를 연임하기 위해서는 전 직원 70%의 찬성을 받아야 한다. 2013년 투표에서 신창연 창업주는 79.2%의 찬성을 받아 연임이 가능한 상황이었다. 하지만 평소 찬성률 80%가 안 되면 '내려놓기 연습'의 일환으로 대표이사 자리에서 물러나겠다 공언했던 그다. 자기의 말을 뒤집기 싫었던 그는 그래야 또 다른 누군가에게 기회가 생긴다 생각해 79.2%의 찬성률을 뒤로하고 '자의 반 타의 반' 대표이사직에서 물러났다.

계기로 여행박사에서 신창연의 색깔을 조금이나마 지울 수 있었으면 한다. 또 하나, 그 동안 팀장, 본부장 선거에서 낙선하여 충격과 상처를 받았을 직원들도 '사장도 투표에서 떨어질 수 있구나' 하는 걸 알게 되면 조금은 위안이 될 거다. 만약 여행박사나 신창연의 몰락을 기대하는 사람들이 신창연의 대표이사 낙선 소식을 듣고 쾌재를 부른다면 이는 그동안 내가 엄청 유능했다는 증거가 되므로 내게는 기쁜 소식이다."

- 신창연 여행박사 창업주

그는 역시 무심한 듯 시크했다. 문득 궁금한 게 떠올랐다. 창업주이자 대표이사로서 십여 년 넘게 회사를 이끌다 물러나는데 그래도 여행박사란 회사가 이러이러한 가치만큼은 계속 지켜줬으면 좋겠다 싶은 것들이 있지 않을까? 그래서 물었다. '도전'이나 '열정' 류의 대답을 기대했던 필자에게 돌아온 답은 놀라왔다.

"내가 이제 물러나면 나는 그걸로 끝이다. 이제는 남은 사람들이 또 자기들의 그림을 그리면 되는 거다. 내가 괜히 뒤에서 시시콜콜 잔소리를 하거나 훈수를 두면 그게 여행박사 경영에 또 다른 성역聖域이나 족쇄가 된다. 대표 자리에서 물러나며 가장 먼저 한 일이 사내 인트라넷 아이디를 없애버린 거다. 물러난 첫해에 회사가 많이 흔들린다고 대표 복귀니 어쩌니 하는 말들이 들릴 때 한마디 했다. 그럴 때마다 내가 나설 거면 나는 영원히 못 떠난다고. 품안에 있을 때나 자식이지 크고 나면 저마다의 인생이 있는 것처럼 기업도 마찬가지다. 여행박사란 회사는 잠시 내 손안에 있었던 거지 궁극적으로 내 것이 아니다. 기업도 저 나름의 운명이 있는 거다."

– 신창연 여행박사 창업주

이게 웬 지리산 산신령 같은 이야기인가? 하지만 그의 모든 말과 행동이 노자철학을 중심으로 일관되게 수미쌍관首尾雙關을 이루고 있다. 한 순간의 즉흥적인 쇼가 아니라는 얘기다. 노자는 도덕경 제48장에서 도를 행한다 함은 날마다 덜어내는 것, 즉 위도일손爲道日損이라 하였다. 허상에 집착하지 않고 그 어디에도 얽매이지 않으며 늘 이렇게 덜어내니 신창연 창업주는 물 흐르듯 자유롭고 거침이 없다. "사는 게 별거 있나, 하고 싶은 일 하면서 재미있게 살면 행복"이라는 그가 참 부럽다.

여기 장자가 노래한 '도道의 사람'이란 글이 있다. 이 글을 읽는데 신창연 창업주가 겹쳐 보이는 건 그저 기분 탓만은 아닌 듯싶다.

도의 사람
–장자

도 안에서 걸림 없이 행동하는 사람은
그 자신의 이해에 얽매이지 않으며
또 그런 개인적인 이해에 얽매여 있는 사람을

경멸하지도 않는다.

그는 재물을 모으고자 애쓰지 않으며
그렇다고 청빈의 덕을 내세우지도 않는다.
그는 남에게 의존함 없이 자신의 길을 걸어가며
또한 홀로 걸어감을 자랑하지도 않는다.
대중을 따르지 않으면서도
대중을 따르는 자를 비난하지 않는다.

어떤 지위와 보상도 그의 마음을 끌지 못하며
불명예와 부끄러움도 그의 길을 가로막지 못한다.
그는 매사에 옳고 그름을 판단하지 않으며
긍정과 부정에 좌우되지도 않는다.

그런 사람을
도의 사람이라 부른다.

사람

남는 건 결국
사람이더라

✦ 태국 카오산로드, 비에 젖은 CEO

2015년, 여행박사의 연례 해외 워크숍은 태국에서 진행되었다. 말이 워크숍이지 공식 행사는 전혀 없다. 그저 여행박사 전 직원이 태국에서 누리는 온전한 자유여행이다. 가족들까지 동반했으니 거의 600여 여행박사 식구들이 4박 5일 동안 태국을 누빈 셈이다. 그때의 이야기 한 토막. 신창연 창업주와 같은 호텔에 머물던 한 무리의 직원들이 신창연 창업주의 방에 모여 앉아 늦은 밤까지 이런저런 이야기를 나누다 의기투합, 신창연 창업주를 앞세우고 방콕 젊음의 거리 카오산로드Khaosan Road를 찾아나섰다. 마침 할로윈데이에 즈음한 주말이었기에 그 뜨거운 청춘을 몸으로 직접 느껴보자는 생각이었다. 아니나 다를까, 밤 열한 시의 카오산은 인산인해, 거리 전체가 국적을 초월한 거대한 클럽이었다. 그런데 잠깐 흩뿌리던 비가 점점 굵어지더니 이내 장대비가 떨어지기 시작했다. 하늘에 구멍이 나면 이럴까, 순식간에 비에 젖은 생쥐 꼴이 되어버린 일행. 목적지를 정하지 못한 일행은 그렇게 한참을 거리 천막 아래서 비를 피하다 안 되겠다 싶어 인근 자그마한 클럽으로 뛰어 들어갔는데 이런, 신창연 창업주가 보이질 않는다.

해외여행이야 신물이 날 정도로 다닌 데다 방콕이야 그동안 여행 가이드로도 많이 방문했던 신창연 창업주라 그리 걱정은 안 했지만 시간이 꽤나 흐르자 직원들도 다소 긴장하기 시작했다. 바로 그때, 마치 옷 입고 샤워한 듯 비에 흠뻑 젖어 클럽에 나타난 신창연 창업주. 그의 손엔 티셔츠

열 벌이 들어 있는 비닐봉투가 들려 있었다. 비에 젖은 직원들이 행여 감기라도 들까, 그 장대비 속을 헤치며 티셔츠 가게를 찾아다닌 것이다. "이걸로 갈아입어"라며 무심히 건네주던 그 티셔츠. 가격은 우리 돈으로 한 벌당 3,000원 남짓이지만 받는 이들에겐 감동이었다. 필요하면 돈을 주고 막내 직원을 시켜도 전혀 이상할 상황이 아니었음에도 신창연 창업주는 직접 빗속을 뚫고 티셔츠 가게를 찾아 그렇게 직원들에게 줄 티셔츠를 샀던 거다. 이것이 신창연 창업주가 직원들을 대하는 방식이다.

"사쵸가 워낙에 특이하시잖아요. 10년을 지켜봤는데 정말 독특한 분이에요. 예전에 둘이서 일본으로 출장을 간 적이 있었는데요. 그때 제 짐을 들어주셨던 기억이 나요. 글쎄요, 다른 회사들은 어떤지 모르겠지만 사장님이 함께 출장 간 여직원의 짐을 마치 삼촌이나 오빠처럼 들어준다? 흔한 일은 아니지 않나요? 사쵸가 직원들을 대하시는 게 늘 그런 식이었어요. 권위주의 같은

건 아예 없었지요. 그러니 회사도 직급을 가지고 위, 아래를 따지는 분위기
가 아니었지요."

- 정희연 연트래블 대표

10년 세월을 여행박사와 함께하다 얼마 전 연트래블이란 회사를 차려
독립한 정희연 대표의 말도 이를 증거한다. 신창연 창업주는 이처럼 직
원 위에 군림하지 않는다. 권위의식 따위는 애당초 밥 말아 먹었다. 그러
니 의전儀典도 없다. 직원들과 함께 일하고 직원들과 함께 놀았다. 늘 이
런 식이니 직원들과의 관계도 여느 회사의 그것과는 다르다. 수직적 상
하관계가 아니라 수평적 가족관계다. 직원들에게 그는 큰형이고 큰오빠
인 셈이다. 그러니 직원들을 위해 빗속을 뚫고 티셔츠를 사러 간다. 솔선
수범의 책임감이다.

하버드 케네디스쿨Harvard Kennedy School of Government의 바버라 켈러먼Barbara
Kellerman 교수는 저서 『리더십의 종말The End of Leadership』을 통해 두 가지를
이야기한다. 리더십이 폴로어십Followership을 끌어안지 않으면 안 될 정도
로 시대가 변하고 있다는 것 그리고 리더십학學이 리더가 되길 가르치기
보다는 폴로어십을 이해하는 방향으로 가야 된다는 것이다.

맞는 말이다. 하지만 사람의 마음을 움직이는 건 이론이나 말이 아니라
행동이다. 2010년 여행박사가 파산 위기를 맞았을 때, 부모님을 설득하여
살고 있던 집을 담보로 돈을 구해온 직원들이 그래서 이해가 된다. 일반적
인 회사 분위기라면 상상할 수도 없는 일이다. 도대체 어떻게 그럴 수 있

었는지 해당 직원에게 물었던 적이 있다. "이유는 모르겠지만 그냥 그때는 그러고 싶었고 그렇게 해야 할 거 같았다"라는 단순한 답이 돌아왔다. 왜 사랑하냐는 우문_{愚問}에 돌아온, 사랑에 이유가 어디 있냐는 현답_{賢答}이었다.

✧ 직원이 아니라 가족

최근 감내하기 힘든 불경기가 지속되면서 많은 기업들에서 구조조정의 칼바람이 매섭다. 희망퇴직 확대에, 계열사 사업 구조조정 등 조직 슬림화가 한창이다. 많은 기업들의 강도 높은 군살 빼기에 재계가 술렁인다. 사실 해고는 많은 기업들이 경영 위기 때마다 손쉽게 꺼내 드는 전가_{傳家}의 보도_{寶刀}다. 하지만 여행박사에는 창립 이래 해고가 없다. 여행박사라고 위기가 왜 없었을까?

"직원이 잘못해서 회사가 위기에 처했다는 말은 동의하기 힘들다. 그 직원은 누가 뽑았나? 그 직원이 했던 일은 누가 시킨 건가? 잘못이 있다면 모두 경영진의 잘못이다. 그런데 직원들을 해고하는 게 무슨 의미가 있나? 해고당하는 직원도 누군가의 아버지고 어느 집의 가장이다. 동고동락해야 한다. 즐길 때 함께 했던 것처럼 고통 또한 함께 나누면 이겨낼 수 있다. 여행박사도 2009년 모회사 경영진의 불법 대출로 인해 회사가 파산을 한 적이 있었다. 절체절명의 순간이었음에도 해고라는 카드는 쓰지 않았다. 매일매일 회사의 자금 상황과 어려움을 공유하면서 어쩔 수 없이 떠나는 직원들에게는 한 푼의 급여도 밀리지 않고 전액 지급했으며, 남은 직원들과는 '연봉 1원'의 악조건으로 버티면서 이를 악물고 다시 회사를 살렸다. 지금의 여행박사 대표와 부산 지사장 등을 비롯해 그때 떠났던 직원들 중 절반은 다시 회사로 돌아왔다."

– 신창연 여행박사 창업주

경영진의 책임은 도외시한 채 애꿎은 직원들에게만 눈을 부라리던 수많은 기업들에게 신창연 창업주는 일갈한다. 해고는 답이 아니라고 말이다. 꼭 해고를 해야 한다면 그 대상 또한 잘못되었다고 말한다. '동고동락'을 강조하는 신창연 창업주의 말은 "저성장 시대에 기업이 위기를 극복하고 지속적으로 성과를 내기 위해서 필요한 리더십은 인재경영"이라는 제프리 페퍼Jeffrey Pfeffer 스탠포드 대학교 교수의 말과 맥을 같이한다. 일시적인 경영 악화에 따른 해고는 근본적인 해결책이 될 수 없다는 뜻이다. 현명한 리더는 경쟁자들이 긴축에 들어갈 때 이를 오히려 시장지배력을 높일 적기라 생각한다.

신창연 창업주도 그랬다. 여행업 특성상 지진이나 질병 등 갑작스런 사건사고가 비일비재했다. 그때마다 여행박사 전화기는 예약 취소 전화로 불이 났다. 목표했던 실적에 뻥뻥 구멍이 뚫렸다. 하지만 신창연 창업주는 그럴 때마다 기존 직원들을 끌어안았다. 퍼붓듯 쏟아지는 빗줄기라 해도 참고 견디면 지나게 마련이다. 그렇게 지나가는 소나기가 올 때마다 직원들을 희생시키면 남아날 직원이 없다고 생각했다. 조금만 지나면 다시 또 해가 뜰 거라 믿었기에 위기 때마다 신규 직원들을 더 채용했다. 아니나 다를까, 사건사고는 오래지 않아 잦아들었고 다시는 짐을 꾸릴 것 같지 않던 고객들도 다시금 여행용 가방을 들고 비행기에 올랐다. 인력을 보강하며 힘을 비축한 여행박사는 그때마다 더 성장했다. 직원들의 열정이 함께 빚어낸, 해고 없는 위기 극복이었다.

✦ 여행박사, 씨앗을 뿌리다

'사람을 남긴다'라는 신창연 창업주의 이런 생각은 또 다른 방향에서 빛을 발한다. 기존 직원들의 독립 이야기다. 회사를 다니던 직원이 회사를 그만두고 이직하거나 독립하는 건 어느 기업에서나 일상다반사다. 물론 빈도의 차이는 있겠지만 여행박사도 그렇다. 그러나 그 이별의 모습이 다른 회사들의 그것과는 사뭇 다르다.

일반적으로 다니던 회사에 사표를 내고 새로이 독립을 한다면, 게다가 다니던 회사와 같은 업종으로 새로이 창업을 한다면 이는 그다지 환영받지 못할 일이다. 기존 회사 입장에서는 월급 받던 직원이 경쟁사를 만들어 우리의 밥그릇을 노리는 꼴이기 때문이다. 그래서 독립하는 그들은 적이 된다. 그렇게 돌아올 수 없는 루비콘강을 건넌다. 하지만 신창연 창업주는 달리 생각한다. 여행박사에 몸담고 있던 직원이 새로 여행사를 차리는 일에 대해 반대하지 않는다.

"나는 여행박사만 잘되는 것보다 여행박사가 많은 사장들을 배출하는 '사장 사관학교'가 되었으면 한다. 여행박사는 망하더라도 이들이 여행박사의 좋은 DNA만 빼내서 더 훌륭한 조직을 만들어낸다면 이게 훨씬 보람된 일이다. 지금 사장이라는 사람들도 옛날에는 어느 회사의 직원이었을 테고, 그때 그들의 꿈 또한 사장이지 않았던가. 그러니 회사 경영에서 사람이 들고 나는 것은 당연한 일이다. 기계도 아니고 어떻게 우리 회사만을 위해 평생을 바칠 수 있겠나? 그렇게 독립한 친구들이 잘되면 여행박사의 경쟁 상대가 되지 않느냐고 하는데, 어차피 어떤 환경에서도 경쟁사는 계속 생기게 마련이다. 나 같은 사람도 했는데 다들 사장 한번 해봐야 할 것 아닌가? 어쩌면 나는 여행박사에만 머물러 있는 직원들보다 여행박사에서 독립하여 성공한 창업가들을 더 많이 보고 싶은 건지도 모르겠다. 그래서 요즘도 항상 말한다. '야, 너 왜 아직도 여박에 있어? 빨리 나가서 회사 만들어. 돈 없으면 내가 투자해줄게.'"

                                                  － 신창연 여행박사 창업주

오히려 여행박사의 건강한 문화적 DNA를 세상 여기저기에 뿌리는 기회라 생각하는 그다. 그 씨가 뿌려진 자리에 여행박사의 꽃이 다시 핀다. 그래서 여행박사에서 독립하여 새로 여행사를 개업한 전前 여행박사 직원의 사무실엔 항상 여행박사 대표이사 명의의 축하 화분이 놓여 있다. 얼마 전, 여행박사에서 만 10년 넘게 근속하다 새롭게 작은 여행사를 차린 어느 직원의 사무실에도 신창연 창업주는 어김없이 나타나 축하와 함께 금일봉을 전했다. 아마도 그 봉투 안에는 돈뿐만 아니라 그의 마음도 듬뿍 담겼으리라. 서로 물고 뜯는 경쟁의 현장이 아닌 사람을 연결고리로 한, 함께 만들어가는 여행박사의 비즈니스 생태계는 이렇게 만들어진다.

✦ 투자, 돈이 아니라 사람

신창연 창업주에게 이처럼 사업은 곧 사람이다. 투자도 마찬가지다. 큰돈은 아니지만 주로 새로 시작하는 스타트업 컴퍼니Startup Company에 투자하는 그에게 투자의 원칙 또한 사람이다.

"돈이 중요한 게 아니다. 사업은 사람을 남기는 거다. 그래서 돈 빌려줄 때도 계약서는 잘 쓰지 않는다. 돈 떼먹으려고 마음먹은 사람은 계약서 내용이야 어떻게 써도 떼먹는다. 소송 걸어 법원 왔다 갔다 하면 그 시간에 일 못 하고 신경만 자꾸 쓰게 되니 그게 나나 회사에는 더 큰 손해다."

– 신창연 여행박사 창업주

그래서 그는 투자를 할 때에도 사업 아이템에는 큰 관심이 없다. 투자

대비 손익 시뮬레이션이 중요한 게 아니다. 오직 사람을 본다. 투자한 회사가 망하더라도 계속 인연을 이어나갈 만한 사람이라면 투자한다. 사업은 실패하더라도 인연은 남기 때문이다. 예컨대 이런 식이다. '시지온'이란 회사가 있다. '라이브리'라는 콘텐츠 플랫폼을 제공하는 회사로, 특정 콘텐츠에 남긴 댓글을 통해 사용자들이 서로 소통할 수 있도록 만들어주는 서비스다. 처음 시작은 악플을 없애보자는, 작지만 착한 생각이었다. 이 작은 생각이 회사가 되었고 어느 날 신창연 창업주의 눈에 이 회사가 들어왔다. 큰돈을 벌겠다는 생각보다는 서비스의 취지 자체가 좋았고 CEO가 똑 부러져 보여서 좋았다고 말하는 신창연 창업주. 우연한 계기로 한 다리 건너 소개받은 시지온 김미균 대표와의 첫 만남에서 그렇게 투자가 이루어졌다.

인디밴드 '강백수밴드'도 있다. 여행박사 창립 12주년을 기념해서 전 임직원이 참석한 모 기부공연 행사에 강백수밴드가 출연했는데 그야말로 장내를 열광의 도가니로 만들어 버리더란다. 공연이 끝나고 "아니, 이렇게 실력이 뛰어난데 왜 못 뜨고 있냐?"고 물었더니 "먹고살기 위해 멤버들이 이런저런 알바를 하느라 음악에만 집중할 수 있는 여건이 안 된다"는 답이 돌아왔다. 전용 연습실만 있어도 지금보단 훨씬 낫겠다는 이야기에 신창연 창업주는 바로 투자를 결정했다. 물론 그들의 음악성뿐만 아니라 강백수 대표 자체의 인간적 매력이 투자에 중요한 요인이었다. 이후 강백수밴드는 여행박사와 함께하며 특유의 음악 팔레트를 다채롭게 채워가고 있다.

이런 경우도 있었다. 신창연 창업주의 책과 홈페이지에 올려놓은 그의 글들을 읽고 감동을 받았다며 멀리 부산에서 찾아온 젊은 친구 하나. 만나 보니 어느 노래방 체인점에서 일하던 친구였는데 다른 젊은 친구들과는 달리 고객과 서비스에 대한 개념이 투철했고 '일을 즐기자'라는 나름의 철학이 뚜렷하더란다. 바닥부터 새로 한번 시작해보라며 신창연 창업주는 '총각네야채가게'를 소개해줬다. 그곳에서 제대로 일을 배운 이 친구가 후에 독립해서 자그마한 맥주집을 하나 차릴 때 신창연 창업주 또한 기꺼이 투자했다. 투자 조건은 간단했다. '나한테 돈 갚을 생각하지 마라. 매월 갚을 돈을 어딘가 좋은 일에 기부했다는 영수증만 보내주면서 착한 가게를 만들어 달라.' 오땅비어 충정로점 안두현 대표 이야기다.

신창연 창업주가 말하는 개인적 투자는 대부분 이런 식이다. 절차상 꼭 필요한 것이 아니라면 계약서도 잘 안 쓴다. 얼마를 투자했는지도 더듬더듬 기억에 의존한다. 잘되면 좋고 안 돼도 할 수 없다. 돈은 사라져도 사람은 남는다는 생각이다. 여기, '사람 중심' 신창연 창업주의 투자 원칙에 덧붙는 또 하나의 기준이 있다.

"처음에 투자를 할 때는, 세상에 내가 아니라면 어느 누구도 투자해줄 것 같지 않은 사업계획서, 거기에 투자했다. 오죽 하면 나한테까지 왔겠나 싶어서였다. 그러다 보니 돈만 보고 콩고물 챙기려고 나를 찾는 사람들도 있다. 나를 잘 아는 사람들은 그래서 조언한다. 나를 이용만 하려는 사람들을 조심하라고 말이다.

내게 진심을 담아 그런 이야기를 해주는 그들의 마음은 잘 안다. 그러나 상관없다. 누군가에게 필요한 사람이 된다는 건 그 나름대로 또 의미 있는 일이기 때문이다. 하지만 요즘은 그런 투자 패턴을 많이 바꿨다. 투자에 실패했을 경우 투자한 돈만 잃는 게 아니라 돈과 사람까지 다 잃게 되는 경우들이 잦아져서다. 요즘은 나 외에 이 사업에 투자하겠다는 사람을 하나 더 만들어 오거나, 아니면 죽을 때까지 해보다가 도저히 방법이 없어 낭떠러지에 떨어지기 직전이라면 나한테 오라고 한다."

– 신창연 여행박사 창업주

이 정도면 투자라고 이름 붙이기도 뭣하다. 엔젤투자자로도 활동하는 그는 정부 돈이 들어가는 프로젝트는 수익성을 보지만, 개인적으로 진행하는 투자는 여전히 사람을 본다. 투자한 회사들에게도 감 놔라 배 놔라 간섭하지 않는다. 크게 바라는 것도 없다. 그냥 일할 수 있는 장을 만들어줄 뿐이다. 하지만 그는 오늘도 바쁘다. 그가 투자한 기업의 대표들이 앞다투어 그를 찾아 삶에 대한 조언을 구해서다. 신창연 창업주는 돈보다도 그들과의 그런 만남을 즐긴다. 사람에 투자하는 그는 그래서 외롭지 않다.

✦ 나는 자유다!

문득 이 대목에서 궁금해지는 것이 있다. 사업도 그렇고 투자도 그렇고 딱히 돈을 벌려는 것 같지도 않은 신창연 창업주. 이제 여행박사 경영에서도 손을 떼었으니 그가 꿈꾸는 그의 내일이 궁금했다.

 "많은 사람들이 새로운 기업문화와 마케팅이라며 열광했던 모 벤처기업에 견학차 갔던 적이 있다. 그 회사가 적어둔, 앞으로 구현하겠다는 꿈과 복지제도 등을 보니 우리 여행박사가 이미 다 하고 있던 것들이었다. 하지만 다른 게 있었다. 그 회사는 새벽시장 같은 뜨거운 에너지가 여기저기 넘쳐나더라. 그때 충격을 받았다. 아, 우리 여행박사가 안주하고 있구나. 또 다른 도전을 해야겠다는 생각이 벼락같이 들었다.

– 신창연 여행박사 창업주

그렇게 신창연 창업주의 새로운 도전은 시작되었다. 어찌 보면 2013년 대표이사 선거에서 자의 반 타의 반 낙선한 일이라든지, 옐로모바일과의 합병 건이라든지, 신규 스타트업에 대한 투자라든지 이 모든 일련의 일들이 그의 또 다른 도전이 아닐까 싶다.

기업가정신이 중요하다 외치는 요즘이다. 미래를 예측할 수 있는 통찰력과 새로운 것에 과감히 도전하는 혁신적이고 창의적인 정신이 기업가정신이다. 이런 관점에서 보자면 신창연 창업주는 천생 기업가다. 돈이 아니라 사람 그리고 재미와 가치를 좇는 역설의 기업가다. 그래서 그는 또 떠나려고 한다.

> "지난 며칠 동안 난 이 책을 손에서 놓질 못하고 무척 괴로워했다. 이 느닷없는 자유에 대한 망상 때문이다. 『그리스인 조르바』의 감동은 명확하다. 도대체 '내켜서', 자신이 하고 싶은 일을 하며 살고 있느냐는 본질적인 질문이다. 그러고 보니 지금까지 난 교수를 내켜서 한 게 아니다. 학생들 가르치는 일이 그토록 내키질 않아 매번 신경질만 버럭버럭 내면서도 교수라는 사회적 지위의 달콤함에 지금까지 온 거다."
>
> – 김정운 여러가지문제연구소장

『그리스인 조르바』 독후감 원고를 요청 받아 책을 읽다가 재직 중이던 학교에 불현듯 사표를 던졌다는 김정운 여러가지문제연구소장의 칼럼 한 대목이다. 이제는 회사가 아니라 오롯이 내 개인의 삶에 집중하고 싶다는 신창연 창업주도 어쩌면 '그리스인 조르바'의 삶을 꿈꾸는 건지도 모르겠다. 손에 들고 있는 인생의 스케치북에 이제는 여행박사가 아닌 새로운 그림을 그려보고 싶다는 그의 소박한 이야기가, 그래서 조르바의 이 말과 함께 이명처럼 계속 귓가에 울린다.

"나는 아무것도 바라지 않는다.

나는 아무것도 두려워하지 않는다.

나는 자유다."

– 『그리스인 조르바』 중에서

보통마케터 안병민 대표가 전하는
내 일과 삶의 CEO를 위한
첫 번째 편지

사업,
왜 하시나요?

끝을 알 수 없는 불황의 터널이 많은 CEO 분들을 힘들게 하는 요즘입니다. 그 해결책으로 어떤 이는 기업가정신을 이야기하고, 또 다른 누군가는 열정과 도전을 말합니다. 물론 모두 맞는 이야기입니다. 하지만 속도가 아니라 방향이라 했습니다. 아무리 빨리 가봐야 방향이 잘못되었다면 어느 우스개 이야기처럼 기껏 힘들여 정상엘 올라서도 "이 산이 아닌개벼" 하며 터덜터덜 산을 내려올 수밖에 없기 때문입니다.

그래서 여쭤봅니다. 대표님께서 사업을 하시는 이유는 무엇인가요? 돈을 벌기 위해서라고요? 진정 그게 사업을 하시는 이유의 전부인가요? 그럼 이렇게 여쭤볼게요. 하루하루 세상을 사는 이유는 무엇인가요? 왜 사냐는, 외람된 질문입니다. 이 질문에 똑같이 "돈을 벌기 위해 산다"라고 대답하실 분은 아마 안 계시리라 생각합니다.

여행박사 신창연 창업주는 창업의 이유를 묻는 질문에 이렇게 이야기합니다. "세상에 없는, 정말 재미있는 여행사를 만들어보고 싶었다"라고 말입니다.

경영에서 중요한 건 비전과 미션입니다. 왜 사업을 하느냐는 질문에 대한 답이 미션이며, 그런 미션을 달성하기 위한 목표, 다시 말해 미래에 대한 리더의 가슴 설레는 꿈이 바로 비전입니다. 이런 비전과 미션이 회사의 방향을 결정짓는 나침반 역할을 하는 겁니다. 그런데 이런 것들이 왜 중요하냐고요? 돈을 버는 데 이런 것들이 대관절 무슨 소용이냐고요?

　여기 두 회사의 사례를 말씀드릴게요. 비전이나 경영 이념, '그게 다 무엇에 쓰는 물건인고?' 반문하며 오로지 매출만 좇는 A사가 있습니다. 회사의 모든 제도나 시스템이 단 하나의 지표, 즉 매출을 위해서만 작동하지요. 직원들 역시 수익 실현을 위한 조직의 부속품일 뿐입니다. 우리 회사의 업이 무엇인지, 왜 이런 비즈니스를 하는지, 이런 비즈니스를 통해 어떤 세상을 만들고 싶은 것인지는 전혀 모른 채 주어진 일만 관성적으로 하는 직원들. 그들이 진행하는 업무에 영혼이 담길 리가 없습니다.

　또 다른 회사도 있습니다. 최고의 디자인과 성능으로 중무장한 신제품을 출시한 B사입니다. 막대한 예산으로 활발한 마케팅 활동을 펼쳤지만 시장의 반응은 기대 이하입니다. 경기 탓이겠거니 애써 자위해보지만 별다른 광고도 없이, 결코 우리 제품보다 나을 것 없는 사양에도 불구하고 열광하는 고객들의 헹가래에 행복해하는 경쟁사를 보면 마음이 영 불편합니다.

　자, 어떠신가요? 남 얘기 같지만은 않다고요? 만약 그러시다면 스스로의 비전과 미션을 다시 한 번 살펴보시기 바랍니다. 위대한 리더는 '결과(What)'가 아니라 '이유(Why)'를 말합니다. 사람들의 마음을 열고 그들의 행동과 열정을 이끌어내는 지점이 '결과(What)'나 '방법(How)'이 아니라 '이유(Why)'임을 알기 때문이지요. 요컨대 훌륭한 리더들은 "이

걸 하자, 이렇게 하자"가 아니라 "왜 우리가 이 일을 해야만 하는가"를 말함으로써 사람들의 가슴을 뛰게 합니다.

지금 즉시 자문해보세요. "내가 지금 이 일을 왜 하고 있나? 그리고 우리 회사가 하는 이 사업은 무엇을 위한 것인가?"라는 질문에 한순간의 머뭇거림도 없이 바로 답변이 나오는 조직은 활기가 넘칩니다. 반대로 이 일을 왜 하는지, 그 이유를 모르는 상태에서 무언가를 계속 만들어내는 회사는 어두컴컴한 회색빛일 수밖에 없습니다. 이유를 알 수 없는 일이 결코 행복할 수 없는 까닭입니다.

진정한 리더십은 조직의 미래에 대한 꿈을 꾸고 이를 통해 만들어진 비전을 어떻게 직원들과 공유하고 이룰 것인가를 고민하는 과정에서 생겨납니다. 꿈꾸지 않는 리더라면 리더로서의 존재 가치가 없는 이유입니다. 마틴 루터 킹Martin Luther Jr King이 미국 역사상 가장 위대한 리더 중 한 명이 될 수 있었던 것도 그의 흔들리지 않는, 미래에 대한 꿈과 헌신 때문이었습니다.

그래서 내드리는 숙제입니다. 대표님께서 맡고 계신 조직에 새로 신입사원이 한 명 들어왔다고 가정하고요, 이 직원에게 이야기해줄, 리더로서 대표님의 꿈에 대해 한번 적어보세요. 길지 않게 1분 정도 분량이면 됩니다. 5년쯤 후에 대표님께서 꼭 이루고 싶은 구체적인 목표 같은 것이 될 수도 있겠지요. 이런 꿈이 있어야 새로 온 직원의 몰입을 이끌어낼 수

있습니다. 이런 꿈이 없다면 할 말도 뻔하지요. "열심히 한번 해봐" 하고
나면 더 이상 할 말이 없을 겁니다. 그리고 환영 회식에서 폭탄주나 권하
는 모습? 이건 제대로 된 리더의 모습이 아닙니다.

여기, 신창연 창업주가 직장 생활을 하던 무렵 미래에 창업할 회사를
꿈꾸며 수첩에 하나하나 써 내려간 내용을 그대로 가져왔습니다. 〈회사
를 만들고자 한다면 이렇게 해보자〉라는 제목의 메모입니다. 정제되지
않은 거친 표현들 속에서 그가 생각하는 이상적인 회사의 모습과 경영에
대한 그의 꿈과 철학이 오롯이 엿보입니다. 이런 꿈으로 만들고 가꾸어
온 회사가 바로 여행박사입니다. 창업을 꿈꾸거나 현재 하고 계신 경영
에서 새로운 돌파구를 찾고 싶다면 꼭꼭 씹어 읽어보시길 권해드립니다.

- 회의를 위한 회의를 없애자.
- 출퇴근 시간을 없애자.
- 복장을 자율화하자.
- 보고서 서류와 상급자 결재를 없애자.
  (담당자 전결, 담당자 책임)
- 직원 모두 업계 최고의 박사가 되자.
- 자기 판단에 따라 시간만 나면 현지답사를 가자.
- 이 업이 천직인 사람만 같이하자.

- 돈을 좇지 말고 일을 좇아가자.

- 컴플레인 고객은 무조건 고객이 되게 하자.

- 임직원과 친분이 있는 사람에게는 영업하지 말자.

- 절대 손님을 귀찮게 하지 말자.

- 손님에게 친절하기보다 당당하게 대하자.

- 안 된다는 말을 쉽게 하지 말자.

- 최저가 요금을 받으면서 업계 최고의 대우를 받자.
  (최저 급여 100만 원에 상여금 상한선은 없다. 기타 자율성, 복지,
  출장 등 모든 면에서 업계 최고의 대우를 받자. 단, 수익이 없다면
  대표이사 급여부터 일정액을 줄이기로 한다.)

- 필요한 직원은 상시 채용하되 임직원과 친분이 있는 사람은 배
  제한다.
  (구비 서류 가운데 보증인의 서류나 재정보증 서류는 일체 필요 없
  이 의료보험을 들기 위한 동본 한 통만 받는다. 학력, 나이, 성별, 지
  역연고는 전혀 고려의 대상이 될 수 없다.)

- 회사에 도움이 되는 일본어나 컴퓨터 교육비, 운전 수강료 등
  은 회사 부담으로 하자.

- 집을 나서는 순간부터 회사와 연계된 비용은 회사 비용으로 처
  리한다.
  (교통비, 식대, 접대비, 차량유지비 등, 단 이면지 한 장이라도 필요
  없는 지출은 없애자.)

- 휴일은 사무실에 나오지 않지만 인터넷을 통한 고객과의 대화
  는 24시간 가능하도록 하자.

- 경쟁사를 만들지 말자. 다른 회사 상품과 비교하지 말고 우리
  주관대로 가자.

- 낼 세금 다 내는 투명경영으로 간다.
- 일정 수익이 나기 시작하는 시점부터 직원 급여의 10% 이상은 사회에 환원하자.
- 남의 돈으로 사업할 생각을 버리자.
- 거래처에 미수를 달지 말자.
  (어쩔 수 없는 외상 거래인 경우 두 번 이상의 청구 독촉을 받는 사람은 시말서를 쓰도록 한다.)

　자, 모두 읽으셨나요? 어떠신가요? 이렇듯 '여행 상품이 아니라 행복을 파는, 돈이 아니라 재미를 추구하는, 세상에 없는 여행사를 만들겠다'는 창업주의 꿈과 철학이 있으니 여행박사는 너나없이 열정이 넘쳐납니다. 확고한 주인의식으로 무장한 직원들과, 언제든 지갑을 열 준비가 된 고객들이 행복한 만남을 이어나가는 것이지요.

　작은 장사꾼은 이문을 남기고 큰 장사꾼은 사람을 남긴다 했습니다. 누구에게나 가혹한 작금의 비즈니스 환경이지만 이럴 때일수록 내 비즈니스의 이유와 방향을 챙겨 볼 일입니다. 단언컨대, 사업은 단지 돈을 벌려고 하는 것이 아닙니다. 그래서 다시금 여쭤봅니다. 사업, 왜 하시(려)는 건가요?

보통마케터 안병민 드림

2부

Underdog Strategy
후발 주자가 살아남는 법

업계 후발 주자로 들어와 어떠한 차별적 강점으로, 어떻게 고객과 소통하며, 어떻게 시장을 만들어 내었는지 여행박사만의 독특한 차별화 전략, 일명 '언더독 전략'을 마케팅을 포함한 다양한 각도에서 살펴본다. 관건은 역시 '나음'이 아니라 '다름', '넘버 원'이 아니라 '온리 원', '추월'이 아니라 '초월'이다.

블루오션

선택과 집중으로 푸른 바다를 열다

✦ 후발 주자, 전선을 찢고 들어가다

어린 시절, 돋보기는 몇 안 되는 장난감 중 하나였다. 특히 까만 먹종이에 돋보기를 들이대고 햇빛을 모으면 이내 연기가 꼬물꼬물 피어오르며 종이가 타들어가던 그 모습은 신기하기 짝이 없었다. 관건은 초점! 햇빛을 한 점으로 모아야 했다. 그렇게 초점이 딱 맞은 노란 점 하나는 이내 연기를 피워 올렸다. 마케팅도 마찬가지다. 마케팅은 시장을 어떻게 쪼개고(Segmentation), 쪼개 놓은 시장 중에서 어디를 타깃으로 하며(Targeting), 그 타깃 그룹의 머릿속에 우리를 어떻게 각인시킬 것이냐(Positioning)의 문제다. 이른바 선택과 집중의 전략이다. 모두를 만족시키려 하다가는 어느 누구도 만족시킬 수 없는 세상이라서다. 그래서 마케팅 분야에서 많이 쓰는 표현 중 하나가 '전선戰線을 찢고 들어가라'다.

앞서가는 경쟁사의 전선은 넓기 마련이다. 그 넓은 전선을 지속적으로 유지하려면 필요한 병력이나 물자 또한 어마어마할 수밖에 없다. 쉽게 말해 길지만 얇은 방어막이 형성된다. 그렇다면 병력이 부족한 쪽에서는 어떻게 해야 할까? 방법은 하나다. 전 병력을 한곳으로 모아야 한다. 송곳처럼 뾰족하게 날을 세워, 길지만 얇은 적의 전선을 일시에 뚫는 것이다. 후발 주자의 마케팅 전략이다.

여행박사는 2000년도에 단돈 250만 원으로 설립된 회사다. 여행업계 설립일자로만 보자면 막내뻘도 아닌 손자뻘 회사니 더 이상 완벽할 수 없는 후발 주자다. 하나투어, 모두투어 등 전통의 강자들뿐만 아니라 기라성 같은 대기업 계열의 여행사들이 즐비하던 시장이었다. 여행박사로서는 업계 신생 후발 주자로서 선택과 집중, 즉 회사의 역량을 총결집시킬 초점이 필요했다. 그 초점은 다름 아닌 일본이었다.

✦ 초점은 일본 그리고 가격

남들보다 늦게 시작한 대학생 시절, 호기심으로 떠났던 일본으로의 무전여행. 당시 가치로 15,000원 정도 하던 3,000엔을 들고 세 달을 버티겠다는 일념으로 일본행 비행기에 몸을 실었던 신창연 창업주다. 말도 안 통하면서도 새벽이면 인력시장에 나가 할 수 있는 일이라면 뭐든지 했다. 그렇게 열정을 불쏘시개 삼아 일본 구석구석을 누볐던 그는 세 달 후 학교 등록금은 물론 당시 최신형 야마하Yamaha 전축까지 마련해 귀국했다. 우리나라보다 인건비가 비쌌던 일본에서 온몸이 부셔져라 젊음을 불태운 결과였다. 하지만 그보다 더 큰 전리품은 맨몸으로 부대끼며 오롯이 체험한 일본의 속살이었다. 이때의 경험은 이후 여행박사 창업과 도약의 커다란 디딤돌이 된다.

일본과의 인연은 그 뒤로도 계속되었다. 여행박사 설립 전 몸담고 있던 여행사에서 담당하던 업무가 한국과 일본을 오가던 초고속 여객선 관련 업무였다. 하지만 배는 여객용이 아니라 화물용으로만 인식되던 그 시절, 배를 타고 일본여행을 떠나는 고객은 손에 꼽을 정도였다. 그렇다고 상황 탓만 하고 있으면 신창연이 아니었다. 그는 고객의 입장이 되어 직접 배를 타고 수십 차례 한국과 일본을 오가며 볼거리, 즐길 거리, 먹거리들을 발굴하고 개발했다. 그렇게 모은 정보들을 일목요연하게 정리해서 고객들에게 나눠주며 비행기 대비 쾌속선의 시간적, 금전적 장점에 대해 집중 홍보하니 슬슬 고객들의 반응이 나타나기 시작했다. 신창연 창업자가 몸소 겪은 그런 생생한 노하우가 여행박사의 강점으로 이어진 건 어찌 보면 당연한 일이었다. '배로 가는 경제적 일본여행'이란 여행박사의 초기 비즈니스 콘셉트는 어찌 보면 이미 그때 만들어진 것이다. 신창연 창업주에게는 내 집 마당이나 다름없던 일본. 여행박사를 설립하며 일본에 집중했고 또 성공할 수 있었던 이유다.

여행박사의 또 다른 초점은 '가격'이었다. 정해진 일정에 따라 단체로 움직여야 하는 패키지여행은 고객들 입장에서는 따로 신경 쓸 일이 없어 편하긴 하다. 하지만 비쌌다. 게다가 바가지 쇼핑에 강제 옵션으로 인한 고객들의 불만이 하늘을 찌를 때였다. 좋은 여행사라면 매출을 위한 상품을 파는 것 이상으로 고객에게 행복한 추억을 만들어줘야 한다고 생각했던 신창연 창업주는 바가지 쇼핑과 터무니없는 팁, 옵션 관광 관련 횡포를 모두 없애버렸다. 그리고 보다 저렴한 상품 구성을 위해 일본 현지 호텔과 숙소들을 일일이 찾아다니며 협상을 했다. 꼭 돈 많은 사람이 아니라 하더라도 '누구나 갈 수 있는 일본여행'은 그렇게 탄생했다.

배를 타고 부산에서 출발해 큐슈 지역을 5일간 돌고 오는 일정의 상품이 놀랍게도 단돈 299,000원! 당시 대부분의 일본 패키지여행이 80~90만 원대의 가격이었으니 그야말로 일대 파란波瀾이었다. 시장이 요동쳤다. 젊은 고객들의 열광적 환호가 잇따랐다.

마케팅의 절반은 브랜드고, 브랜드의 절반은 콘셉트다. 콘셉트가 불분명한 브랜드는 아직도 넘쳐나지만 여행박사의 초기 비즈니스 콘셉트는 명확했다. 일본 그리고 가격, 이 두 개의 키워드로 여행박사는 해외여행의 패러다임을 완전히 바꿔놓았다. 여행박사의 시작은 처음부터 그렇게 남달랐다.

✦ 해외여행, 일상이 되다

가격이 저렴한 일본여행을 차별화 포인트로 앞세운 여행박사의 성장은 가팔랐다. 마침 배낭여행 붐이 젊은 층을 중심으로 급속도로 퍼져 나갈 때였다. 유럽을 향하던 그들의 발걸음이 여행박사를 통해 일본으로 바뀌기 시작했다. "우리 형편에 해외여행은 무슨~"이라며 국내여행만 다니던 고객들의 눈길도 여행박사에 꽂혔다. 국내여행을 가도 20~30만 원은 충분히 깨지는데 그 가격에 일본여행이라니, 언감생심 해외여행은 꿈도 못 꾸던 새로운 고객층이 여행박사를 통해 일본으로 떠났다. 푸른 바다, 즉 블루오션Blue Ocean의 창출이었다.

'블루오션 전략'은 인시아드INSEAD 경영대학원의 김위찬 교수와 르네 마보안Renee Mauborgne 교수가 2004년 발표한 경영 전략이다. 경쟁자가 즐비

한 피비린내 나는 레드오션Red Ocean이 아니라 경쟁 없는 새로운 시장, 블루오션을 만들라는 게 골자다. 기존의 한정된 고객을 놓고 어슷비슷한 전략과 상품으로 치열한 경쟁을 벌이던 여행업계였다. 하지만 여행박사는 다른 곳으로 눈을 돌렸다. 해외여행에서 한발 비켜 있던 젊은 고객과, 가격 때문에 해외여행은 엄두도 못 내던 실속파 고객들을 새로이 끌어들였다. 집토끼에 연연하지 않고 산토끼를 찾아 나선 결과다. 블루오션 전략에서 이야기하는 '비고객의 고객화'다. 해외여행 분야에 있어 고객이 아니던 사람들을 새로운 고객으로 끌어들이니 업계 전체로 보면 기존에 없던 고객군과 매출이 생겨난 셈이다. 그런 면에서 여행박사의 마케팅은 블루오션 창출의 대표적인 성공 사례다.

"여박 성공 비결? 돌이켜 보면 당시는 다들 값비싼 패키지 상품을 팔던 시절이었다. 마케팅이란 것도 별거 없었다. 그런 여행 상품들을 가지고 신문광고로 도배하는 게 그 당시 마케팅이었다. 그때 우리는 '자유여행'을 꺼내 들었다. 패키지여행이야 가이드가 따라가니 상대적으로 손 갈 일이 별로 없지만 자유여행은 다르다. 고객 문의나 상담도 그렇고 엄청 손이 많이 가는 상품이기에 다른 여행사들은 싫어했다. 그러니 무주공산無主空山이었다. 직원들이 일일이 직접 답사하며 설계하고 기획한 여행박사 상품들의 가격은 그야말로 파격이었다."

– 황주영 여행박사 현 대표이사

히트 상품은 꼬리를 물었다. '1박 3일 동경부엉이' 여행 상품이 뒤를 이었다. 금요일 퇴근 후 밤 비행기로 일본에 가서 토요일과 일요일을 만끽하고 월요일 새벽에 다시 인천공항으로 돌아오는 일정이었다. 가격 역시 일반 직장인들이 부담스러워하지 않을 수준에서 책정됐다. 해외여행 한번 다녀오겠다고 회사에 휴가 내기도 눈치 보이는데 주말을 활용한 일정에다 가격도 저렴하니 그야말로 대박. 해외여행의 일상화를 이루어낸 여행박사 초기 대표 상품 중의 하나였다.

지금도 그렇지만 해외여행은 오래전부터 준비해야 갈 수 있는 여행이다. 어디로 여행을 갈 건지, 숙소는 어디로 할지, 가서는 무엇을 보고 식사는 어디서 해야 할지, 예산은 얼마나 잡아야 할지, 교통편은 어떻게 할지 등 여행 한 번 가려면 챙기고 알아보고 체크해야 할 항목들이 하나둘이 아니다. 그러니 소위 돈깨나 있고 시간적 여유도 많은, 성공한 중년층이 여행사를 통해 편하게 다녀오는 게 일반적인 해외여행의 모습이었다. 그러나 여행박사는 이런 그림을 송두리째 바꿔놓았다. 업무에 쫓기는 젊은 직장인들도 주말을 이용해 큰 비용 부담 없이 가볍게 다녀올 수 있는 여행 상품으로, 해외여행에 대한 인식을 완전히 바꾼 것이다.

 "혁신에는 '존속적 혁신Sustaining Innovation' 과 '파괴적 혁신Disruptive Innovation' 이 있다. 존속적 혁신은 과거보다 더 나은 성능의 고급품을 선호하는 고객들을 목표로 기존 제품을 지속적으로 개선해 보다 높은 가격에 제공하는 전략을 말한다. 반면 파괴적 혁신은 현재 시장의 대표적인 제품의 성능에도 미치지 못하는 제품을 도입해 기존 시장을 파괴하고 새로운 시장을 창출하는 것을 말한다. 일반적으로 기존에 고객이 아니던 사람이나 덜 까다로운 고객들을 사로잡는, 간단하고 편리하고 저렴한 제품들을 출시하는 전략이 여기에 속한다고 볼 수 있다."

– 클레이튼 크리스텐슨 하버드 대학교 경영대학원 교수

'파괴적 혁신' 이론으로 유명한 클레이튼 크리스텐슨Clayton M. Christensen 하버드 대학교 경영대학원 교수의 말이다. 많은 기업들이 더 많은 것을 주기 위한 지속적 혁신에만 매달리다 보니 정작 혁신의 결과물을 누려야 할 고객은 뒤로 밀려났다. 고객이 아니라 경쟁사만을 의식한 기능과 사양 경쟁. 누구를 위한 것인지도 모를, 관성적인 혁신이 진행된다. 혁신의 이유가, 고객이 아니라 혁신 그 자체가 되어버린 셈이다. 게다가 고객가치는 상위 방향으로의 혁신에서만 창출되지 않는다는 것도 곱씹어야 할 대목이다.

모두가 하늘을 날며 허공에 그림을 그릴 때 탄탄하게 두 발을 땅에 딛고 서서 고객에 집중하는 브랜드가 다시 관심을 끈다. 더하는 것, 즉 추가의 방향만이 아니라 빼는 것, 제거와 삭제의 마이너스 방향을 통해서도 고객가치는 생겨난다. 중요한 건 본질이다. 고객이 원하지도 않는 군더더기가 아니라 본질에 집중하는 기업이, 그래서 차별화의 날개를 단다. 여행박사는 그렇게 푸른 바다를 열었다.

직원 열정

어서 와,
이런 상담은 처음이지?

✦ 와, 진짜 여행박사시네요!

여행박사는 '일본'과 '저렴한 가격'이라는 키워드로 새로운 시장을 창출했다. 어찌 보면 여행업계의 기존 강자들이 전혀 주목하지 않았던 작은 틈새였을 터다. 하지만 '작다'는 말이 '없다'의 의미는 아니다. 전세계 15억 사용자를 가진 페이스북의 시작 역시 마크 저커버그Mark Zuckerberg가 함께 수업을 듣는 친구들을 위해 만든 작디작은 서비스였을 뿐이다. 여행박사 또한 그런 작은 틈새를 놓치지 않았다. 오히려 그곳에 주목해서 그 작은 시장을 큼직하게 키워냈다. 2000년 8월에 설립되어 2001년에는 23억 원의 매출, 4억5천만 원의 매출이익을 만들었던 여행박사는 2007년 1,500억 원 매출에 146억 원의 매출이익을 기록하며 줄곧 승승장구했다. 실패를 모르던, 앞만 보고 즐겁게 달리던 시절이었다.

이처럼 여행박사의 초기 성공이 일회성으로 끝나지 않고 지속적으로 이어진 데는 또 다른 비결이 있다. 바로 풍부한 여행 정보다. 말이 안 통하는 해외여행은 생각지도 못한 다양한 사건사고들을 예비한다. 꼭 사건 사고가 아니더라도 '꼭 찾아야 할 명소는 어딘지', '반드시 챙겨 먹어야 할 맛집은 어디인지', '놓치면 후회할 쇼핑아이템은 없는지'에서부터 '괜히 바가지 쓰는 건 아닌지', '전철이나 버스 요금은 얼마나 되는지', '쇼핑몰은 몇 시까지 영업하는지' 등 모든 게 궁금한 것투성이다. 어찌 보면 내가 뭘 모르는지도 모르고 출발하는 게 해외여행인 셈이다. 그러니 해외여행에서 정보의 중요성은 아무리 강조해도 지나치지 않다.

물론 가고자 하는 여행지에 대한 각종 정보는 여기저기 널려 있다. 하지만 책이나 인터넷으로 찾아보는 정보는 한계가 있다. 내 입맛에 딱 맞는 정보를 찾기도 힘들뿐더러 기껏 찾아놓은 정보가 오늘의 상황과는 맞지 않는 경우도 부지기수다. 기껏 찾아간 숙소가 이전을 했다든지, 마음 설레며 찾아간 식당이 폐업했다든지 하는 상황들 말이다. 그래서 중요한 게 전문가다. 맛있는 식당을 찾아가려면 인터넷에 올라와 있는 맛집을 찾을 게 아니라 현지 사람들에게 물어보라 했다. 해외여행에서 필요한 정보도 그렇다. 박제되어 있는 죽은 활자가 아니라 현지 상황을 잘 아는 전문가의 살아 있는 깨알 팁이 중요하다.

그렇다면 전문가의 살아 있는 깨알 팁이란 과연 어떤 것일까? 여기, 그 샘플을 하나 소개한다.

- **직원** : "안녕하세요, 고객님. 여행박사 정미선입니다."
- **고객** : "요즘 보라카이 많이 간다던데, 거기 어때요?"
- **직원** : "보라카이는 비치가 정말 예뻐요. 특히 리조트가 화이트 비치랑 연결되어 있어서 숙소에서 바라보는 경치가 정말 좋아요. 비치 모래가 밀가루처럼 하얗고 고와요. 그래서 햇빛이 많이 반사되니까 턱과 목까지 꼼꼼하게 선크림도 바르셔야 하고요."
- **고객** : "아, 그럼 비치에서는 보통 뭐 해요?"
- **직원** : "스노클링들 많이 하세요. '방카'라는 배에 탈 땐 슬리퍼는 꼭 벗고 타세요, 미끄럽거든요. 스노클링 하실 때는 식빵 한 조각을 꼭 들

고 들어가세요. 그러면 식빵 때문에 물고기들이 몰려드니까 정말 예쁠 거예요. 상어는 없으니 걱정 마시고요. (웃음) 끝나고 '디몰' 한번 가보세요. 거기가 메인 거리거든요."

- **고객** : "아, 거기 망고셰이크가 유명하다던데?"
- **직원** : "네, 맞아요. 비치 쪽에 '마냐냐'라는 가게가 제일 맛있고요, 주문 전에 꼭 'without milk'라고 하세요. 안 그러면 느끼할 거예요. 아, 그리고 '매직아워'라는 게 있어요. 다섯 시쯤에 꼭 사진을 찍으셔야 하는데요, 그때 찍으면 날씬하게 나오거든요. 거기서 사진 찍고 또 바로 썬셋 세일링 하면 시간이 딱 맞아요."
- **고객** : "와, 진짜 여행박사시네요."
- **직원** : "이번 기회에 꼭 한번 가보세요. 지금까지 여행박사 정미선이었습니다."

2015년 5월 22일에 있었던 여행박사 정미선 사원의 실제 고객 상담 내용을 가감 없이 옮겼는데 입이 다물어지지 않는다. 이 정도면 말 그대로 클래스가 다르다. 요즘 말로 역대급 상담이다. 마치 실시간으로 보라카이를 모니터링하고 있는 듯한 착각마저 불러일으킨다. 도대체 어떻게 하면 이처럼 보라카이 원주민 수준의 정보 습득이 가능한 걸까? 고시 공부하듯 그야말로 열공한 결과일까?

✧ 고기도 먹어본 사람이 잘 먹는다?

여행박사 마케팅의 또 다른 차별적 경쟁력이 바로 여기에 있다. 여행박사 직원들은 1년에도 몇 차례씩 해외여행을 간다. 업무를 위한 답사와 출장을 겸한 여행이다. 때로는 신창연 창업주가 앞장서기도 하고 그때그때마다 테마도 다르다. 어떨 땐 골프투어였다가 어떨 땐 배낭여행이다. 그렇게 여행박사의 직원들은 자신이 맡고 있는 지역엘 직접 찾아가 여행객의 입장에서 필요한 모든 것들을 직접 보고 듣고 먹고 겪는다. 온몸으로 수집한 그러한 정보들은 새로운 여행 상품으로, 혹은 디테일이 살아 있는 역대급 상담으로 고객을 만나게 되는 것이다. 단순히 머리로 습득한 정보가 아니라 가슴과 마음 그리고 다리품을 팔아 직접 모은 정보들이니 마치 현장에 있는 듯 생생할 수밖에 없다.

그런데 여행사 직원이라면 누구나 그렇게 일하지 않느냐는 의문이 생길 수도 있다. 천만에, 그런 여행사는 사실 그다지 많지 않다. 현지답사는 주로 간부나 임원들, 즉 높으신 분들의 몫이다. 실제 고객 상담을 맡고 있는 직원들에게 해외 현지답사는 가뭄에 콩 나듯 생기는 드문 행사일 뿐이다. 고기도 먹어본 사람이 잘 먹는다 했다. 그런데 먹어본 적도 없는 고기를 고객에게 팔려니 그 맛을 제대로 전달할 수가 없다. 결과적으로 내가 팔아야 할 상품에 대해 잘 모르는 상태에서 고객에게 마케팅하고 세일즈하는 셈이다.

여행박사 홈페이지에 들어가 보면 〈여행박사의 열 가지 약속〉이라는 내용이 있다. 그중 '고객 만족' 차원에서 눈여겨볼 대목이 있다. 대한민국에서 가장 경쟁력 있는 브랜드가 되겠다는 것과, 고객을 내 집에 초대한 손님처럼 편안하게 모시겠다는 것, 수익보다는 고객 만족을 우선시하겠다는 항목이다. 전작 『마케팅 리스타트』에서 필자는 '마케팅은 고객이 힘들어하는 부분을 찾아 그걸 해결해주는 것'이라 말한 적 있다. 즉, 궁극적으로 고객을 행복하게 만들어주는 것이라 강조했다. 알고 보니 여행박사는 그것을 오래전부터 실천해온 기업이었다. 해외여행을 준비하고 떠날 때, 직원들은 고객이 무엇을 힘들어하고 무엇을 고민하는지 직접 고객의 입장이 되어 현지로 출발한다. 거기서 듣고 보고 느낀 것들이 오롯이 고객 행복으로 되돌아온다. 여행박사의 고객 만족 비결은 결코 다른 데 있지 않았다. 고객을 먼저 생각하는 직원들의 그 마음이 여행박사의 경쟁력이었다.

✦ 서비스에 영혼을 담다

세계적인 미래학자 다니엘 핑크는 그의 저서 『드라이브Drive』에서 사람의 열정을 불러일으키는 것은 돈이 아니라고 말했다. 직원들의 동기부여 또한 돈으로 해결되는 것이 아니다. 누가 시켜서 하는 것이 아닌 내 스스로 결정해 실행할 수 있는 '자율Autonomy', 이 일을 통해 내가 성장하고 있다는 느낌의 '숙련Mastery', 마지막으로, 내가 하는 일이 가지고 있는 사회적 의미와 가치 차원의 '목적Purpose', 이런 요소들이 직원들의 열정을

이끌어낸다 했다.

　여행박사에는 이런 요소들이 여기저기 흘러넘친다. 누가 시킨 것도 아닌데 오늘도 해외 현지를 누비는 여행박사 직원들의 수첩과 카메라에 각종 관광 정보와 사진들이 깨알같이 빼곡한 건 그래서다. 대한민국 모든 사람들이 부담 없이 해외여행을 다닐 수 있는 그날을 꿈꾸며 본인의 일에 긍지와 자부심을 가지고 자율적으로 움직이니 고객과의 대화에도 자연스레 영혼이 들어간다. 손 글씨로 직접 써 내려간 수첩과 뜨거운 열정이 만나 그들은 진짜 여행의 박사가 된다.

　"팸투어Familiarization Tour라고, 각 지역 관광청 같은 곳들에서 여행사 직원들을 초대하여 홍보를 겸한 답사여행을 가는 경우들이 있는데요, 업계에서도 여행박사 직원들은 다르다고 소문이 났습니다. 대부분 해외에 바람 좀 쐬러 나가는 걸로 생각하기 쉬운 팸투어를, 여행박사 직원들은 왼손에 수첩 들고, 오른손에 카메라 들고 현지 정보 하나라도 더 챙기려고 눈에 불을 켜고 다닙니다. 그렇게 모은 정보들이 여행박사 홈페이지나 블로그에 그대로 올라가는 겁니다."

— 박임석 여행박사 영업본부 이사

2015년, 글로벌 스노보드 업체인 버튼의 제이크 버튼 카펜터 회장이 방한했다. 모두들 스키를 타던 시절, 스노보드를 전 세계에 대중화시킨 스노보드의 아버지라 불리는 인물이다. 하지만 초기엔 고생도 많았다. 밤에는 보드를 만들고 낮에는 만든 보드를 트럭에 싣고 여기저기 팔러 다녔다. 문전박대도 많이 당했다. 그 숱한 어려움을 어떻게 이겨냈는지 묻자 이런 대답이 돌아왔다.

"원하는 일을 하는 재미와 끈기 그리고 저항정신으로 버텨낼 수 있었다. 사람들이 나를 어떻게 보든 나는 기존 질서에 저항하는 비즈니스맨이다. 하지만 더 중요한 게 있다. 비즈니스맨 이전에 나는 스노보더Snow Border다."

— 제이크 버튼 카펜터 버튼 CEO

버튼 회장의 이 말은 그가 생각하고 있던 스스로에 대한 정체성을 압축적으로 보여준다. 매일 '고객 중심'을 입에 달고 사는 항공사라 해도 임원들이 늘 1등석을 타고 다닌다면 그 회사의 고객 마인드는 틀림없이 별 볼일 없다. 진짜 고객 지향적인 항공사 간부들은 일반석, 그것도 뒷자리를 찾는다. 고객의 불편함을 찾아내기에 그만큼 좋은 자리가 없기 때문이다. 고객에게 스노보드를 팔려면 스스로가 스노보딩을 즐겨야 하듯이 고객을 위하는 항공사라면 절대 고객과 유리되어서는 안 된다.

고객들이 사랑하는 사람의 이름은 몰라도 할리데이비슨 로고는 몸에 문신으로 새겨 넣는다는 세계적인 파워 브랜드 할리데이비슨Harley Davidson도 그걸 보여준다. 할리데이비슨코리아는 나이, 성별, 학력에 제한 없이 모터사이클에 대한 열정만으로 지원자를 평가한다. 그들 역시 비즈니스맨 이전에 라이더Rider를 채용하는 것이다.

또 다른 사례는 닉 우드먼Nick Woodman이다. 닉 우드먼은 액션캠의 대명사 고프로GoPro의 창업자이자 CEO다. 워낙 서핑을 좋아하는 그는 첫 사업에 실패한 후 스스로도 마지막일지도 모르겠다고 생각하며 서핑을 즐기다가 문득 이 순간을 기록으로 남길 수 없을까 고민하다 고프로를 만들었다. 고프로의 세계적인 성공으로 3천억 원이 넘는 자산을 보유하게 된 닉 우드먼 역시 돈이 먼저가 아니었다. 비즈니스맨이기에 앞서 그 역시 서퍼Surfer였던 셈이다.

✦ 여행사 직원 이전에 여행 덕후!

이처럼 직원들이 고객보다 더 고객의 입장에서, 더 많은 경험을, 더 먼저 하면서 제품과 서비스를 만들고 개선해나간다면 그 회사는 실패하기 어렵다. 영혼 없는 노동이 만연한 다른 회사와 비교하면 더더욱 그렇다. 여행박사 직원들도 마찬가지다. 그들은 편안하고 행복한 해외여행을 꿈꾸는 고객들을 위한 여행 상품을 파는 세일즈맨이자 마케터다. 하지만 그 이전에 그들은 스스로가 여행을 사랑하고, 스스로가 여행을 즐기는 여행 마니아다. 비록 공식적인 학위는 아니지만 고객이 필요로 하는 박사급의 모든 정보들이 그들의 머리와 몸속에 가득하다.

> "예전에는 여행과 관련한 정보들이 별로 없었어요. 지금처럼 인터넷이 있었던 것도 아니고요. 그래서 여기저기 답사를 다니며 이런저런 정보들을 적어놓은 노트들이 지금도 한가득입니다. 얼마 전 출간했던 책도 그런 노트들을 바탕으로 쓴 거지요."
>
> – 이원근 여행박사 국내여행 팀장

여행박사 이원근 팀장의 말이다. 그는 '우리가 가고 싶었던 우리나라 오지 마을'이라는 부제가 붙은 『주말에는 아무 데나 가야겠다』란 국내여행 책을 출간한 저자이기도 하다. 아무리 책 쓰는 사람이 많아졌다 해도 책을 쓴다는 것은 말처럼 그리 쉬운 일이 아니다. 대추가 저절로 붉어질

리 없이 그 안에 여러 개의 태풍과 천둥, 벼락이 들어서서 붉게 익히는 것처럼 책도 그렇기 때문이다. 처음엔 여행 상품을 만들기 위한 취재 혹은 사전 답사 차원으로 다닌 여행이었다. 하지만 일로만 생각했던 여행이 어느 순간부터는 나를 위한 여행으로 바뀌더란다. 내가 좋아야 손님도 좋아하더란다. 여행이 더 이상 일이 아닌 삶이 된 것이다. 그렇게 대한민국을 두 발로 밟고 다닌 세월이 켜켜이 쌓였다. 전국을 누비는 그의 차에 네비게이션이 없는 이유다. 대한민국 그 많은 길들을 그는 이제 몸으로 기억한다. 그렇게 보고 듣고 느낀 대한민국 방방곡곡의 여행을 책으로 냈다. 책까지 썼으니 진짜 박사나 진배없다. 이원근 팀장은 여행을 사랑하는 여행박사 직원들의 모습을 몸으로 소리쳐 보여주는 예다.

이러니 고객들이 보기에도 여행박사 직원들은 단지 여행 상품 팔겠다고 달려드는 영업사원이 아니다, 여행 전문가다. 자연스럽게 고객의 태도도 달라진다. 예를 들어, 여기 컴퓨터를 파는 세일즈맨이 있다고 가정해보자. 고객 입장에서는 컴퓨터를 구매할 일이 있을 때에만 그에게 연락한다. 하지만 그를 '컴퓨터 전문가'라 인식하면 상황이 달라진다. 구매뿐만 아니라 컴퓨터와 관련된 다양한 고객경험의 현장에서 고객은 그를 떠올린다. 물론 전문가로 포지셔닝 되면 일은 더 많아진다. 번거롭고 성가신 일도 많다. 여행박사 직원들도 그걸 잘 안다. 하지만 그들은 그 이유로 박사임을 포기하고 싶지는 않다. 그래서 그들은 진짜 박사, 여행 박사다.

결론! 여행박사의 경쟁력은 다른 데 있지 않다. 진짜 여행의 박사들이 고객의 입장에서 여행을 이야기해주는 것, 바로 그게 핵심이다.

차별화
여행박사를
선택해야 하는 이유

✧ 영혼이 사라지는 거리?

"거리는 화려해졌지만 개성은 사라졌다. 서울 도심 곳곳에는 수많은 인파가 몰리면서 거대 프랜차이즈들이 들어서고, 그로 인해 본래 색을 잃어버린 거리들이 있다. 홍익대 앞, 가로수길, 인사동길, 삼청동길이 그렇다. 자고 일어나면 몇 배씩 뛰는 임대료를 견디지 못한 영세 자영업자들이 변두리로 내쫓기는 현상은 어디서나 똑같이 반복돼왔다. 기존 상권이 만들어놓은 매력과 독특한 분위기는 무척 매력적이어서 자연스럽게 대규모 자본을 끌어들인다. 문제는 그런 과정에서 매력적인 상권을 만들었던 기존 자영업자들이 떠나고 거리가 획일화된다는 데 있다. 전문가들은 '최소한의 장벽'을 만들어 거리의 개성을 유지해야 한다고 말한다."

- 2014년 10월 18일자 〈동아일보〉 기사 중에서

2014년 10월 18일자 〈동아일보〉 '똑같은 주점에 똑같은 카페… 영혼 사라지는 거리'라는 기사의 한 대목이다. 가는 데마다 비슷비슷한 가게와 커피숍들이 들어서니 동네마다 저마다의 색깔을 잃어버렸다는 게 기사의 골자다. 다시 말해 동네마다 차별화 포인트가 사라져가고 있다는 안타까운 이야기다.

유럽여행을 다녀온 적이 있다. 스페인에서 출발해 이탈리아와 프랑스를 돌아오는 일정이었다. 많은 걸 보고 듣고 느꼈던 그 여행에서 또 다른 무언가가 내 눈에 들어왔다. 바로 거리의 카페들이었다. 우리나라 거리

처럼 대형 프랜차이즈 커피숍이나 카페들은 찾아보기 힘들었다. 대신 형형색색 저마다 개성 있는 인테리어를 뽐내는 작은 카페들이 거리에 즐비했다. 시간만 있다면 하나하나 다 들어가 가게 주인이 직접 내려주는 그윽한 에스프레소를 음미하고 싶은 그런 집들이었다. 사람들의 발길을 잡아끄는 차별화의 힘이다.

다른 브랜드와 구별될 만큼 독특하면서, 동시에 고객에게 가치를 주는 것. 마케팅에서 이야기하는 차별화의 의미다. 위에서 언급한 기사 속 '영혼이 사라지는 거리' 는 이런 차별화 포인트의 부재를 지적한다. 수요가 공급을 초과하던 시절, 제조는 바로 판매로 이어졌다. 고객이 원하는 기능만 갖추면 고객은 기꺼이 지갑을 열었다. 하지만 수많은 브랜드와

경쟁해 살아남아야 하는 공급 초과의 시장에서 '차별화'는 이제 핵심적인 생존 요건이다. '남들이 하니 나도 어찌 되겠지' 하는 베끼기 일변도의 순진한 생각으로는 결코 고객의 선택을 받을 수 없다. 옆집의 제품, 서비스와 다른 점이 없다면 고객이 우리의 제품이나 서비스를 선택해야 할 이유가 도대체 무엇이란 말인가? '차별화'는 그래서, 고객으로 하여금 우리를 선택할 이유를 만들어주는 신성한 작업이다.

✦ '가격'과 '가성비'로 차별화하다

여행박사가 지금까지 써 내려온 역사에서도 차별화는 중요한 전략적 요소였다. 업계를 대표하던 대형 여행사들과 대기업 계열의 여행사들이 즐비하던 치열한 시장은 여행박사가 뿌리내릴 한 뼘의 땅조차 쉽게 허락하지 않았다. 사람들의 눈길을 사로잡을 수 있는 여행박사만의 차별화 포인트가 필요했다. 그 시작은 가격이었다. 해외여행 한 번 가려면 아무리 못해도 100만 원은 잡아야 하던 시절이었다. 그때 20~30만 원대 해외여행 상품을 들고 나온 곳이 바로 여행박사다. 철저한 현장 답사를 통한 기획과 부단한 협상을 통한 원가 절감으로 만들어 낸 혁신적인 가격이었다. 반응은 바로 나타났다. 2000년 8월, 단돈 250만 원으로 시작했던 여행박사의 2001년 매출은 23억 원, 2002년 매출은 80억 원을 기록했다. 성공적인 시장 진입이었다.

그러나 혜성처럼 나타났다 소리 소문 없이 사라진 수많은 히트 상품과 기업들의 사례들을 그동안 우리는 너무나 많이 봐왔다. 가격 경쟁만으로는 한계가 있었다. 여행박사의 마케팅 초점은 가격에서 가격 대비 성능과 가치, 이른바 '가성비'로 옮겨갔다. 이제 고객은 싼 제품을 싸게 파는 것에 열광하지 않는다. 좋은 제품을 싸게 팔아야 시장이 움직인다. 그만큼 고객의 눈높이가 올라갔다.

이마트의 자체 브랜드인 '노브랜드'가 그 대표적인 사례다. 노브랜드No Brand는 브랜드가 없다는 의미가 아니다. 상품의 핵심 기능에 집중하고 부차적인 요소의 비용을 줄여 가격을 낮춘 이마트의 자체 브랜드다. 예컨대 유명 캐릭터가 인쇄되었다는 이유로 비싸게 팔리던 기저귀의 경우 캐릭터를 빼서 가격을 낮췄다. 실용성에 방점을 찍은 것이다. 포장 비용 절감도 노브랜드의 특징이다. 포장지 겉면에는 사진이나 그림도 없고 물티슈의 경우 플라스틱 캡도 없다. 가성비가 높다고 소문난 노브랜드는 이마트 성장의 또 다른 가능성을 보여준다.

여행박사 역시 가성비에 주목했다. 단순히 싸다는 점을 내세우지 않았다. 가격의 거품을 뺌으로써 가성비를 높였다. DIYDo It Yourself의 즐거움을 고객에게 제공하겠다는 사명감으로 나사못 하나의 무게까지 계산해가며 혁신적인 원가 절감을 이끌어낸 세계 가구업계의 혁신, 공룡 이케아IKEA의 그것과 맥이 닿는 부분이다. "와우, 이 가격에 이런 여행이 가능하다니!" 하는 고객의 우호적인 입소문은 여행박사의 마케팅에 날개를 달아주었다.

✦ '기능'과 '품질', '브랜드'로 차별화하다

그런데 이게 다가 아니다. 마케팅은 마라톤이다. 100미터 달리기처럼 단기전이 아닌 것이다. 중요한 건 경쟁사가 갖지 못한, 기능과 품질에서의 차별화였다. 여행박사는 '사람'에 주목했다. 해외여행을 다녀본 사람은 알겠지만 패키지여행에서 만족도를 좌우하는 가장 중요한 요소는 바로 가이드다. 가이드가 불친절하거나, 쇼핑이나 팁을 강요하거나, 아니면 해당 여행지에 대해 제대로 된 설명을 못 해줄 때 그 여행의 만족도는 꽝일 수밖에 없다. 여행박사가 그 어떠한 요소들보다 가이드 품질 향상에 힘을 쏟았던 이유다. 아울러 상담의 품질에도 신경을 썼다. 고객을 친구, 가족이라 여기고 상담했다.

"이곳에 우리 부모님을 보내 드린다면…."

"내가 혼자 여행하는 곳이라면…."

여행박사 직원들은 이렇듯 현지를 방문하게 될 고객들을 생각하며 좀 더 나은 여행, 좀 더 편안한 여행을 고민했다. 질 높은 고객 상담을 위해 팀장, 본부장이 아닌 직접 고객과 상담하는 해당 직원들의 현지 출장도 줄줄이 이어졌다.

물론 이 정도만 하더라도 경쟁사가 쉽게 모방하기 힘든, 여행박사만의 차별화 포인트는 충분하다. 하지만 차별화의 요체는 브랜드다. 애플 제품을 구매하는 고객은 애플 제품의 품질이나 디자인을 사는 것이 아니다. 바로 애플이란 브랜드의 혁신 철학을 사는 것이다. 제품 출시 하루 전

날부터 매장 앞에 줄을 서는 이른바 애플 마니아들이 생겨나는 이유다. 이런 차별적 브랜드 파워는 경쟁의 의미를 무색하게 만들어버린다. 수많은 기업들이 고객의 머릿속에 강력한 브랜드 임팩트를 남기려 불철주야 마케팅 활동을 펼치며 노력하는 건 그래서다.

여행박사의 차별화도 자연스레 브랜드로 이어졌다. 다른 경쟁사들과는 다른, 여행박사만의 차별적 키워드는 무엇일까? 결론은 '문화'와 '소통'이었다. 단순히 여행 상품을 파는 회사를 뛰어넘어 시대의 문화를 아우르는 다양한 소통 프로그램을 통해 고객과의 접점을 넓혀나갔다. 다양한 분야, 양질의 콘텐츠를 통해 고객과 함께 호흡하고 소통할 수 있는 프로그램, 이른바 여행박사 문화소통강연 프로젝트 '그들과의 동행'은 그렇게 시작되었다.

"저희가 단순히 재미만 추구하는 건 아닙니다. 여행의 의미와 가치에 대해서도 고객들과 나누려고 노력하지요. 그래서 얼마 전 이병률 시인과 뮤지션 하림 씨를 초청하여 그들이 들려주는 여행 이야기를 고객들과 함께 나누었습니다. 수많은 사람들이 여행을 떠나는 이유는 뭘까? 꿈을 찾아서, 인연을 찾아서, 아니면 잃어버린 나를 찾아서? 누구에게나 공평한 정답 없는 여행길. 우린 무얼 위해 떠났고 또 무얼 찾아 돌아왔는지 그런 이야기들을 함께 나누었지요. '그들과 동행하고 싶네'라고 하여 이른바 〈그.동.네〉 프로젝트인데요. 앞으로 〈그.동.네〉 프로젝트를 정례화하여 여행을 화두로 고객과 지속적으로 교감하는 자리를 만들 생각입니다."

– 심원보 여행박사 마케팅부서장

'여행박사답다는 건 과연 어떤 의미일까' 늘 고민한다는 심원보 마케팅부서장의 말이다. 얼마 전에는 제주의 감성 싱어송라이터인 강아솔 님과 함께하는 〈그.동.네〉 프로그램으로 '제주의 푸른 밤 서울에서 마주하다' 행사를 성황리에 마쳤고, 다음 순서로는 '맛있

는 일본여행을 위해 박찬일 셰프와 노중훈 여행작가와 함께하는 일본 음식 이야기'라는 주제의 〈그.동.네〉 프로그램이 잡혀 있다. 여행박사만의 브랜드 차별화를 위한 치열한 아이디어 회의는 이렇듯 지금 이 순간에도 현재진행형이다.

✦ '기업문화' 차별화 – 여행이 아니라 행복을 팔다

2000년에 창업했으니 햇수로 벌써 16년. 길지 않은 업력 業歷이지만 여행박사 또한 나름의 차별적 브랜드를 구축해왔다. 고객이 행복할 때 우리도 행복할 수 있다는 생각에 '여행이 아니라 행복을 판다'는 사명감으로 똘똘 뭉쳤다. 이것이 기업문화다.

창립 10년 만에 매출 1조 원을 달성한 미국의 온라인 신발 쇼핑몰 재포스Zappos는 '기업문화야말로 가장 강력한 브랜드'라는 사실을 웅변하는 기업이다. 재포스 콜센터에는 고객 응대 매뉴얼이 없다. 통화 시간의 제한도 없다. '고객을 감동시키는 일이라면 무엇이든 해도 좋다'라는 권한을 부여받은 직원들은 고객들에게 결코 잊을 수 없는 감동적인 서비스를 제공하기 위해 저마다의 창의력을 발휘한다. 신발을 파는 것이 아니라 서비스를 파는 것이라며 스스로를 '서비스 컴퍼니Service Company'라 자처하는 회사다. 재포스는 이런 기업문화를 통해 고객에게 가치 있는 체험을 제공한다. 재포스 콜센터의 불이 24시간 꺼지지 않는 이유는 그렇게 하라는 지침이나 매뉴얼 때문이라기보다는 이런 기업문화에 뿌리를 두고 있어서다.

여행박사는 신창연 창업주부터가 그 특이한 문화의 시작이다. 기존 여행사의 불합리한 관행을 바꿔 직원과 고객이 함께 행복할 수 있는 여행사를 만들고자 열었던 게 바로 여행박사다. 그러니 추구하는 지향점부터가 경쟁사와 다를 수밖에 없다. 해마다 연말을 앞두고 많은 기업들이 내년도 사업계획을 잡는다. 내년에는 어떤 목표를 향해, 어떤 방법으로 사업을 할 것인지에 대한 다양한 아이디어로 사업계획서를 채운다. 하지만 대부분의 경우 영혼 없는 요식 행위로 끝나고야 만다. 위에서 시키니 그냥 하는 일일 뿐이다. 하지만 여행박사에는 이런 기계적 업무가 없다. 여행박사의 사업계획에는 시기가 정해져 있지도 않다. 필요하다 싶으면 바로 움직인다. 그러니 여행박사의 마케팅 캠페인은 생생하게 살아 움직이는 생방송이 된다. 자발적이고 적극적인 여행박사의 문화가 차별적 마케팅 활동에도 오롯이 녹아 있는 셈이다.

뿐만 아니다. 창업 때부터 홈페이지에 '칭찬&건의 게시판'을 만들어 고객들의 어떠한 쓴소리라도 있는 그대로 오픈하고 귀담아들었다. 만천하에 공개되는 이러한 고객들의 불평불만 글들이 여행박사에 득이 될까 실이 될까, 그런 얄팍한 계산은 없었다. 오로지 고객이 지불한 귀한 시간과 돈을 행복한 여행으로 돌려드리겠다는 마음 하나였다. 그렇게 고객을 좇으니 매출은 절로 따라왔다. 매출을 좇아 만들어낸 실적이 아닌 것이다.

결국 기업의 경쟁력은 '문화'다. 조직 구성원의 DNA에 조직이 추구하는 방향과 이념, 철학 등이 정확하게 이식될 때 그 기업의 문화는 하나의 행동 지침으로 작용한다. 기업이 지향하는 가치에 대해 구성원들이 뼛속 깊이 공감하고 동의한다면 나머진 저절로 따라온다. '고객과 대화할 때에는 이렇게 커뮤니케이션하라'라는 구구절절한 매뉴얼과 스크립트가 필요 없는 이유다.

"여행박사만의 차별적 서비스가 뭐냐고요? 글쎄요, 고객을 대하는 진정성이라 말씀드리고 싶네요. 모든 기업들이 고객에게 친절하라고 이야기합니다. 저희도 마찬가지입니다. 하지만 잘하면 상점 주고 잘못하면 벌점 주고 그러지는 않습니다. 무슨 말이냐고요? 강요된 친절이 중요한 게 아니라는 겁니다. 사실 친절만 가지고는 충분하지 않습니다. 고객에게 바가지 씌우는 상품을 팔면서 무지하게 친절한 회사들이 많습니다. 그러니 단지 친절한 게 다가 아니라는 거지요. 그래서 우리 여행박사는 진정성을 이야기합니다. 처음에는 다소 투박하게 느껴질 수 있습니다. 하지만 저희 직원들은 상담하고 이야기할수록 빠져듭니다. 그게 고객을 위하는 진정성의 힘이라 생각합니다. 그러니 매뉴얼은 그다지 중요하지 않습니다. 강요된 친절은 배격하지요."

－조영우 여행박사 전략기획본부 이사

상하동욕자승上下同欲者勝, 리더와 직원을 막론하고 같은 곳을 바라보는 조직이 승리한다는 뜻이다. 고객을 만족시키기 위해 한 고객과 무려 7시간 동안 전화 통화하는 재포스의 직원은 단지 수당을 더 받기 때문에 그러는 게 아니다. 비행기가 목적지에 닿으면 비행기 내 복도를 펄쩍펄쩍 뛰어다니면서 춤추고 노래하며 착륙 안내를 하는 사우스웨스트항공Southwest Airlines의 승무원들도 마찬가지다. 춤추고 노래하면 인센티브를 받을 수 있어서가 아니다. 그게 그들의 가치이자 문화다. 그들은 그걸 즐기는 것일 뿐이다.

단언컨대 승리하는 조직의 필요충분조건은 조직원들의 마음을 한곳으로 담아내는 핵심 가치와 기업문화다. 그리고 이런 문화가 어느 누구도 모방할 수 없는, 우리만의 궁극의 차별화 포인트가 된다. 여행박사도 마찬가지다. "이 회사는 뭔가 다른 거 같아"라는 고객의 칭찬과 호평은 그렇게 만들어진다. 그래서 여행박사는 여행 상품을 파는 다른 여행사와는 다르다. 여행 상품이 아니라 행복을 팔기 때문이다. 행복을 파는 여행사로서 여행박사만의 가장 강력한 차별화 포인트는 바로 행복을 팔기 위한, 남들과는 다른 그들만의 차별적 기업문화다.

"다른 기업들은 어떤지 모르겠지만 전 우리의 고객들이 여행박사를 '좋은 회사'로 기억하기보다는 '신기한 회사'로 기억해줬으면 합니다. 마치 호그와트 마법학교처럼 말이지요. 여행은 로망이자 판타지, 추억과 즐거움입니다. 그렇다면 여행사는 모든 것들이 가지런하게 정렬된, 일사불란한 이미지여서는 안 될 것 같다는 게 제 생각입니다."

– 심원보 여행박사 마케팅부서장

심원보 부서장의 이야기에 마케팅의 핵심 화두인 '차별화' 개념이 모두 들어 있다. 차별화는 고객으로 하여금 나를 선택할 이유를 만들어주는 것. 여행박사의 차별화 포인트, 즉 여행박사다움이란 이런 거였다. 여행박사의 마케팅이 늘 젊고, 늘 신선하고, 늘 열정이 넘치며, 늘 재미있는 이유다.

제로투원(Zero to One)

'첫사랑' 이 아니라
'끝사랑' 으로

✦ 여행박사, 경쟁 않고 독점했다

"경쟁은 피하면 피할수록 좋다. 경쟁을 피하고 시장을 독점
하기 위해서는 남들과 다른 것을 하라."

– 피터 틸 페이팔 창업자

페이팔paypal의 창업자이자 『제로 투 원Zero to One』의 저자인 피터 틸Peter
Thiel의 말이다. 그에 따르면 우리는 어릴 때부터 전방위적 경쟁 속에서 자
라왔다. 우리의 교육 환경 또한 예외가 아니다. 1등을 해야 좋은 학교엘 가
고, 좋은 학교엘 가야 좋은 직장엘 간다. 여기서 끝이 아니다. 그 직장에서
도 1등을 해야 승진을 하고 임원이 되고 CEO가 된다. 그렇게 사장이 되면
그의 삶은 성공한 걸까? 그는 행복할까? 경쟁은 반복되지만 끝날 줄 모르는
경쟁에서 승리한다고 해서 행복이 보장되는 건 아니다. 끊임없이 돌아가는
컨베이어 벨트 위에서 우리는 다람쥐마냥 쳇바퀴만 돌리고 있는 것이다.

피터 틸이 이야기하는 사례는 1990년대의 미국 내 온라인 애완용품
시장이다. 펫츠닷컴Pets.com, 펫스토어PetStore.com, 펫토피아Petopia.com를 비롯
해 수많은 기업들이 별다를 것도 없는, 그저 그런 저마다의 강점들을 내
세우며 피 튀기는 경쟁을 하던 시장 말이다. 온라인 애완용품 시장의 지
속성에 대해서는 잊어버린 채 그저 서로 간의 경쟁에만 몰두하다 보니
그들은 시장에서 함께 사라졌다. 경쟁이란 프레임에 빠져 고객에 대한

초점을 잃어버린 탓이다. 많은 기업들에서 흔히 볼 수 있는 상황이다. 고객이 아니라 경쟁사만을 의식한 기능과 사양 경쟁. 누구를 위한 것인지도 모를, 관성적인 혁신이 진행된다. 혁신의 이유가 고객이 아닌 혁신 그자체가 되어버린 셈이다. '경쟁하지 말고 독점하라'는 피터 틸의 이야기는 그래서 허투루 들리지 않는다. 그래서 정리해보았다. 여행박사의 성장을 경쟁이 아닌 독점이란 관점에서 한번 살펴보자.

✦ 작게 시작해서 독점하다

피터 틸은 독점기업을 만들기 위한 방법으로 세 가지를 강조했다. 먼저 '작게 시작해서 독점화하라'다. 모든 신생 기업들은 작을 수밖에 없다. 그러니 작은 시장에서 출발해야 승률이 높아진다. 쉽게 말해 소의 꼬리가 아닌 닭의 머리가 되라는 이야기다. 많은 사람들이 닭을 하찮게 본다. 그래서 소에게만 몰려들어 치열한 경쟁을 벌인다. 하지만 이제 갓 시장에 들어온 내게 소는 그림의 떡일 뿐이다. 비어 있는 닭의 머리를 두고 승산 없는 소의 꼬리로 갈 이유가 없다. 이래도 되나 싶을 정도로 작게 시작해야 하는 이유다. 때가 무르익으면 기회는 온다. 그러니 사업 초기에 무리한 욕심은 금물이다.

그런 점에서 2009년에 설립된 프로파운더Profounder의 실패는 시사하는 바가 크다. 프로파운더는 크라우드펀딩[7]Crowd Funding 기업이었다. 하지만 같은 해 설립된 킥스타터Kickstarter의 성장이 눈부셨던 반면 프로파운더는 3년 만에 문을 닫았다. 런던비즈니스스쿨의 존 멀린스John Mullins 교수는 그 이유를 이렇게 설명한다. 프로파운더는 그들의 아이디어가 전국 단위에서도 유효하게 작동하는지 면밀한 검토 없이 바로 뛰어들었다는 것이다. 예컨대 캘리포니아주에서의 작은 테스트를 통해 시장을 검증했어야 한다는 이야기다. 결국 피터 틸의 이야기와도 이어지는 대목이다. 작은 시장에서의 성공을 바탕으로 시장을 차근차근 넓혀나간 것이 아니라 처음부터 큰 시장을 노리다 보니 맞이하게 된, 예정된 실패라는 말이다.

"먼저, 작게 시작해서 독점하라. 너무 작다 싶을 만큼 작게 시작해야 한다. 장악하고 지배하기 쉽기 때문이다. 신생 기업에 완벽한 표적 시장은 경쟁자가 없거나 아주 적고, 특정한 사람이 모여 있는 시장이다. 처음부터 1억 명 시장에 대해 이야기한다면 완전히 빨강불이다. 그만큼 경쟁이 치열할 테고, 이는 곧 이윤이 '0'이 된다는 말이니까."

— 피터 틸 페이팔 창업자

7) 소규모 후원이나 투자 등의 목적으로 인터넷과 같은 매체를 통해 다수의 개인에게서 자금을 모으는 행위. 주로 소셜네트워크서비스(SNS)를 활용하므로 소셜펀딩(social funding)이라 하며 자선 활동, 이벤트 개최, 상품 개발 등을 목적으로 자금을 모집하고 투자 방식과 목적에 따라 지분 투자, 대출, 보상, 후원 등으로 분류할 수 있다. 대표적인 성공 사례로 스마트폰과 연동하는 손목시계인 '페블(Pebble)'을 개발하기 위해 자금을 조달한 '킥스타터'를 들 수 있다.
출처 : 한국정보통신기술협회

여행박사의 시작도 말할 수 없이 작았다. 신창연 창업주를 포함해 직원 셋이 시작한 회사다. 그래서 여행박사는 큰 시장에 뛰어들지 않았다. 아니, 그럴 수도 없었다. 그들의 목표는 일단 '생존'이었고 그들의 초점은 오직 '일본' 그리고 '저가격'이었다. 누구도 눈여겨보지 않던 시장이었다. 거기에 하나 더 붙은 게 '온라인'이었다. 그 결과 어느 여행사에서도 찾을 수 없는 파격적 가격인 일본여행 상품은 오직 여행박사의 홈페이지에만 존재했다. 대부분의 해외여행 상품이 전화나 방문 상담을 통해 비싸게 팔리던 시절이었다. 여행박사는 인터넷에 능숙하면서도 저렴한 해외여행을 추구하던 젊은 시장을 순식간에 독점했다. 작은 시장이었지만 순조로운 출발이었다.

영화나 소설을 보면 싸움의 고수는 대개 벽을 등지고 싸운다. 1대 1이 아니라 1대 다의 싸움에서는 더욱 그렇다. 벽을 등져야 적의 공격 루트를 상당 부분 차단할 수 있다. 많은 적들과 혼자 싸우려면 전선을 좁히는 게 상책이다. 커다란 운동장이 아니라 작은 골목에서 싸워야 승산이 있다. 삼국지에 나오는 수많은 전투를 봐도 그렇다. 신생 기업에게 큰 시장은 좋은 선택이 아님을 명심해야 한다. 실제로 여행박사가 처음 일본 여행 상품을 만들 때에도 호텔을 한곳에 집중하여 몰았다. 선을 그은 게 아니라 점을 찍은 것이다. 여행박사의 시작은 이렇듯 작디작은 점 하나였다. 그 점이 선이 되고 면이 되어 지금의 괄목상대할 만한 입체 도형을 만든 셈이다.

✧ 작은 시장을 장악하여 몸집을 키우다

둘째, '작은 시장을 장악했으면 몸집을 키워라'다. 애초에 작은 시장 자체를 목표로 한 것이 아니었을 터다. 어쩔 수 없는, 전략적 선택이었을 뿐이다. 작은 시장은 큰 시장으로 나아가기 위한 교두보다. 튼튼한 교두보를 확보했다면 본격적인 성장을 위해 슬슬 몸을 풀어야 한다. 작은 물에 만족할 이유나 필요는 없다. 이제 큰물로 나가 더 큰 시장을 공략하는 건 자연스러운 수순이다.

"작게 시작해서 독점에 성공했다면 몸집을 키워야 한다. 먼저 장악한 시장 바로 옆에 있는 가장 비슷한 시장부터 공략해야 한다. 전 세계의 만물상이 되어버린 아마존을 보라. 아마존의 시작은 단지 책일 뿐이었다."

― 피터 틸 페이팔 창업자

온라인에서 모든 걸 팔겠다는 야심을 갖고 있던 아마존의 제프 베조스Jeff Bezos, 그의 시작은 책이었다. 공룡 같은 오프라인 서점들이 과거의 영광을 잊지 못하고 온라인을 무시할 때 아마존은 온라인 서점을 열었다. 모두들 코웃음을 쳤지만 결과는 우리 모두가 아는 그대로다. 도서 유통의 핵으로 떠오른 아마존은 조금씩 몸집을 키워나갔다. 책처럼 상품의 규격이 정해져 있어 보관과 배송이 용이한 아이템들로 전선을 확대했다.

음악CD, 비디오테이프 같은 상품이 책의 바통을 이어받았다. 그리고 지금, 아마존에서 팔지 않는 건 없다. 팔 수 있는 모든 걸 팔고 있는 아마존을, 사람들은 더 이상 온라인 서점이라 부르지 않는다. 아마존은 이제 거대한 유통 플랫폼으로 진화했다. 메일 서비스로 시작했던 다음이나 검색으로 시작했던 네이버가 이를 기반으로 카페, 메신저에 이어 각종 콘텐츠 등 인근 서비스로 야금야금 서비스의 폭을 넓히다 급기야는 웹상의 모든 것을 아우르는 포털Portal 서비스로 자리를 굳힌 것도 같은 전략이다.

여행박사의 전략도 비슷했다. 저렴한 가격대의 해외여행을 찾는 고객들은 상대적으로 젊었고 그들은 전화나 방문 상담보다는 인터넷을 통한 소통을 선호했다. 여행박사는 이에 주목했다. 일본 상품의 성공에 안주하지 않고 대상 지역을 조금씩 늘려나갔다. 아울러 홈페이지와 블로그 등을 통해 해당 여행 지역에 대한 풍부하고 상세한 정보들을 지속적으로 제공했다. 특유의 혁신적인 노하우를 통해 저렴한 가격이라는 강점은 계속 지켜나갔다. 여행박사를 통해 일본여행을 다녀온 고객들은 여행박사를 통해 중국, 동남아, 미주, 유럽 등 또 다른 곳으로 여행을 떠났으며, 그들은 블로그와 메일 등 인터넷을 통해 여행박사의 만족스러운 상품과 서비스에 대한 이야기를 또 다른 고객과 공유했다. 인터넷이 시대의 화두로 떠오르던 시절, 여행박사는 그렇게 광고비 한 푼 들이지 않고 고객 입소문이라는 막강한 마케팅 활동을 펼치며 몸집을 키워나갔다. 누구나 해외여행을 가는 세상을 만들겠다는, 여행박사가 꿈꾸었던 해외여행의 민주화는 그렇게 가랑비에 옷 젖듯 시나브로 구체화되었다.

✦ 파괴가 아니라 창조

경쟁에 시달리지 않는 독점기업을 만들기 위한 세 번째 방법은 '파괴하지 말라' 는 것이다. 시장을 평정하기 위해서는 모름지기 '파괴적 혁신Disruptive Innovation' 이 필요하다고 다들 입을 모은다. 하지만 피터 틸의 생각은 다르다.

"마지막은 파괴하려 하지 말라는 거다. 신생 기업은 파괴에 대한 강박을 갖고 있다. '파괴적 혁신' 이라는 유행어 때문이다. 그러나 파괴에 집착하면 장애물이 늘어난다. 사람들의 이목이 집중되고 싸움을 계속해야 한다. 설령 파괴를 하더라도 이를 겉으로 드러내지 마라. 신생 기업은 '창조' 라는 활동 자체가 훨씬 더 중요하다. 가능한 한 경쟁은 피할수록 좋다."

– 피터 틸 페이팔 창업자

파괴적 혁신은 새로운 기술을 활용하여 파격적인 가격으로 시장에 진입함으로써 궁극적으로 기존 업체들의 존립 기반을 파괴한다. 디지털 카메라가 나타나 필름 카메라 시장이 사라지고, 인터넷 전화가 나타나 기존의 유선 전화 시장을 파괴한 것이 그 예다. 대표적인 사례는 인터넷 전화다. 인터넷 전화가 처음 시장에 선보였을 때에는 음질이 매우 나빴다. 인터넷 망을 활용하기에 통화료가 무료라는 장점에도 불구하고 대화 도

중 뚝뚝 끊어져 사용자들을 짜증나게 만들었다. 주류 시장에 자리잡지 못하던 인터넷 전화는 점차 기술이 발전하면서 그 단점이 조금씩 보완, 개선되었다. 그리고 그 결과는 우리 모두가 아는 바다. 인터넷 전화는 기존 유선전화 시장을 야금야금 잠식했고 이제 대세는 인터넷 전화다.

처음 파괴적 기술이 시장에 선을 보이면 주류 시장의 주류 기업들은 그다지 신경을 쓰지 않는다. 어차피 로엔드Low-end 시장은 이익이 적다. 파괴적 기술이 나타나 고객을 끌어가더라도 처음엔 미미한 수준이다. 그곳에 신경 쓰기보다는 더 상위의 시장에 초점을 맞추고 자원을 투자하는 게 낫다는 판단이다. 그러나 그 결말을 예상하기는 어렵지 않다. 기존 기업들이 상위 시장을 찾아 끊임없이 도망가는 사이 파괴적 기술을 앞세운 신규 기업들이 그 뒤를 좇으며 서서히 시장을 장악해나간다. '역량 파괴적 환경 변화Competence-Destroying Change'를 감지하지 못하고 '성공의 덫Success Trap'에 걸려 헤어나지 못했던 수많은 초우량 기업들이 그렇게 우리 기억 속에서 사라져갔다. 우리는 이를 파괴적 혁신이라 부르지만 이 역시 본질은 경쟁이다. 파괴적 혁신으로 시장을 장악한 기업은 또 다른 파괴적 혁신 기업에 의해 대체될 수밖에 없다. 결국 파괴적 혁신 역시 경쟁을 통한 승부의 결과인 셈이다. 복수가 또 다른 복수를 낳듯 혁신은 또 다른 혁신에 의해 대체된다. 그래서 눈여겨볼 건 파괴가 아니라 창조다. 경쟁을 통해 기존 플레이어들의 고객을 빼앗아오는 게 아니라 여태까지 없던 새로운 시장을 만들어내는 것이다. 비고객의 고객화를 부르짖는 블루오션 전략과 일맥상통하는 부분이다.

'파이오니어 어드밴티지 Pioneer Advantage' 라는 말이 있다. 시장의 개척자로서 누리는 혜택을 의미한다. 어떤 시장이든 시장 선도자, 즉 퍼스트 무버 First Mover가 누리는 혜택은 적지 않다. 하지만 먼저 움직이는 것 자체가 목표가 되어서는 안 된다. 먼저 움직이는 것은 목표를 이루기 위한 수단일 뿐이다. 기껏 먼저 움직여 시장을 개척했는데 뒤따라오던 후발 주자에게 1위 자리를 뺏긴다면 별무소용別無所用이다. 그래서 중요한 게 라스트 무버 Last Mover다. 아련한 첫사랑으로 남기보단 그 사람의 마지막 연인이 되는 게 더 현명한 선택임을 잊지 말아야 한다.

그렇다면 기존 업계를 파괴하지 않고 평화롭게 공존하며 독자적인 영역을 구축하는 방법은 무엇일까? 어떻게 해야 경쟁의 틀을 벗어나 그의 마지막 연인으로서 해로할 수 있을까? 여행박사에게 이 부분은 아직 숙제로 남아 있다. 예컨대 다른 여행사에서 다루지 않는 새로운 지역과 새로운 콘셉트의 여행 상품을 꾸준히 기획·개발한다든지, '여행'이 아니라 해당 지역의 '정보'를 판다든지, '모바일 퍼스트 Mobile First' 라는 시대적 화두에 발맞추어 모바일을 통한 새로운 고객가치를 창출한다든지, 여행 상품을 파는 여행사가 아니라 여행 플랫폼이라는 생각지도 못한 비즈니스 개념을 만들어낸다든지 하여 시장을 키워야 한다. 물론 그 어느 것도 쉽지 않다. 어찌 보면 맨땅에서부터 시작해야 할 새로운 도전이다. 하지만 여행박사의 시작부터가 도전이었다. 열정이 있기에 즐겁게 헤쳐 온 시간들이다. 그 열정은 아직 식지 않았다. 여행박사의 앞으로의 행보가 더욱 기대되는 이유다.

"0에서 1을 만들어 세상에 없는 유일무이한 존재가 되어라.

가능한 한 경쟁은 피하는 게 좋다."

– 피터 틸 페이팔 창업자

다시 한 번 곱씹어보아야 할 피터 틸의 말이다.

언더독(Underdog)
정보·재미·가치로
팬심(Fan心)을 빚어내다

✦ 섹스가 덴마크의 미래를 구할 수 있을까?

최근 유튜브를 뜨겁게 달군 동영상 하나가 있다. 덴마크의 스파이즈 트래블Spies Travel이라는 여행사에서 만든 영상으로, '섹스가 덴마크의 미래를 구할 수 있을까?'라는 제목이 붙어 있다(me2.do/ GkdcfxGT). 27년째 낮아지고 있는 덴마크의 출생률을 국가적 위기라 규정하고 논리적인 솔루션을 제시한다. 스파이즈트래블은 덴마크 아이들 중 10%가 부모의 휴가 시즌에 생겨났으며 덴마크 국민의 섹스 횟수는 휴가 시즌 때 평소보다 46%나 늘어난다는 통계에 주목했다. 그러니 여행을 많이 떠나자는 말이다. 영상은 거기에서 멈추지 않는다. 배란기에 맞추어 스파이즈트래블에서 휴가 여행을 예약해 떠났다 임신이 되면 유모차와 기저귀를 포함해 3년간 육아용품 일체를 지원하겠다는 약속이 이어진다. 그리고 마지막 장면에 떠오르는 자막, 'Do it for Denmark!'다.

사회적 이슈에 초점을 맞추어 공익적인 내용을 딱딱하지 않고 아주 말랑말랑하게 풀어낸 캠페인 영상이다. 여행을 섹스란 단어와 연결시켜 이렇게 국가적인 관심사로 만들어내는 그들의 마케팅 내공에 내심 혀를 내둘렀다. 마케팅은 이렇게 하는 거다. 내 제품이 좋다고 들입다 소리쳐 봐야 돌아오는 고객의 반응은 싸늘하다 못해 무관심이다. 무플보다 악플이라 했다. 마케팅하는 입장에서 가장 참을 수 없는 것이 바로 고객의 무관심이다.

✦ 브랜디드 콘텐츠(Branded Contents)
– 정보에 초점을 맞추다

이처럼 모두가 소리 높여 자기를 쳐다봐 달라 외치는 요즘, 그 흔한 신문광고, TV광고 하나 하지 않고 고객을 팬으로 만드는 회사들이 또 있으니 그중 하나가 여행박사다. 여행박사의 마케팅은 매일 아침 신문을 펼쳐 들면 마주치는 수많은 여행사 광고들과 그 궤를 달리한다.

첫째, 여행박사의 마케팅은 '정보'에 초점이 맞추어져 있다. 그동안 직원들이 온라인과 오프라인을 넘나들며 직접 발품과 손품을 팔아 수집한 다양한 현지 정보들을 마케팅 소스로 활용한다. 그렇게 그들이 만들어내는 콘텐츠는 예컨대 이런 것들이다. '가고 싶고 먹고 싶은 일본 가고시마 맛집 탑 7(on.fb.me/1jArBO)', '태국 방콕 여행자라면 꼭 가야 할 루프탑 바 7(on.fb.me/1PMRn US)', '우리 가족만을 위한 새로운 유럽여행 방법 (on.fb.me/1NuPDMS)' 같은 식이다. 이처럼 직관적인 이미 지와 간략한 설명을 곁들인 리스티클로 여행박사는 고객과 소통한다. 리스티클 listicle은 기사 형식의 목록자료로, List(목록)와 Article(기사)이 합쳐진 신조어인데 최근 소셜 마케팅에서 많이 활용되는 브랜디드 콘텐츠Branded Contents 의 한 예다. 즉, 해당 브랜드의 이름으로 양질의 콘텐츠를 생산, 제공하는 것이다. 그렇지 않아도 늘 정보가 부족했던 해외여행, 목마른데 때마침 물을 주니 고객들은 좋아하고, 그 고객은 또다시 여행박사의 자발적 마 케터가 되어 이런 정보들을 기꺼이 퍼다 나른다.

그때그때 타임라인에 올리는 땡처리 여행 상품 정보들은 고객을 위한 또 하나의 깜짝파티다.

"여행사 다니면서 이런 가격 처음 봤습니다. 지금까지 말했던 괜찮은 상품 중에 최고 갑!!! 미야자키 쉐라톤에 자면서 25만 원! 이런 일은 당신 인생에 다시없을 겝니다. ㅎㅎ"

이러한 페이스북 포스팅을 일본 미야자키로 출발하는 2박 3일 여행

개성만점 라멘집

큐슈 3대 라멘 중 하나인 가고시마 라멘
특산물인 흑돼지가 왕창 올라간 진국을 맛보자!

맛 ▲▲▲▲
가격 ▲▲
친절 ▲▲

케이크 맛집

콩을 이용한 다양한 케이크를 선보이는 맛집!!
롤케익, 몽블랑, 푸딩은 꼭 먹어봐야 하는 맛!

맛 ▲▲▲
가격 ▲▲▲▲
친절 ▲▲

상품 링크와 함께 걸어 올리는 식이다. 호텔이나 항공사 모두 시간을 파는 비즈니스다. 어차피 떠야 할 비행기고 어차피 비는 방이다. 그러니 막판 타임세일은 당연지사. 여행박사도 좋고 고객도 좋은 선순환 마케팅이다. 단순히 트위터나 페이스북에 경품 걸고 이벤트하는 걸 소셜마케팅의 전부라 생각하는 여타 기업들에게 여행박사는 알차고 유용한 정보로 무장한 콘텐츠 마케팅의 개념을 몸소 보여준다.

✦ 잔잔한 호수에 재미의 파문을 일으키다

여행박사 마케팅, 그 두 번째 키워드는 '재미'다. 여행은 일탈이고 여행은 판타지다. 그래서일까, 여행박사 마케팅은 결코 딱딱하지 않다. 아니, 신선하고 기발하다. 여행박사는 tvN 〈내 친구와 식샤를 합시다〉란 프로그램을 후원하며 관련 이벤트를 진행했다. 방송 중 여행박사가 나오는 장면을 촬영하거나 캡쳐하여 인스타그램에 해시태그[8]를 붙여 올리는 이벤트였다.

많은 기업들이 소셜마케팅에 열심인 요즘, 사실 그다지 낯설지 않은 형태의 이벤트다. 하지만 승부수는 경품이었다. 매주 한 명씩 뽑아 선물을 주는데 그 선물의 면면이 유쾌하다. 1주차 선물은 햇반 365개, 2주차는 라면 365개, 3주차는 즉석카레 365개 식이었다. 이벤트 경품으로 햇반, 그것도 한꺼번에 365개라… 생각지도 못했던 선물일 터다. 여행에서의 먹거리와 〈식샤를 합시다〉라는 프로그램 명에 착안한 재기 발랄한 아이디어였다. 사실 금액만 놓고 보면 그리 비싼 경품들이 아니다. 하지만 단언컨대 지금껏 구경도 못 해본 어마무시한 선물일 터다.

"사실 저희가 내로라하는 대기업이 아니다 보니 이벤트 예산에도 한계가 있는

---

8) 트위터를 시작으로 많은 소셜미디어 서비스에서 제공하는 기능으로 '#' 뒤에 특정 단어를 넣어 그 주제에 대한 글이라는 것을 표현한다. 예를 들면 음악에 대한 글이라면 '#MUSIC'을 입력하는 식이다. 해시태그는 검색의 편리함을 위해 도입된 기능이지만 특정 주제에 대한 관심과 지지를 드러내는 방식이나 수단으로 사용되기도 한다. 출처 : 『시사상식사전』, 박문각

게 사실입니다. 그러니 돈으로 맞붙으면 판판이 깨질 수밖에 없지요. 해서 이런 이벤트를 기획할 때마다 중요시하는 게 재미입니다. 어떤 선물을 드리면 고객들이 재미있어 할까 하는 거지요. 물론 여행과의 연관성도 잘 녹여 넣습니다."

—심원보 여행박사 마케팅부서장

시장에서의 반응은 곧바로 나타났다. 해당 선물을 받은 고객들의 블로그와 소셜미디어에는 말 그대로 압도적인 사진들이 올라오기 시작했다. 햇반과 라면 박스들이 산을 이루며 쌓여 있는 모습들이다. 그리고 사진과 함께 올린 글들은 모두 즐거움과 환호의 목소리였다. 선물을 받은 고객이 직접 찍은 사진과 함께 올린 이런 글들이 소셜을 통해 퍼져 나갔다. 여행박사가 외친 재미의 함성은 "역시 여행박사야~"라는 즐거움의 메아리가 되어 되돌아왔다.

"전쟁 나도 끄떡없을 양의 햇반, 사재기가 아닌 이벤트로 당첨되어 받은 선물. 주변에도 많이 나누어주고 부지런히 먹고 해야겠네요! 여행박사 이벤트

페이지에서는 유용하고 좋은 이벤트들이 많아서 좋았는데 이렇게 제가 행운의 주인공이 되었네요. ^^"

여행박사의 마케팅은 이처럼 독특하다. 그리고 재미있다.

"지난 8월 30일이 저희 여행박사 창립 15주년이었습니다. 15주년을 맞아 고객분들과의 소통을 테마로 이벤트를 하나 진행했는데요, 무엇으로 경품을 걸까 하다 생각한 게 '여행박스'였습니다. 우리가 여행사이니만큼 고객들이 여행을 갈 때 가장 필요한 것들이 뭘까, 그걸 한 방에 해결해주면 어떨까, 하는 생각이었지요. 그래서 해외여행 가면 늘 그리워지는 햇반, 컵라면, 깻잎 장아찌, 매운 참치캔, 소고기 고추장 튜브, 김 세트 이런 걸 박스 하나에 모두 챙겨 넣었지요."

– 태광원 여행박사 마케팅팀 대리

그런데 이게 다가 아니다. 음식뿐만 아니라 비행기 안에서 요긴하게 쓸 수 있는 기내용 슬리퍼와 수면용 목베개, 물티슈와 세면도구 세트, 휴대폰 방수팩과 여행 관련 각종 네임태그와 수납 팩, 면세쿠폰 등, 여행박사가 준비한 '여행박스'는 이 정도면 웬만한 여행은 바로 떠날 수도 있겠다 싶은 '완소 아이템'들로 가득 찼다. 여행의 박사가 선물해주는 여행 필수 아이템들이니 고객들의 호평은 불문가지.

여행박사 마케팅의 재미있는 사례는 차고도 넘친다. 그중 그야말로

무릎을 쳤던 사례가 하나 있다. 바로 〈방콕을 누비는 여행박사를 찾아라!〉 이벤트였다. 매년 떠나는, 가족을 동반한 여행박사 직원들의 해외 워크숍. 작년 목적지는 태국 방콕이었다. 말이 워크숍이지 자유여행인 이 행사를 여행박사 마케팅팀은 놓치지 않았다. 현지로 여행을 온 한국 관광객들을 위한 깜짝 이벤트는 그렇게 기획되었다. 이른바 '여행박사와 함께하는 런닝맨 인 방콕' 이었다. 여행박사 직원 중 몇몇이 등 뒤에 여행박사 이름표를 크게 써 붙이고 방콕 시내를 활보한다. 그걸 본 사람은 누구나 그 이름표를 앞뒤 가릴 것 없이 떼기만 하면 성공이다. 여행박사가 아닌 타사 상품을 통해 방콕에 온 사람들도 환영이다. 그렇게 생포(?)한 여행박사 직원과의 인증샷이 인스타그램에 올라갔다. 해시태그는 #여행박사, #방콕여행박사, #잡았다여행박사, 이렇게 세 개였다. 회사 행사로만 끝날 수도 있었던 해외 워크숍이 이렇게 머나먼 이국 땅 방콕에서 고

객과의 재미있는 놀이로 거듭난 셈이다.

여행박사가 가장 최근에 진행했던 마케팅 중 하나는 '여박TV'다. 정체불명의 마스크를 얼굴에 착용한 세 명의 여행박사 직원이 리포터가 되어 여행박사와 관련한 크고 작은 소식들을 맛깔나게 전해주는, 은근 중독성 강한 1~2분 내외의 영상이다(youtube.com/Q8g5 WucR_OM). 2015년 가을에 개국(?)하여 지금껏 네 편이 제작 방송되었다.

"마케팅팀에서 회의하다 나온 아이디어였어요. 그때만 해도 제가 이 짓(?)을 하게 될 거라곤 상상도 못 했었지요. 그런데 어쩌다 보니 흙흙 ㅠㅠ. 그래도 재미는 있어요. 어차피 가면 뒤집어쓰고 하는 거니 제가 누군지 사람들이 아는 것도 아니고. 어떤 이슈로 영상을 만들지 아이디어 회의하고 촬영하고 그러다 보면 제 몸속 숨겨져 있던 끼가 막 샘솟는 것 같기도 해요. 그저 다들 재미있게 봐주셨으면 좋겠어요. (웃음)"

여박TV 영상에서 '짱나'로 분한 모 직원의 유머 넘치는 인터뷰다. 정보의 시각화와 고객 눈높이 소통이라는 시대적 화두에 맞추어 젊은 고객에게 초점을 맞춘, 이른바 '약 빤 영상'들, 역시 여행박사다운 시도다. 이처럼 소셜을 중심으로 한 여행박사 마케팅의 두 번째 요소는 젊은이들의 취향을 제대로 저격하는 재미다.

✦ 스토리두잉(Storydoing) – 가치에 방점을 찍다

　여행박사, 여행의 즐거움을 보다 많은 사람과 나누고 싶어 만든 회사였다. 그렇기에 여행박사 마케팅의 마지막 키워드는 '가치'다. 시장이 변하고 있다. 필요에 의한 실용적 구매 패턴을 보이던 1.0 시장과, 욕구에 의한 감성적 소비 행태를 보이던 2.0 시장을 넘어 이제는 3.0 시장이다. 3.0 시장에서의 고객은 신념에 의한 도덕적 소비를 한다. 품질과 디자인을 보고 구매하던 고객이 이제는 해당 기업의 철학과 가치를 살핀다. 그러니 기업 입장에서 챙겨야 할 것은 미국의 경영 칼럼니스트인 사이먼 사이넥Simon Sinek이 이야기한 것처럼 '이유Why'다. 우리가 왜 이런 사업을 하는지, 그리고 왜 이런 제품과 이런 서비스를 만들었는지, 이를 통해 우리가 어떤 세상을 만들고 싶은지를 보여줘야 하는 것이다. 이러한 3.0 시

'왜'에서 출발하라!

= **The Purpose**
(Why) 믿음, 목적, 존재 이유

= **The Process**
(How) '왜'를 구현하기 위한 방법

= **The Result**
(What) '왜'의 결과로 나온 제품이나 서비스

장에서의 마케팅 전략 방향성을 한마디로 요약하자면 이거다. 진정성을 바탕으로 고객의 영혼을 감동시켜라!

2015년 3월, 여행박사 마케팅팀은 구미의 한 칼국수집에서 폐지를 줍는 할아버지와 할머니들께 국수를 무료로 대접한다는 소식을 접했다. 소박한 칼국수 한 그릇이지만 이렇게 따뜻한 정을 나누는 국수집 사장님을 만나기 위해 여행박사는 한달음에 달려갔다. 그리고 그 따뜻한 마음에 동참하고자 기꺼이 '미리내운동'에 동참했다. 미리내운동은 말 그대로 내가 아닌 누군가를 위해 미리 식사 값을 내자는 사회적 캠페인이다. 그 누군가는 불우이웃이 될 수도 있고 평범한 내 이웃이 될 수도 있다.

예컨대 미리내가게에 가서 "군산에 오신 잘생긴 남자 관광객 두 분, 맛있는 아메리카노 커피 드시고 가세요" 하며 가격을 지불하고 가는 식이다. 아무런 대가 없이 이름 모를 누군가와 함께 세상의 따뜻한 마음을 나누고자 하는 캠페인이다. 여행박사는 이 국수집 사장님께 형편이 어려운 어르신들에게 대신 대접해달라며 국수 값을 치렀다. 또한 맨손으로 폐지를 줍고 옮기시느라 고생하시는 어느 할머니의 딱한 사정을 접하고는 리어카 제작비도 함께 기부했다. 아울러 여행박사의 페이스북 계정을 통해 미리내운동본부와 함께 기부 캠페인을 진행했다.

가치를 추구하는 여행박사의 마케팅은 여기서 끝나지 않는다. 가난한 사람이든 장애인이든 누구나 여행을 떠날 권리가 있다는 게 여행박사의 생각이다. '트래블스토리 두드림'이란 타이틀로 여행박사가 나름의 사회 공헌 사업을 펼치는 이유다.

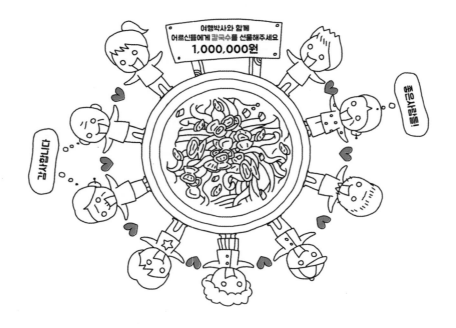

　'트래블스토리 두드림'은 일종의 나눔여행이다. 몸이 불편해 여행은 커녕 집 밖을 나서는 것도 힘들었던 장애인들과 여행박사 직원들이 짝을 이뤄 해외여행을 간다. 그들의 무거운 휠체어를 뒤에서 밀어주며 장애가 곧 벽이 아님을 느낀다. 경제적 부담과 여타 사정으로 해외여행이 꿈만 같았던 새터민 대학생과 지적장애 대학생의 여행도 지원했다. 그 외에도 싱글맘과 그 자녀들, 소아암 환아와 그 가족들, 사회복지 생활기관 아이들도 '트래블스토리 두드림'의 주인공이 되었다.

　2015년 겨울, 여행박사를 통해 2박 3일간의 일본 큐슈여행을 함께한 분들은 화재 진압, 자연 재해 및 위급한 상황에서 구조 활동에 책임이 있는 사람, 바로 소방관들이었다.
단 한 번의 출동을 위해 119번
의 긴장을 하며 살아가는 고마
운 소방관 분들께 여행박사는
여유라는 선물을 드렸다.

　그렇다면 이런 '트래블스토
리 두드림'은 어떤 돈으로 진
행되는 것일까? 여기에 또 다른 감동이 숨어 있다. '트래블스토리 두드
림'은 단순히 회사 비용으로 진행하는 프로젝트가 아니었다. 이 기금은
여행박사 직원들이 매달 급여의 1%씩을 적립한 돈과 회사에서 출연한
돈이 함께 모여 만들어진다. 직원 하나하나가 각자의 마음뿐만 아니라
지갑까지 열어 진행하는 프로젝트다. 지역 내 장애인 생활 시설에서의
풀 뽑기와 김치 담그기, 가파르고 좁은 골목길에서 연탄 배달 등 단지 돈
으로만 함께하지 않고 직원들이 직접 참여하는 사회 공헌, 자원봉사 활
동도 다양하다. 가치, 물론 중요하다. 하지만 그보다 더 중요한 건 가치의
실천이다. 아는 게 힘이 아니라 하는 게 힘이라 하지 않나. 여행박사는 이
모든 걸 묵묵히 실천하고 있다. 직원들의 즐거운 동참을 통해서 말이다.

　마케팅은 더 이상 '어떻게 하면 고객의 지갑을 열게 만들까' 하는 얄
팍한 테크닉이 아니다. '고객을 어떻게 대할 것인가' 하는 삶의 철학이
다. 그러니 이제 철학이 없는 기업이나 조직에서 마케팅 성공 사례를 찾
아보기는 힘들다. 성공 여부를 떠나 여행박사의 마케팅에는 이처럼 철학

이 있다. '정보'가 있고, '재미'가 넘치며, '가치'가 있으니 고객이 고객에 머무르지 않는다. 그들은 팬이 되어 열광한다. 경쟁사들이 비싼 돈 들여 신문광고와 TV광고로 매스미디어를 뒤덮을 때 여행박사의 마케팅은 이렇게 고객의 마음속에 동심원을 그리며 조용히, 하지만 강력하게 퍼져나간다.

"홍보담당자 입장에서는 이런 일들을 여기저기 많이 알리고 싶은 게 인지상정이지요. 하지만 사쵸가 이런 거는 홍보하지 말라고 야단입니다. 쪽팔린다는 거예요. 당연히 해야 할 일 하는 게 무슨 홍보거리냐는 건데, 맞는 말씀이긴 하지만 업무 담당자로선 가끔씩 답답하기도 합니다. 그래서 이런 건들은 사쵸 몰래 홍보합니다. (웃음)"

해맑은 여행박사 홍보담당자의 웃음이 시원스럽다. 홍보만 해도, 없는 이야기 억지로 지어내어 아닌 걸 그런 것처럼 보여주는 시대는 이미 지났다. 거짓은 금세 드러난다. 모두가 연결된 투명한 세상이기 때문이다. 사회 공헌 활동으로서의 나눔여행도 애당초 홍보용이 아니었다. 나름의 철학을 가지고 오랫동안 해오고 있는 활동일 뿐이다. 지극히 당연한 일이 홍보거리가 되는 게 이상하다 여기는 신창연 창업주의 말처럼 이 모든 것을 아우르는 여행박사 마케팅의 지향점은 결국 매출을 겨냥한 판매가 아니라 가치를 지향하는 소통이다.

"옛날 애길 그걸 듣구서는 누귀한테 가 얘길 안 하면 얘기가 곪어 죽어. 그러면 얘기가 곪어 죽는다구. 그러, 괜히 살※이 되면 안 돼. 그러니까 얘길 해요. 오늘 저녁에 들은 거 아무 데라도 댕기면서 얘기를 해야 얘기가 자꾸 빠져 나가면서 얻어 먹구 살잖아."

〈한국구비문학대계〉라는 구비문학 자료집 2-6권에 실려 있는 '이야기 주머니' 설화의 첫 대목이다. 강원도 횡성군의 한 할머니가 구수한 사투리로 풀어낸 이 이야기는 그 옛날 호랑이 담배 피우던 시절부터 발원한 사회적 존재로서의 인간 본성을 에둘러 보여준다. 사람들은 그렇게 서로 관계를 맺으며 이야기를 나누고 또 이야기를 나누며 관계를 맺었다. '호모 스토리쿠스'란 말이 그다지 낯설게 느껴지지 않는 배경이다.

정보를 공유하는 데 드는 비용이 제로에 가까운 소셜미디어 공간에서 사람들은 이제 모든 것을 공유한다. 인스타그램을 통해 사진을 공유하고 유튜브를 통해 동영상을 공유하며 슬라이드쉐어 Slideshare 를 통해 문서를 공유하는 식이다. 트위터와 페이스북은 이런 정보 나눔의 시대에 날개를 달아줬다. 그런데 자세히 보면 모든 공유의 이면에는 이야기가 존재한다. 사진과 동영상, 위치 등을 공유함으로써 사람들은 서로의 이야기를 나누는 것이다. "어디에 갔더니 뭐가 있기에 이렇게 하면서 저렇게 했다"라는 이야기를 끊임없이 쏟아내며 그런 이야기에 대한 반응들을 나누고 서로의 존재와 관계를 확인한다. 이야기를 통한 존재 확인, 사람들의 이런 행동은 혼자 살 수 없는 사회적 존재라는 데에서 기인한다. 그런 그들에게 이렇게 유용한 정보와 재미난 이야깃거리를 쥐여주니 여행박사 이야기는 하룻밤 사이에도 천리를 퍼져 나간다.

하나 더! 여행박사 마케팅에서 '가치'는 화룡점정이다. 꼭 알아줬으면 해서 하는 사회 공헌 활동이 아니다. 해야 할 일이라 생각하기에 10여 년이 넘게 해온 일들이다. 그러니 그 진정성에 고객은 마음을 연다. 여행박사의 마케팅은 그래서 단순한 스토리텔링Storytelling에 그치지 않는다. 스토리두잉Storydoing으로 빚어내는 고객과의 진솔한 소통이다.

보통마케터 안병민 대표가 전하는
내 일과 삶의 CEO를 위한
두 번째 편지

발견력(發見力),
얼마나 확보하셨나요?

치약 하나 사러 마트엘 갑니다. 그런데 뭐가 다른지 전혀 알 수 없는 어슷비슷한 치약들이 매대에 가득합니다. 고객 입장에서는 고민입니다. 뭘 사야 좋을지 도대체 알 수가 없습니다. 차별화가 필요한 이유입니다. 고객이 우리를 선택하는 이유는 차별화 포인트 때문입니다. 가격이 싸든지, 디자인이 예쁘든지, 튼튼해서 오래가든지, 고급스럽든지, 뭐가 되었건 경쟁자와는 다른 우리만의 포인트가 있어야 합니다. 그래서 마케팅의 절반은 차별화라고 해도 과언이 아닙니다.

여기서 저는 '발견력發見力'이라는, 제가 정의한 개념을 하나 말씀드리고자 합니다. 발견력은 '발견하는 힘'과 '발견되는 힘'을 아우르는 개념입니다. '발견하는 힘'은 세상을 창의적으로 재해석하여 새로운 시장을 찾아내는 시각을 가리킵니다. 남들이 보지 못하는 이면의 진실을 나만의 통찰력으로 꿰뚫어보는 힘입니다. 아이팟에 이은 아이폰을 통해 내 손 안의 인터넷 세상을 구현한 스티브 잡스는 엄청난 발견력의 소유자였습니다. 이에 비해 '발견되는 힘'은 뜨거운 레드오션의 경쟁 속에서도 독야청청 돋보일 수 있는 차별적 경쟁력을 가리킵니다.

이를테면 세계 경영 구루 중 하나인 세스 고딘Seth Godin이 이야기한 '보랏빛 소'의 개념입니다. 수백 마리의 소떼가 평화롭게 초원의 풀을 뜯고 있는 목가적 풍광도 처음엔 감탄을 자아내지만 조금만 지나면 지루해지기 마련입니다. 이럴 때 보랏빛의 소 한 마리가 눈에 들어온다면 어떨까요? 고딘은 '리마커블 Remarkable' 이란 표현을 씁니다. 굳이 번역하자면 '주목할 만한' 이란 뜻입니다. 이게 바로 발견되는 힘으로서의 '발견력' 입니다. 이처럼 발견하는 힘과 발견되는 힘은 마치 동전의 양면과도 같습니다. 다른 것 같지만 결코 다른 이야기가 아닙니다. '창의' 라는 단어로 연결되는 하나의 이야기입니다. 차별화가 화두인 작금의 마케팅 상황에서 '발견력' 은 이제 모든 기업이 갖추어야 할 미덕이 되었습니다.

그렇다면 여기서 여행박사의 발견력을 한번 살펴보겠습니다. 먼저 '발견하는 힘' 으로서의 발견력입니다. 여행박사는 돈 많은 사람들이 편하게 떠나는 패키지 해외여행을 들여다보다 비어 있는 시장을 발견합니다. 이른바 자유여행입니다. 상대적으로 저렴한 가격으로 자유로운 해외여행을 즐기고 싶어 하는 고객군을 발견한 거지요. 그 수요를 일본과 온라인이라는 두 가지 요소로 결합하여 매출로 연결시켰습니다. 젊은층의 배낭여행 붐과도 맞물려 여행박사가 개척한 새로운 시장은 폭발적으로 반응합니다. 이후 디지털과 모바일 등으로 그 시야를 넓혀 특유의 발견력으로 새로운 시장을 개척해나가고 있습니다.

'발견되는 힘' 으로서의 발견력도 대단합니다. 여행박사는 누가 봐도 희한한 회사입니다. 다들 숨기고 감추려고만 하는 고객 불평불만 사항들을 떡하니 게시판으로 만들어 홈페이지 첫 화면에 꺼내놓았습니다. 글을 올리는 고객뿐만 아니라 홈페이지를 방문하는 사람이라면 누구나 볼 수 있는 게시판입니다. 속을 들여다보면 점입가경 漸入佳境 입니다. 팀장을 투표로 뽑질 않나, 그런 투표에서 창업주가 낙선했다 하질 않나, 학벌 안 보고 직원 채용을 하기에 대학 나온 직원이 별로 없다 하질 않나, 성과급 포함해 1억 원 넘게 받아가는 직원이 있다 하질 않나, 회의와 결재가 없다 하질 않나, 세상에 듣도 보도 못 한 회사임에 틀림없습니다. 그래서 눈에 자꾸 밟힙니다. 얼룩무늬 소들 사이에 끼어 있는 보랏빛 소처럼 여느 여행사들과는 너무나 많은 게 달라서입니다.

지금 이 시간에도 많은 기업들이 차별화를 부르짖습니다. 하지만 결과는 정반대, 오히려 동일화를 향해 달려만 갑니다. 이유는 간단합니다. 우리의 독보적 강점을 강화하는 게 아니라 약점을 보완하려다 보니 다들 비슷해져만 갑니다. 그러니 그나마 갖고 있던 발견력도 점점 약해집니다. 어차피 모든 걸 다 잘할 수는 없습니다. 차별화는 그래서 또 다른 의미의 포기입니다. 하나를 선택함으로써 하나를 포기하는 전략적 승부입니다. 그럼에도 많은 회사들이 모든 걸 다 가지려 안달합니다. 이도 저도 아닌, 평범하기 그지없는 회사들이 늘어나는 건 그래서입니다. 나만의 무기를 가져야 합니다. 필살기 말입니다. 그게 없으니 차별화라는 링에 올라 승리는커녕 상대의 제물이 되고 맙니다.

말로만 차별화를 외칠 일이 아닙니다. 남들이 어떻게 하는지 밖으로 눈을 돌릴 일이 아닙니다. 내 안으로 시선을 돌려야 합니다. 남들과 다른 나만의 강점을 찾아내어 그걸 더욱 뾰족하고 더욱 날카롭게 갈고 벼려야 합니다. 또 하나의 방법은 고객의 기대를 깨는 겁니다. 뻔하디 뻔한 결론은 고객을 지치게 합니다. 죄악입니다. 고객이 아무런 심리적 변화 없이 무념무상의 경지로 우리 브랜드를 받아들이고 있다면 게임은 절망입니다. 존재감이 없다는 이야기지요. 끊임없이 시장에 파문을 일으켜야 합니다. 우리의 발견력을 그렇게 제고해나가야 합니다. 하버드 대학교의 문영미 교수는 그의 저서 『디퍼런트』에서 차별화 브랜드의 예로 역브랜드, 일탈브랜드, 적대브랜드를 듭니다. 갖고 있던 속성을 '제거'하여 본질에 집중하고, 고객의 인식을 '변형'시켜 새로운 하위 카테고리를 만들며, 시장을 아군과 적군으로 '분열'시켜 나만의 차별화 포인트를 강화시키는 발견력 획득 사례들이지요.

익숙한 브랜드와 낯선 브랜드가 있다면 고객의 관심은 아마도 후자일 겁니다. 그럼에도 다들 익숙함을 향해 질주하는 이유는 데이터 때문입니다. 소비자 조사라는 결과 데이터를 놓고 약점만 보완한 까닭입니다. 때로는 직관이 필요합니다. 용기가 필요합니다. 『미움 받을 용기』란 책이 왜 그렇게 오랫동안 베스트셀러가 되었는지 잘 생각해볼 필요가 있습니다. 여행박사 사례도 그렇습니다. 남들이 뭐라 하든 내 갈 길 가는 겁니다. 무소의 뿔처럼 혼자서 뚜벅뚜벅 가는 겁니다. 남들이 다 소리친다고 나도 반드시 그래야 할 필요는 없습니다. 남들이 다 목 놓아 외칠 때 오히려 침묵하며 속삭이는 겁니다. 남과 다르다는 것은 '눈에 띈다'는 뜻이고 그것은 '매력적'이라는 의미입니다. 눈에 띄어야 살아남을 수 있는 세상입니다. '다르다'는 느낌을 주지 못하면 죽은 브랜드라는 것을 명심해야 합니다. 벤치마킹의 유효기간은 끝난 지 오래입니다. "Better is not enough. Try to be different! 더 좋은 것만으로는 충분하지 않다. 달라야 한다!" 스티브 잡스가 강조하는 발견력의 힘입니다. 그래서 여쭤봅니다. 대표님의 비즈니스에서 브랜드의 발견력, 얼마나 확보하셨나요?

보통마케터 안병민 드림

3부

Casual Culture

똘똘 뭉쳐 미친 듯이

이제 조직의 경쟁력은 맨파워나 제도, 보유기술 등에 달려 있지 않다. 바로 조
직문화다. 잘되는 기업의 직원들은 같은 방향을 바라본다. 그 시선의 끝에 조직
의 비전과 미션, 가치가 있다. 3부를 여행박사의 조직문화로 구성한 이유다. 팀
장을 투표로 뽑고 전사 워크숍도 가족과 함께 가는, 상식에 반하는 그들의 내
밀한 조직문화를 소개한다. 영혼을 담아 즐기는 재미와 캐주얼의 문화다.

선거

여행박사의

핏빛 축제

✦ 팀장을 투표로 뽑는다고?

해마다 가을이면 한 해 동안의 수확을 통해 지난 시간의 노고를 다독이며 새로운 한 해를 준비한다. 만추晚秋의 들판은 그래서 한가롭고 여유롭다. 매년 11월, 여행박사에도 한 해를 마감하고 새로운 한 해를 준비하는 축제가 벌어진다. 하지만 이 축제의 색깔은 정열의 레드도, 이성의 블루도, 순수의 화이트도 아니다. 검붉은 핏빛이다. 축제의 빛깔로는 다소 어울리지 않지만 벌써 10년 가까이 이어져 오는 여행박사만의 독특한 축제다. 팀장, 본부장을 선출하는 이른바 '선거 축제' 다.

여행박사의 직급 체제는 직급과 직책 개념이 다소 섞여 있다. 사원 – 대리 – 과장 – 팀장 – 부서장 – 본부장(이사) – 대표이사 체제다. 과장까지는 근무연한을 채우면 별 어려움 없이 승진하게 되지만 팀장부터는 투표로 선출한다. 팀장이 되려면 자의 혹은 타인의 추천을 통해 입후보하여 나름의 정책과 공약을 발표해야 한다. 그 다음 프로세스는 전 직원의 투표다. 50% 넘는 지지율을 확보해야 팀장이 되고 부서장이 되고 본부장이 된다. 회사에 몸담은 시간의 양이 승진을 보장해주는 구조가 아닌 것이다. 철저하게 직원들의 인정을 통해 승진하는 방식이다. 어떻게 보면 냉정하지만 여기서 끝이 아니다. 1년차 때는 50%의 지지율로 승진이 가능하지만 재선, 삼선을 하려면 기준은 더 높아진다. 2년차엔 60%, 3년차엔 70%의 지지율이 있어야 자리 보전이 가능하다. 해마다 높아지는 문턱에 리더들은 긴장의 끈을 놓을 수 없다.

그 선거 축제의 시작은 작은 소동이었다. 회사 설립 후 3년 정도 되었을 때, 모 직원의 팀장 승진을 두고 직원들 사이에 불만이 많았다. 신창연 대표는 생각했다.

'그래, 자기네 팀장인데 직원들이 직접 뽑게 하는 게 좋겠다. 그래야 불만도 없지.'

생각을 하면 바로 실행에 옮기는 신창연 창업주. 팀장을 팀원이 뽑는 제도는 그렇게 생겨났고, 이는 팀장 선출에 머무르지 않고 부서장, 본부장, 심지어 대표이사로까지 확대되었다.

✦ 내 손으로 뽑으니 선거는 축제다

그렇다면 재선 혹은 삼선에 실패하면 어떻게 되냐고? 간단하다. 강등이다. 본부장이었던 사람은 부서장이 되고 부서장이었던 직원은 팀장이되며 팀장이었던 사람은 과장이 된다. 이런 경우 해당 직원은 회사를 계속 다닐 수 있을까? 쉽지 않은 일일 터다. 회사를 계속 다니느냐 마느냐하는 문제 이전에 정신적 충격 또한 엄청날 터다. 하지만 답은 본인에게 달려 있다. 내가 왜 선거에서 떨어졌는지 치열한 원인 분석을 통해 내년을 기약하며 새로운 도전을 준비하는 사람도 있다. 그렇게 다시 재선 혹은 삼선에 성공하는 사례가 나온다.

물론 제도 시행 초창기에는 투표에서 떨어졌다고 퇴사하는 직원도 있

었다. 하지만 이제 그러한 경우는 거의 없다. '일승일패는 병가지상사兵家
之常事'라 했다. 이기고 지고는 너무나 흔한 일상사다. '암도 축복'이란 말
이 있다. 갑작스런 사고로 내 삶을 추스를 새도 없이 떠나는 것보다 마지
막 순간을 준비할 수 있다는 의미에서 나온 이야기다. 그리고 보면 무조건
안 좋은 건 없다. 기쁨과 즐거움이 그렇듯 슬픔과 아픔도 삶의 한 부분이
다. 그렇게 핏빛 선거 축제는 여행박사의 문화로 자리 잡았다. 승진하는
사람이 있으면 떨어지는 사람이 있고, 떨어졌다 재도전을 통해 다시 팀장
혹은 본부장이 되는 사람도 있다. 나의 리더를 내 손으로 뽑기에 결과에
대한 불만도 여느 회사보다 훨씬 적을 수밖에 없다.

　여기서 생겨나는 의문 하나. 이런 투표 제도가 단순한 인기투표로 흐
를 위험은 없을까? 물론 전혀 없을 수는 없다. 하지만 여기에도 나름의 자

정 메커니즘이 작동한다. 여행박사에서는 기본급 외 실적과 연동된 급여를 추가로 받는다. 부서별 독립채산제를 통해, 부서별로 벌어온 돈 중 일정 금액만 회사에 납입하면 나머지는 모두 해당 부서로 돌아간다. 쉽게 말해 많이 벌면 많이 가져가고 적게 벌면 적게 가져가는 구조다. 이 모든 숫자가 투명하게 공개되고 공유된다. 그러니 능력 있는 리더를 뽑아야 우리 부서와 내게 더 많은 성과급이 돌아온다. 싫은 소리 하지 않는, 마냥 사람만 좋은 무골호인無骨好人이 리더로 뽑히지 않는 건 그래서다. 물론 신창연 창업주는 이 투표 제도가 인기투표로 흐른다고 해서 반드시 나쁜 것만은 아니라고 이야기한다. 그것도 하나의 능력이란다. 포퓰리즘의 폐해도 실제로 겪어보면 그 또한 훗날 더 나은 선택을 할 수 있는 일종의 공부라는 논리도 덧붙인다.

비와 바람은 누군가가 컨트롤하는 게 아니다. 때가 되면 비가 내리고 때가 되면 바람이 분다. 자연의 섭리다. 그런 자연에 감시자나 조정자가 필요 없듯이 여행박사도 마찬가지다. 누가 시키지 않아도 각자 좋은 리더를 뽑아 더 나은 성과를 추구한다. 일종의 자연 생태계다. 여행박사에 채찍을 휘두르는 절대자가 없는 이유다. 관건은 주인정신이다.

그러고 보면 여행박사의 선거 축제[9]는 직원들이 회사의 주인으로서 각자의 소중한 한 표를 행사하는 기회다. 그러니 위로부터 명命을 받은

---

9) 10년 가까이 이어지던 여행박사의 선거 제도는 2015년 들어 다소 바뀌었다. 이른바 상향평가 제도다. 팀원이 팀장에서 본부장까지의 리더들을 평가하는 제도다. 리더들은 그 평가 결과와 실적에 따라 직위 해제를 당할 수도 있다. 역시 위에서 결정하는 게 아니라 아래에서 결정하는 민주적 의사결정 제도로, 투표 제도에 이은 여행박사의 또 다른 혁신적 실험이다.

팀장이 아니라 함께 일하는 모두의 지지를 받은 팀장이 나온다. 말 그대로 직원이 주인인 민주주의 기업인 셈. 그래서 여행박사의 선거 축제는 핏빛이지만 축제다. 민주주의는 피를 먹고 자란다는 말은 여기 여행박사에서도 참인 명제다.

✦ 대표이사, 선거에서 떨어지다

그리고 여기, 그 참을 웅변하는 사례가 있다. 바로 이 선거를 통해 창업주 신창연 대표가 낙선한 일이다. 일대 사건이었다. 15년 가까이 회사의 성장을 성공적으로 견인했던 창업주 대표이사의 낙선이라니. 전 직원 70% 이상의 지지율을 얻으면 연임이 가능한 대표이사 자리였다. 매년 90% 가까운 지지율을 얻었던 신창연 창업주는 평소 회사 규정에 상관없이 80%의 지지를 얻지 못하면 대표이사직에서 물러나겠다 공언했었다. 그러다 2013년 겨울, 신창연 창업주는 79.2%의 결과를 확인하고 대표이사 자리에서 물러났다.

여기 신창연 창업주의, 당시 사퇴의 변이 있다.

"전 세계적으로 보더라도 선거를 통해 선출되는 민주주의에서 한 사람이 14년 동안 독재자로서 왕좌를 차지한 예는 없습니다. 한 사람이 무리한 과욕을 부리면 수많은 사람들이 피

해를 보게 되는 경우를 많이 봅니다. 반대로 한 사람이 양보하고 비우면 수많은 사람에게 혜택이 가고 희망이 생깁니다. 샐러리맨들에게 최고의 희망이 뭘까요? 팀장, 이사 등등 승진이 아닐까요? 그 가운데서 최고의 희망이라면 열심히 일하면 나도 사장이 될 수 있다는 비전이 아닐까 합니다. 나는 책에서나 매스컴 또는 명사들의 강연에서 이런 말을 정말 많이 보고 들었습니다.

'자기 일에서 10년만 미친 듯이 일하면 최고가 된다.'

하지만 죽어라 일해도 기존의 기득권 세력들이 움직이지 않는다면 퇴직할 때까지 10년이고 20년이고 평직원의 일만 해야 합니다. 사람은 누구나 반드시 죽습니다. 기업은 어느 기업이나 반드시 망합니다. 사람은 어느 자리에 있든 반드시 내려오거나 올라가거나 합니다. 이런 과정이 물 흐르듯이 자연스럽게 진행돼야지, 무리하게 역류시키려고 해서는 더 큰 부작용만 초래합니다."

– 신창연 여행박사 창업주

모르긴 몰라도 스스로도 설마, 했을 것이다. 하지만 언젠가는 겪을 일이라 생각했던 그는 그 결과를 엄중히 그리고 담담히 받아들였다.

'궁즉통 窮卽通'이란 말이 있다. 『주역』에 나오는 말이다. 원래는 '궁즉변 변즉통 통즉구 窮則變 變則通 通則久'라 해서 '궁하면 변하고, 변하면 통하고, 통하면 오래간다'란 의미다. 달이 차면 이지러지고 해도 중천에 이르면 기울게 되는데 사물의 이치야 말해 무엇 하겠는가? 그것이 다함에도 변하지 않으면 소멸할 것이요, 막혔다고 여겨지던 것이 변화하여 그것이 서로 통하게 되면 영원할 것이다. 우리의 삶과 사회가 그런 것처럼 기업도 마찬가지다. 좋은 시절이 있으면 또 어려운 시절로 가기 마련이라 궁하고 막히고 다하면 변해야 한다. 그 길만이 어려움과 위기를 극복하는 방도가 된다.

신창연 창업주의 사퇴의 변을 읽으며 궁즉통을 떠올렸다. 변화를 통해 다시 힘을 얻고 앞으로 나아가게 된다. 그러니 항상 변하여 새로운 길로 나아감을 주저해서도 피하려 해서도 안 된다. 오히려 기꺼이 변화의 길로 나아가야 한다. 그래야 다시 원하는 대로 흐르고 또한 오래갈 수 있는 법이다. 위기 극복에 대한 모든 통찰력이 사실 궁즉통, 여기에 다 들어 있다. 신창연 창업주의 사퇴는 15년 성장의 과정에서 독버섯처럼 싹을 틔우던 안주라는 문화에 대해 스스로가 처방한 궁즉통의 극약이 아니었을까? 답은 오직 그만이 알겠지만 여행박사의 선거 축제는 이렇게 또 다른 기회와 도전을 만들어낸다. 기업가 정신이 넘쳐나는 진정한 축제, 여행박사에서만 볼 수 있는 독특한 문화다.

Casual Culture
02

주인과 하인
주인이 아닌데
무슨 주인의식?

✦ 어쩌다 내가 회사의 가축이 됐을까?

① 월급이 적을수록 업무량이 많다

② 일을 빨리 하면 퇴근이 늦어진다

③ 일을 못 하면 회사 생활이 편하다

④ 일을 너무 잘하면 욕을 먹는다

⑤ 그 높은 경쟁률을 뚫고 쟤가 입사를 했다

⑥ 저 인간이 팀장이다

⑦ 저 인간이 부장이다

위 내용은 '우리 회사 7대 불가사의'란 제목의 글이다. 이 시대 많은 직장인들이 격하게 공감하는 글로써 '어쩌다 내가 회사의 가축이 됐을까?'라는 부제가 붙은 책 『사축일기』에서 발췌한 내용이다. 가축家畜이 집에서 기르는 동물인 것처럼 사축社畜은 회사에서 기르는 동물을 가리키는 신조어다. 그렇다고 진짜 동물은 아니다. 주인이 시키는 대로 납작 엎드려 하루하루 살아가는 오늘의 직장인을 빗대어 부르는 말이다. 그래서인지 직장 생활의 고달픔이 한껏 묻어나온다.

하지만 자세히 보면 육체적인 고달픔이 아니다. 주체성의 결여, 즉 자존감의 결핍이다. 회사도 이를 아는지 주인의식과 CEO 마인드를 강조한다. 그러나 "CEO 마인드로 일하라"고 해서 정말 그렇게 일한다면, 좋게 말하면 순진한 것이고 나쁘게 말하면 분위기 파악 못 하는 것이다. 진짜 CEO

마인드로 일했다가는 "니가 사장이야? 시키는 일이나 잘해"라는 상사의 지청구가 돌아온다. 그러니 스스로 사축이란 말을 입에 달고 산다. 스스로를 가축에 비유할 정도로 자존감이 낮아진 직원들은 오늘도 출근부에 의미 없는 도장을 찍는다.

✦ 주인으로 대접해야 주인이 된다

 "주인이 아닌 사람에게 자꾸 주인정신을 가지라고 하면 그게 되나? 백날 얘기해봐야 쇠귀에 경 읽기다. 그러면 주인정신은 어떻게 만들어지냐고? 아주 간단하다. 주인으로 만들어주면 된다. 스스로 주인이 되면 주인정신 갖지 말라 애걸복걸해도 다들 주인정신으로 무장하게 된다. 월급은 쥐꼬리만큼 주면서 주인의식 가지라 자꾸 채근하면 그게 되겠나? 사장처럼 생각하게 하려면 사장만큼 월급 줘라."

– 신창연 여행박사 창업주

여행박사 신창연 창업주의 도발적인 표현이다. 하지만 곱씹을수록 맞는 말이다. 주인이 아닌데 자꾸 주인의식을 가지라 하니 서로 간에 피곤해지기만 할 뿐이다. 맘에 들지도 않는 사람을 데려다가 사랑하라 다그치니 사랑은커녕 쳐다보는 것만으로도 힘들다.

"그러면 어떻게 하면 될까요?"

조심스러운 질문에 돌아오는 답은 명쾌하다.

"주인으로 만들어주면 되지."

그래서일까, 여행박사 직원들은 대부분 회사 주식을 가지고 있다. 입사한 지 1년이 지난 직원들에게는 신창연 창업주가 보유한 자사 주식을 저렴하게 살 수 있는 기회를 무시로 제공한다. 그러다 보니 2016년 5월 기준, 1년차 이상 직원 대부분이 주주다. 적어도 여행박사에서만큼은 이른바 영혼 없는 노동이 잘 보이지 않는 이유다. 주인정신, 말로만 외치지 말고 주인으로 만들어주라는 여행박사 신창연 창업주의 말은 이렇게 말과 행동이 하나가 된다. 모두가 주인 되는 회사, 바로 여행박사다.

주인의식, 말 그대로 스스로가 주인이라 생각하는 마인드다. 내가 주인이라 생각하면 매장에 떨어져 있는 휴지 하나도 그냥 지나칠 수 없다. 내 가게를 찾는 손님들에 대한 예의 차원에서나 지저분한 매장으로 인해 떨어질 매출 차원에서나 모두 그렇다. 하지만 월급쟁이의 눈에는 그 휴지가 보이지 않는다. 휴지를 줍지 않아도 내 월급은 아무 이상 없이 월급날 입금이 될 것이란 생각에서다. 사소한 예지만 전반적인 회사 업무로 시야를 넓혀보면 문제는 심각해진다. 많은 기업이나 조직들이 주인의식을 강조하는 건 그래서다.

하지만 그렇게 주인의식을 부르짖어도 경영진의 시각에서는 주인의식을 가진 직원이 잘 보이지 않는다. 직원들도 답답하긴 마찬가지다. 아무리 주인의식을 가지려 해봐도 몸과 마음이 따로 논다. 물론 그럼에도 투철한 주인의식을 가지고 회사 생활하는 사람들이 있다. 그들은 성공한다. 하지만 그건 정말 예외적인 경우다.

✦ 직원은 기계가 아니다

세계적인 미래학자 다니엘 핑크Daniel Pink는 작금을 '동기 3.0' 시대라 정의한다. 배고픔, 졸림, 성욕 등 생존을 위한 생물학적 요구가 '동기 1.0'이라면 칭찬과 보상, 처벌이 만들어내는 욕구가 '동기 2.0'이다. 이에 반해 '동기 3.0'은 스스로 하는 일에서 의미와 재미를 찾고자 하는 욕구다.

누가 시켜서 하는 일은 재미없다. 흥이 날 수도 없다. 그런 경우를 우린 이미 학창 시절에 수도 없이 겪었다. 간만에 마음잡고 공부하기 위해 책상 앞에 앉았는데 부엌에서 엄마가 외치는 소리가 들려온다. 공부 좀 하란다. 순간 김이 팍 샌다. 그게 사람이다. 사람이란 단지 보너스 더 준다고 신이 나서 일하는 존재가 아니란 얘기다. 내가 내 일의 실질적인 주인이 되어 일할 수 있을 때 보람과 성과가 따라오는 법이다.

경영이란 측면에서도 직원을 바라보는 두 가지 관점이 있다. 이른바 맥그리거McGregor의 'X이론과 Y이론'이다. X이론은 성악설에 기반을 둔다. 인간은 본래 노동을 싫어하고 경제적 동기에 의해서만 일을 한다고 보는 관점이다. 반면 Y이론은 성선설의 입장이다. 인간은 본래부터 일을 싫어하지 않고 자기의 능력을 발휘해서 자기실현을 지향한다고 보는 관점이다. 엄격한 명령, 지시, 지배와 통제가 X이론 관점에서의 관리 스타

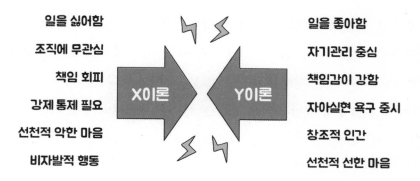

일을 싫어함	X이론	Y이론	일을 좋아함
조직에 무관심			자기관리 중심
책임 회피			책임감이 강함
강제 통제 필요			자아실현 욕구 중시
선천적 악한 마음			창조적 인간
비자발적 행동			선천적 선한 마음

일이라면 Y이론은 인간의 자주성을 중시하며 자율적인 목표 설정, 자발적인 동기부여를 강조한다.

　　과학적 경영관리의 아버지라 불리는 테일러Taylor는 '생각'은 관리자의 몫이고 노동자는 단지 지시에 따라 움직이는 기계일 뿐이라고 생각했다. 관료제 조직론도 수적으로 늘어난 노동자를 효율적으로 관리하기 위한 방법을 고민하던 막스 베버Max Weber에게서 나온 이론이다. 극단적인 분업과 컨베이어벨트 시스템으로 대량생산 체제를 완성한 헨리 포드Henry Ford나 사업단위 구분을 통한 중앙집권체제 방식의 현대적 대기업 시스템을 처음 고안한 알프레드 슬론Alfred P. Sloan도 경영의 합리화라는 관점에서 나름의 이론을 정립하였다. 이와 비교하면 맥그리거의 XY이론은 '기업은 기계가 아니라 사람이다'라는 혁명적 사고의 출발점이다. X이론과 Y이론을 통해 상반되는 인간관을 보여줌으로써 조직의 목표 달성을 위한 동기 부여의 선결 조건으로 직원들의 유형을 파악하라는 게 골자이기 때문이다.

이처럼 직원을 기계가 아닌 인간으로 보는 관점은 다니엘 핑크를 거쳐 게리 해멀Gary Hamel에 이르러 꽃을 피웠다. 게리 해멀은『경영의 미래』란 책을 통해 기업의 지속 성장과 발전의 원동력을 높이기 위해서는 임직원의 자율성을 확대하고 격자형 조직 구조를 활용하며 참여 기회를 늘리는 등 기업의 관리 활동 전반을 변화시킴으로써 기업 구성원의 창조성을 향상시키는 관리 혁신Management Innovation이 필요하다고 역설했다.

✦ 리더십이 아니라 언리더십(Un-Leadership)

자, 그럼 한번 생각해 보자. 직원은 위에서 시키는 대로만 하면 되는 존재라고 생각한다면 그건 100년도 훨씬 더 된 테일러의 관점으로 조직을 바라보는 것이다. 마찬가지로 층층시하 관료제를 이상적인 조직으로 여긴다면 그건 그 옛날 막스 베버의 눈으로 경영을 하고 있다는 얘기인 셈이다. 하지만 아직도 대한민국의 수많은 기업들이 100여 년도 더 된 낡은 관리와 통제 시스템을 통해 '학습된 무기력자[10]Learned Helplessness' 들을 양산하고 있는 게 사실이다. 세상은 바뀌었고 또 바뀌고 있다. 리더십도 마찬가지다. 이른바 '언리더십[11]Un-Leadership' 의 등장이다. 신창연 창업주의 리더십이 바로 언리더십이다.

"무한자유? 왜 안 될까? 누가 시켜서가 아니라 필요하다면 자발적으로 규정을 만들고 자율적으로 그걸 지켜나가는 건 과연 불가능할까?"

– 신창연 여행박사 창업주

여행박사의 파격적 경영 실험의 단초였다. 신창연 창업주의 이런 생각 때문에 여행박사에는 '이래야 한다, 저래야 한다' 라는 사훈이 없다. 굳이 사훈으로 꼽자면 '자율, 방임, 책임' 이다. 그러니 정기적인 회의나 보고도 없다. 말 그대로 자율 방임이다. 각자 자기의 일에 책임만 지면 된다. "체계? 그런 게 꼭 있어야 되나?" 하는 게 신창연 창업주의 생각이다.

창업 초기, 기존 여행사와는 다른 회사를 만들고 싶었다는 신창연 창업주는 회사 생활을 하며 불합리한 것들을 너무나 많이 느꼈었다. 직원을 통제와 관리의 대상으로 바라보는 게 늘 못마땅했다.

'왜 맨날 양복 입고 출근해야 되나? 아침에 무조건 8시까지 출근하라는 건 도대체 무슨 이유야? 사장이나 임원들 보고 자료 만드느라 정작 해

---

10) 피할 수 없거나 극복할 수 없는 환경에 반복적으로 노출된 경험으로 인하여 실제로 자신의 능력으로 피할 수 있거나 극복할 수 있음에도 불구하고 스스로 그러한 상황에서 자포자기하는 것이다. 학습된 무력감이라고도 한다. 출처 : 네이버 지식백과-특수교육학 용어사전, 2009, 국립특수교육원
11) 현대 기업경영에서 보편적으로 정의된 수직적이고 영웅적인 리더십에 반기를 들고 유연하고 개방적인 조직을 이끄는 21세기형 새로운 리더십을 의미한다. 리더십 전문가인 닐스 플래깅 (Niels Pflaeging)이 주창한 개념이다.

야 할 일을 제대로 못 하는 게 맞는 건가? 나보다 현장에 대해 잘 모르는 상사가 왜 최종 결정을 하지?

꼬리에 꼬리를 물고 드는 의문은 훗날 여행박사의 독특한 기업문화를 만든 씨앗이었던 셈이다.

"주인과 노예는 한 끗 차이다. 월급을 내가 벌어 내게 주는 거라 생각하면 주인이고, 사장한테 받는다고 생각하면 노예다. 군대에서 실시하는 행군도 상관이 시켜서 억지로 하면 노예의 마음일 수밖에 없다. 하지만 내가 가고 싶어 오르는 산행은 놀이다. 이왕 하는 일, 직원들은 즐겨야 하고 사장은 직원들이 즐길 수 있게 해줘야 한다. 그러면 매 순간, 모두가 주인이다. 경영도 마찬가지다. 직원을 주인으로 만들어주려면 절대 억지로 시켜서는 안 된다. 스스로 찾아서 할 때 직원은 노예가 아니라 일의 주인이 된다."

– 신창연 여행박사 창업주

이런 신창연 창업주의 철학은 자연스레 노자로 이어진다. 자연 생태계에는 인위적 제도가 없다. 그래도 잘만 돌아간다. 노자가 이야기하는 '무위無爲'다. 직원을 관리의 대상으로 보니 제도와 규정을 만들어야 하고, 그러다 보니 그 제도와 규정을 잘 지키는지 관리하는 비용이 또 들어간다. 관리를 위한 관리 활동은 점차 많아지고 급기야 배보다 배꼽이 더 커진다. 이 모든 게 서로에 대한 신뢰 기반이 취약해서이다. 하지만 직원을 객체가 아닌 주체로 보면 많은 것들이 달라진다.

여행박사는 스스로의 일에 대해 스스로 결정할 수 있게끔 했다. 모두가 주인인 회사, 여행박사는 그렇게 그 자체로 생태계다. 때 되면 출근하고 때 되면 퇴근하는 영혼 없는 노동이 아니라 직원들의 에너지와 열정, 책임과 자부심이 여행박사를 가득 채운다. 이게 주인의식이고 주인의식은 이렇게 생긴다. 왜 이렇게 우리 직원들은 주인의식이 없을까, 고민하는 CEO라면 고개 들어 여행박사를 살펴볼 일이다. 주인의식을 가지라 채찍질할 게 아니라 주인을 만들어주면 주인의식이 저절로 생겨난다는 신창연 창업주의 말은 그래서 울림이 크다. 여기에 『언리더십』의 저자 닐스 플래깅 Niels Pflaeging의 이야기를 덧붙인다.

"야생사자의 무리는 질서가 잘 잡힌 조직입니다. 여기에는 자발적으로 생겨난 사회질서가 존재하죠. 공동생활의 원칙과 관례들이 있고 조직적인 사냥이 이루어집니다. 우리가 통제하지 않아도 잘 돌아갑니다. 조직에 속한 인간은 스스로 규칙과 원칙을 수립하고 질서를 만들 능력이 정말 사자보다 못한 걸까요? 질서를 위해 반드시 경영자가 필요할까요?"

– 닐스 플래깅 『언리더십』 저자

지금 이 시간에도 위기 극복을 위한 공동체의식 함양이란 이유로 전 직원이 함께 힘든 산을 오르며 차가운 바다에 몸을 담그는 극기 체험을 하는 기업들이 있다. 과연 직원들이 원하는 일일까? 이렇게 해서 생겨날

공동체의식 같았으면 애초에 위기는 오지도 않았다. 구글이나 애플, 페이스북과 테슬라 같은, 세계를 주름잡는 IT 글로벌 기업들이 전 직원을 동원해 극기 훈련을 한다는 얘기는 과문寡聞해서인지 들어본 적이 없다.

주어진 트랙만을 이유도 모른 채 달려야 하는 경주마에 주인의식이 생길 리 없다. 내 등을 내리치는 채찍 때문에 영혼 없는 발걸음만 놀릴 뿐이다. 하지만 야생마는 다르다. 내가 가고자 하는 뚜렷한 목적지가 있다. 그곳을 향해 힘든 발걸음을 재촉하는 야생마의 눈빛이 바로 주인의 그것이다.

"일하는 분위기가 장난이 아니었습니다. 뜨거운 열기가 확확 뿜어져 나오더라는 거지요. 직원들 눈에도 뭔지 모를 광채 같은 게 빛나는 것 같았어요. 참 신기했습니다. 궁금했지요. 도대체 이 회사는 뭔가? 작긴 하지만 나도 여행사에서 일하는데 도대체 여행박사 직원들은 왜 이렇게 열정이 넘치는 걸까?"

– 문미진 여행박사 부산지사 영업팀장

여행박사의 거래처 중 하나였던 작은 여행사에서 일하며 여행박사를 지켜보다 여행박사 직원들이 미친 듯 일하는 모습을 보고 자석에 끌리듯 여행박사에 입사했다는 문미진 팀장의 말이다.

우리 회사의 직원들은 과연 경주마인가, 야생마인가? 한번 돌아볼 일이다.

회복탄력성

회복도
실력이다

✦ 실력은 위기 때 드러난다

"가장 중요한 것은 회복력Resilience입니다. 예기치 못한 사건사고, 세계적인 변화가 있을 때마다 용기를 갖고 민첩하게 대응한 것입니다. 특히 낙관적인 시각이 중요합니다. 이는 변화를 위협이 아니라 기회로 바꿉니다."

― 그렉 페이지Greg Page 전 카길Cargill CEO

세계의 밥상을 지배하는 기업이란 별칭을 갖고 있는 글로벌 기업 '카길Cargill' CEO의 말이다. 카길은 미국 중부 아이오와주 시골에서 곡물 창고 하나로 시작해 주로 곡물 유통으로 성장했으나 지금은 식품·물류·금융·에너지산업까지 진출해 있는 연매출 142조 원의 공룡기업이다. 창사 후 150년 동안 한결같이 세계 최고 자리를 유지하고 있는 비결에 대한 카길 CEO의 답변 중 '회복력' 이란 단어에 눈길이 꽂힌다. 여행박사의 오늘을 있게 한 단어이기도 해서다.

여행업은 그야말로 불확실성의 리스크를 안고 있는 비즈니스다. 별일 없던 홍콩에 갑자기 시위가 일어나고 평화롭기만 하던 일본 어느 마을에 별안간 화산재가 뒤덮는다. 여행사 입장에서 보면 홍콩과 일본여행 매출이 순식간에 곤두박질친다. 이런 위기는 여행업계에 다반사다. 여행박사도 창사 이래 수많은 위기를 겪었다. 하지만 이겨내고 버텨냈다. 대표적인 사례가 2005년 창업 5주년 때의 일이다.

'일본여행 전문' 이라는 타이틀을 달고 해마다 50%씩 매출·이익 성장의 순항을 만끽하던 여행박사 전성시대였다. 하지만 호사다마^{好事多魔}라 했다. 잠깐 구름이 이는가 싶더니 금세 폭우가 쏟아졌다. 시작은 주한 일본 대사의 독도 망언이었다. 일본 시마네현에서 제정한 다케시마의 날은 여기에 기름을 부었다. 게다가 후쿠오카에서 발생한 진도 6이 넘는 강진에 일본 교과서 왜곡 문제까지, 말 그대로 총체적 난국이었다. 예약 취소 전화가 빗발쳤고 직원들의 동요도 컸다. 일본여행을 중심으로 달콤한 성장의 꿀맛을 만끽하던 여행박사. 창업 5년 만의 중차대한 위기였다.

여기서 여행박사, 아니 신창연 창업주 특유의 승부사 기질이 가동되었다. 일본으로 가려던 해외 수학여행 취소 건들을 중국이나 제주도행으로 돌렸다. 물론 쉽지 않은 일이었다. 하지만 평소 고객들과의 축적된 신뢰 관계가 있었기에 가능한 일이었다. 일감이 없는 직원들은 과감하게 휴가를 보냈다. 신입사원도 뽑았다. 성수기에 바쁜 일손을 채우느니 지금 같은 비수기에 직원을 뽑아 교육시켜 놓으면 성수기에 허둥대지 않을 것이라는 계산이었다. 예상은 적중했다. 얼마 지나지 않아 상황은 호전되었다. 인생사 모든 게 그런 것처럼 내리막이 끝나니 다시 오르막이었다. 비관적인 상황 속에서 희망의 끈을 놓지 않았던 여행박사에게 이처럼 위기는 곧 기회였다.

✧ 여행박사, 지옥에서 부활하다

또 하나 커다란 위기는 2007년의 인수합병 건이었다. 애초 돈에 욕심이 있었던 건 아니었다. 다만 이익률이 크지 않은 여행업 특성상 상대적으로 연봉이 적은 편이었던 직원들에게 이번 기회에 목돈을 만지게 해주고 싶었던 신창연 창업주의 순수한 생각이 발단이었다. 그래서 피인수를 통해 이루어진 코스닥에의 우회 상장. 2008년엔 회사명도 에프아이투어로 바꾸었다.

하지만 현실은 꿈꾸던 장밋빛이 아니었다. 여행박사를 인수했던 모기업 트라이콤에서 사고가 터졌다. 트라이콤의 주가 조작 및 분식회계, 거기에 횡령과 배임 등이 맞물리며 그 여파가 자회사인 여행박사에 그대로 미쳤다. 생각지도 못했던 시나리오였다. 규모는 그리 크지 않았지만 인지도와 선호도, 잠재성장성 등에서 세간의 호의적인 주목을 받았던 여행박사는 2009년 3월, 코스닥에서 사라졌다. 흔히 '상폐'라고 불리는 상장폐지였다. 여행박사로서는 감내하기 힘든 불명예 퇴출이었다.

당장 먹고살 일부터가 걱정이었다. 절박한 상황의 연속이었지만 목숨보다 우선했던 원칙이 있었다. 하늘이 두 쪽 나도 고객의 돈에는 손대지 않는다는 것, 거래처에는 평소보다 더 빨리, 더 정확하게 입금하자는 것, 마지막으로 모든 상황을 직원들과 투명하게 공유하자는 것! 망설일 계제가 아니었다. 신창연 창업주는 전 직원을 불러 모았다.

"우리 여행박사를 믿고 돈을 맡긴 고객과, 여행박사를 믿고 지원해준 거래처들에게는 한 푼의 손해도 끼칠 수가 없다. 미안하지만 그들에게 줄 돈이 여러분 급여보다 우선이다. 여러분은 내 가족이니 나를 믿을 수 있지만 고객과 거래선은 오해 아닌 오해도 할 수 있고 함께 계속 일을 하기 위한 신뢰 확보 차원에서라도 절대 이들을 실망시키면 안 된다 생각한다."

— 신창연 여행박사 창업주

창업 이래 신창연 대표와 함께 산전수전 다 겪은 직원들은 이 말에 흔쾌히 동의했다. 서울과 부산의 회사 건물을 비롯해서 사택까지 몽땅 압류를 당했지만 고객과 거래처에 지급할 돈을 먼저 마련했다.

"지금까지는 최악의 상황에서도 용케 잘 버텼다. 그러나 이제 서서히 자금의 바닥이 보이니 정상적인 급여를 주고 싶어도 돈이 없어 못 주는 상황이다. 급여가 높은 사람부터 급여를 줄이고 말단 직원의 급여는 손대지 않으려고 했지만 이제 직급에 관계없이 모든 직원이 동참해야 한다. 사정이 이러하니 지금 회사를 그만두면 그동안 밀린 급여부터 퇴직금까지 보장하겠다. 강제로 구조조정은 하지 않겠다. 그렇다고 돈을 안 준 채로 그만두라고 하지도 않겠다. 내가 주인이라는 생각을 가지고 쪽팔려서라도 회사를 살려야겠다는 사람은 돈에 관계없이 여박에 남아도 된다. 남는 사람도 고정급이 아닌 연봉 1원에 계약을 하고, 각자 개인별이나 팀별로 수익 나는 대로 회사를 유지시키기 위해서 얼마의 세금을 내고 나머지는 다 가져가는 구조로 하겠다. 아마 밥 사먹을 돈도 없을 거다. 비상경영 동안에는 회사 내 휴게실에 쌀과 김치는 무제한 쌓아둘 테니 밥은 도시락으로 대체하든가 휴게실에서 직접 해먹도록 하자."

– 신창연 여행박사 창업주

마지막 남은 돈을 긁어모아 회사를 관두겠다는 직원들의 급여와 퇴직금을 지급했다. 그럼에도 여행박사를 다시 살리겠다고 남은 직원이 전체 170여 명 중 무려 120여 명. 연봉 1원의 조건이었음에도 무려 70% 가까운 직원들이 남아 여행박사 부활의 특공대를 자처했다. 그들은 서로를

믿었고, 신창연이라는 사람을 믿었고, 여행박사의 부활을 믿었다. 집에서 도시락을 싸와서 라면과 김치로 끼니를 때우며 죽어라 일했다.

하지만 회사를 살리고자 죽기 살기로 사방팔방을 뛰어다니며 흘린 땀도 물거품. 2010년 9월, 최종 파산이 선고되었다. 하지만 끝이 아니었다. 죽어야 죽는 것이다. 여행박사는 죽지 않았다. 채권단으로부터 회사를 다시 사들이려고 120여 임직원 모두가 십시일반 갹출한 돈 23억 5천만 원을 가지고 회사를 새로 만든 것이다. 이름하야 '여행박사 시즌 2'의 시작이었다.

✦ 지갑은 얇았지만 마음은 넉넉하던

2007년과 2008년 연이어 1천억 원을 훌쩍 넘겼던 여행박사의 매출은 모회사母會社의 경영 스캔들로 인해 2009년 900억 원으로 곤두박질쳤다. 하지만 회사를 다시 살리겠다는 일념으로 똘똘 뭉친 직원들의 근성 때문이었을까? 2010년 매출은 다시 1천 3백억 원을 기록하며 예년 수준을 바로 회복했고 이후 매출은 역대 급으로 성장했다.

"글쎄, 자세한 건 저도 잘 모르겠는데요, 모든 걸 새롭게 시작하려다 보니 역시 출발점은 고객이란 생각이었습니다. 예를 들어 홈페이지의 상품 설명을 보더라도 이게 불편한 거예요. 고객 입장에서는 궁금한 게 하나둘이 아닐 텐데 설명도 부족하고 너무 기계적인 느낌으로 구성되어 있는 겁니다. 그래서 홈페이지 내 모든 여행 상품의 설명 문구들을 고객 입장에서 다시 들여다보고 또 들여다보았어요. 사쵸한테서 배운 것이기도 하지만 오타 하나하나까지 다 챙겨서 수정했지요."

여행박사 부산 지사 정선영 본부장의 말이다. 결국 해답은 멀리 있던 게 아니었다. 마케팅의 모든 것은 고객 입장이어야 한다. 기업이 아니라 고객 관점에서 모든 걸 생각하고 바라보고 판단해야 한다. 고객 입장이 될 때 비로소 문제가 보인다. 비행기를 타는 고객을 생각해보자. 사람들은 왜 비행기를 탈까? 여행이나 출장 등의 목적으로 장거리 이동이 필요할 때 비행기를 탄다. 비행기 좌석에 앉아보는 그 경험 자체가 중요한 게 아니다. 고객 입장에서 비행기는 수단이지 목적이 아니라는 걸 알아야 한다. 그래서 항공사들의 광고에는 그림 같은 외국의 풍광이 펼쳐진다. '우리 비행기 시설, 이렇게 좋아요' 하는 광고가 아니다. 마케팅은 그래서 고객 입장에서의 재해석이다. 여행박사의 믿을 수 없는 회복 역시 디테일을 살린 고객 중심 마인드에 기인한 것이었다.

자살 충동으로 상담소를 찾는 서울대생들이 늘고 실제 자살 건수도 늘어나고 있다는 안타까운 소식이 들린다. 모 연구에 의하면 사람들이 부러워하는 명문대생들의 내면에는 오히려 불안, 좌절, 공허함, 고독감이 많다고 한다. 좋은 대학 입학만이 지상 최고의 목표였던 그들이 감내해야 하는, 완벽에 대한 집착이 빚어낸 그들만의 아픔이었던 셈이다. 하지만 세상사 늘 성공만 할 수는 없다. 살다 보면 실패도 겪게 된다. 문제는 그런 실패를 어떻게 이겨내고 아무 일 없었던 것처럼 다시 출발선에 서느냐다. 회복탄력성 개념에 사람들이 관심을 갖는 이유다.

모든 시작이 완벽할 순 없다. 여행박사는 그걸 안다. 그래서 넘어진 적도 많다. 하지만 이내 털고 일어선다. 실패를 보듬어 안을 여유와 패기가 있어서다. 어차피 맨땅에서 시작했음을 알기 때문이다. '여행박사 시즌 2' 또한 그렇게 일어난 일이었다. 사람들이 기적이라 부르는 그 일이 어찌 보면 여행박사에게는 당연한 일일 수도 있겠다 싶다.

각설하고, 그 각고刻苦의 시절을 버텨낸 직원들은 힘들었던 당시를 "지갑은 얇았지만 마음은 넉넉하던 여행박사 최고의 호시절"로 회상한다. 관건은 회복력이다. 누구나 넘어질 수는 있다. 하지만 그 상태에서 일어서지 못하는 사람이 있는가 하면 언제 그랬냐는 듯 툭툭 털고 다시 달려가는 사람도 있다. 기업도 마찬가지다. 그런 역경들을 이겨냈기에 지금의 여행박사가 있다. 그만큼 더 강해졌다. 회사와 함께 직원들의 실력도, 의지도 한 뼘은 훨씬 넘게 자랐다. 여행박사의 오늘을 있게 한 특유의 회복력이다.

재미

회사라 쓰고
놀이터라 읽는다

✦ 직장을 다니시나요, 지옥을 다니시나요?

직장이 아니라 지옥이었단다. 일본 기업 도시바의 이야기다. 도시바는 최근 10년간 1조 5천억 원에 달하는 대규모 회계 부정 사건이 드러나며 전·현직 세 명의 사장이 옷을 벗었다. 한 시대를 풍미했던 일본 대표 기업 중 하나였던 도시바에서 이런 말도 안 되는 회계부정이 자행되었던 이유는 무엇일까? 일본 〈닛케이 비즈니스〉는 그 원인을 상명하달의 막무가내식 성과목표라 진단했다. 도저히 달성할 수 없는 목표를 주고 무작정 직원들을 닦달하니 수치를 조작하고 서류를 위조하는 게 회사의 일상적인 풍경이 된 것이다. 도시바의 한 직원은 자기네 회사를 '무간지옥[12] 無間地獄'이라 표현했다.

여기 또 다른 회사가 있다. 직장인들에게 일상화된 월요병을 찾아볼 수 없는 회사다. 매일 아침 눈을 뜨면 출근이 기다려지는 회사, 바로 여행박사다. 주 5일제 근무와 야근수당도 업계에서 제일 먼저 도입했다. 뿐만 아니다. 여행박사에는 아기자기 톡톡 튀는 다양한 직원 복지제도가 뷔페식으로 가득하다. 먼저 여행박사에는 정년이 없다. 퇴직 시기는 자기가 정한다. 다음은 자율 출근제다. 8시 30분에서 9시 30분 사이라면 언제 출근해도 OK다. 사는 곳에 따라 러시아워를 피할 수 있어 좋다. 특별한 사정에

---

12) 불교에서 말하는 팔열지옥(八熱無間)의 하나로, 아비지옥(阿鼻地獄) 또는 무구지옥(無救地獄)이라고도 한다. 사람이 죽은 뒤 그 영혼이 그곳에 떨어지면 당하는 괴로움이 끊임없기(地獄) 때문에 이 이름이 붙었다. 출처 : 네이버 지식백과

따라 재택근무가 필요하다면 회사의 심사를 거쳐 집에서 근무할 수도 있다. 실제로 신체장애로 인해 재택근무를 하고 있는 직원도 있다. 지방 출신이거나 집이 먼 직원들은 회사 사택을 이용하는 것도 가능하다. 여행박사의 사택은 출퇴근 왕복 세 시간 이상 또는 회사와의 거리가 편도 70km 이상인 직원 중 신청자에 한해 지원해준다. 입주 비용은 무료다. 입주 직원은 매달 부과되는 소정의 공과금만 납부하면 끝. 사악하기 이를 데 없는 서울의 주거 비용은 여행박사 직원들에게 딴 나라 얘기일 수밖에 없다.

"자랑거리는 사실 많은데…… 글쎄요, 인간적이라는 거? 회사 분위기가 참 인간적이에요. 다른 회사는 서로 얼굴도 잘 모르고 친해질 기회도 없다던데 우리는 직원 기숙사 격인 사택도 있고 해서 거의 가족처럼 지냈던 거 같아요. 저도 고향이 부산이라 서울 근무할 땐 계속 사택에서 생활했거든요. 함께 밤늦게까지 야근하다 퇴근길 포장마차에서 우동 한 그릇씩 먹으며 그날의 피로를 함께 풀던 동료들을 영원히 잊을 수가 없지요."

회사 자랑을 부탁하자 돌아온 여행박사 모 본부장의 말이다. 부산에서 서울로 올라와 오랜 시간 사택 생활을 했던 그에게 사택은 동료들과 기쁨과 슬픔을 함께 나누며 팍팍한 객지 생활에서 서로를 따뜻하게 보듬어줄 수 있었던 또 하나의 집이었던 셈이다.

자기계발과 관련한 지원책도 일품이다. 업무와 연관 있는 직무 교육은 근속 연수에 따라 연간 최대 300만 원까지 지원한다. 세계를 무대로 하는 여행사이다 보니 어학 공부 지원도 짱짱하다. 대학뿐만 아니라 대학원 학자금도 지원 대상이다. 학점 평균 B 이상을 받으면 1천만 원이 지원된다. 다가 아니다. 아기자기 재미있는 지원책도 많다. 골프 입문 1년 이내 100타(여자 120타)를 치면 포상금이 1천만 원이다. 마라톤에 출전하여 10km 평균 기록이 일정 수준 이상이면 100만 원, 1분씩 기록을 단축할 때마다 또 100만 원이 지급된다. 축구, 마라톤, 보드 등 다양한 동아리 활동에 필요한 경비와 회식비를 지원하며 연간 500만 원까지 지원되는 의료비 외에 성형수술비도 최대 100만 원까지 지원해준다. 건강관리, 생활 안정과 편의, 자기계발에 이르기까지 촘촘하게 짜여 있는 여행박사의 사원 복지 프로그램은 직원들의 실생활에 애정 어린 현미경을 들이대어야만 나올 수 있는 것들이다.

압권은 10년 근속자 포상과 전사 워크숍이다. 여행박사에서 10년을 근속하면 천만 원 한도 내에서 평생 기억에 남을 여행을 보내준다. 근속 축하금을 돈으로 주니 직원들이 별로 재미있어 하지 않더란다. 일상이 별로 달라지지 않더라는 이야기다. 그래서 나온 아이디어, 여행사이니 여행을 보내주자 생각했다. 그런데 돈 좀 있으면 쉽게 갈 수 있는 여행이 아니라 큰맘 먹고도 가기 힘든 여행을 보내주면 재미있겠다 생각하고 만든 프로그램이다. 돈으로 지급했으면 꿈도 꾸기 힘들었을, 영화 속에서나 나오던 9박 10일간의 알래스카 크루즈와 지중해 크루즈여행이 그렇게 이루어졌다. 열흘간의 여행은 돈만 있다고 갈 수 있는 게 아니다. 시간도 필요하다. 게다가 크루즈라니, 회사와 함께 10년의 세월을 보낸 직원들을 위한 여행박사의 파격적인 배려다.

근속 10년을 채운 여행박사 직원들에게 10년 동기들과 함께 다녀온 이 크루즈여행은 평생을 두고 남을, 잊지 못할 추억이 된다. 이처럼 여행

박사에서의 재미는 곧 생각지 못했던 이벤트고, 이는 또한 감동이다.

　매년 진행되는 여행박사의 전사 워크숍도 다른 기업들에서는 결코 볼
수 없는 색다른 풍경이다. 올해의 실적을 돌아보고 내년도 사업계획을 공
유하고 그 달성을 다짐하는 비장감이 일반 기업들의 워크숍을 관통한다.
하지만 여행박사의 워크숍엔 업무 이야기가 없다. 그저 즐기기만 하면 된
다. 국내외 관광지에서, 그것도 가족과 함께다. 여행박사의 워크숍은 전
직원이 가족과 함께 떠나는 힐링의 충전여행인 셈이다. 2010년 대만에 이
어 2011년엔 일본과 제주, 2012년엔 중국엘 갔고 2013년은 일본, 2015년
은 태국이었다. 그러니 매년 가을 무렵이면 직원들보다 가족들이 더 들뜬
다. 여행박사의 전사 워크숍은 이렇게 해마다 직원들을 효자와 효녀, 멋진

남편과 아내로 만들어주는 보석 같은 프로그램이다.

✦ 여행박사 직원이라 행복해요

단지 직원 복지 제도가 좋다고 좋은 회사라 말할 수 없다. 관건은 돈이 아니라 직원의 행복이다. GWP라는 개념이 있다. GWP는 Great Work Place의 약자로, 일하기 좋은 일터, 일하기 좋은 직장을 의미한다. 조직 구성원의 입장에서 봤을 때 상사와 경영진에 대한 신뢰Trust가 높고, 업무와 조직에 대해 강한 자부심Pride을 가지며, 동료들 간에 있어 일하는 재미Fun가 높을 때 훌륭한 일터라 일컫는다. 다시 말해 좋은 직장이란 누가 시키지 않아도 열정을 다해 일할 수 있는 곳이다. 그런 면에서 보면 여행박사는 참 좋은 직장이다. 실제 여행박사 직원들을 대상으로 한 설문

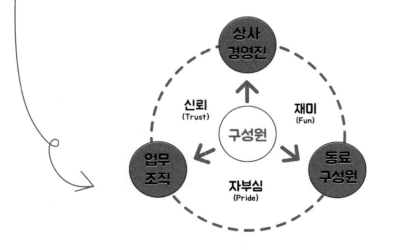

조사에서 '자유롭고 수평적인 조직문화'와 '일하는 재미'를 언급하며 '여행박사에 다녀 행복하다'라고 응답한 직원이 무려 80%에 육박해 '모르겠다'(18.8%)와 '불행하다'(2.3%)라 대답한 직원들의 숫자를 압도했다. 직장인 10명 중 7명이 자신의 직장이 좋은 기업이 아니라고 대답했다는 최근 한 취업 포탈의 리서치 결과를 굳이 갖다 대지 않더라도 이는 무척이나 놀라운 수치다.

> "다른 회사는 안 다녀봐서 모르겠지만 취업한 친구들을 만나서 이야기 나누다 보면 우리 회사가 참 좋은 회사구나, 하는 생각을 많이 하게 됩니다. 직장 생활을 하는 다른 친구들을 만나 보면 대부분 힘들어하거든요. 권위적이고 수직적인 회사 문화 때문이기도 하고, 고졸로서 앞이 잘 안 보이는 미래에 대한 불안감 때문이기도 하고요. 그런데 여행박사는 그렇지 않아요. 저희 팀만 해도 팀장님이나 선배님들이 직장 상사라기보다는 동네 형들 같아요. 같이 회의를 할 때도 아무리 막내라도 좋은 의견을 내면 적극 반영합니다. 그게 다가 아니에요. 옷차림도 자유로워요. 정장만 입어야 하는 다른 회사들에 비해 그야말로 자유지요. 게다가 사원 복지는 또 어떻고요. 저는 집이 대전인데요, 지금은 사택에서 생활하고 있습니다."
>
> – 김영빈 여행박사 오사카팀 사원

여행박사에 입사한 이후 혹여 후회한 적은 없는지를 묻자 돌아온, 여행박사 3년차 김영빈 사원의 대답이다. 한국관광고등학교를 졸업하자마자 여행박사에 바로 입사한 김영빈 사원의 말에서 회사에 대한 신뢰와 애정이 담뿍 묻어난다.

런던 비즈니스스쿨의 롭 고피Rob Goffee 교수는 또 다른 기준으로 좋은 직장을 구분한다. 그는 여섯 가지 기준을 제시했는데 먼저 직원들이 자아를 지키며 일할 수 있는 직장을 꼽았다. 예컨대 정장이건 캐주얼이건 자아에 맞는 방식으로 옷을 입고 출근 시간도 자율적으로 정할 수 있는 회사다. 직원 간 개인 차이를 인정하는 회사가 좋은 회사란 의미다. 두 번째는 정보 흐름이 자유로운 직장이다. 좋은 소식이건 나쁜 소식이건 정보는 투명하고 자유롭게 유통되어야 한다. 정보의 단절은 곧 나쁜 직장의 징표다. 세 번째 기준은 직원 가치에 대한 관심이다. 직원들로부터 얼마나 많은 가치를 뽑아낼 것이냐에 혈안이 된 기업들과 달리 좋은 기업

좋은 직장의 6가지 기준

당신은 좋은 직장에 다니고 있습니까?

1. 직원들이 자아를 지키며 일할 수 있는 직장 ? ☑
2. 정보 흐름이 자유로운 직장 ? ☑
3. 직원 가치에 대한 관심이 높은 직장? ☑
4. 기업의 경영 철학과 미션이 정립된 직장? ☑
5. 일 자체가 보상이 되는 직장 ? ☑
6. 규제를 위한 규제가 없는 직장 ? ☑

은 직원들의 가치를 얼마나 높여줄 것인지에 관심이 많다. 마른 수건 쥐어짜듯 직원들을 쥐어짜는 회사는 그래서 나쁜 회사다. 네 번째는 '기업의 경영 철학과 미션'이다. 내가 어디서 어떤 일을 하는지 알리고 싶을 정도로 조직과 업무에 대한 자부심을 가질 수 있다면 분명 좋은 직장이다. 다음은 '일 자체가 보상이 되는 직장'이다. 이런 회사에서는 직원들이 돈을 보고 일하지 않는다. 그들은 일 자체를 즐기며 일을 통해 행복을 느낀다. 내가 하는 업무의 사회적 의미와 가치를 알기 때문이다. 끝으로 '규제를 위한 규제가 없는 직장'이다. 권위는 존중 받아야 하지만 직원들을 일하는 기계로 간주하는 규정은 없음만 못 하다.

놀랍게도 여행박사는 이 모든 기준을 어렵지 않게 통과한다. 여행박사에선 창업주부터가 티셔츠에 청바지 차림이다. 여름에는 반바지에 샌들 차림도 OK다. 정보의 흐름도 마찬가지다. 경영상의 모든 숫자와 지표들을 인트라넷에 공개한다. 뿐만 아니다. 사내 인트라넷에 익명 게시판까지 운영했던 회사다. 하고 싶은 얘기가 있다면 어떤 얘기라도 좋으니 올리라는 이야기다. 지금은 '컴퍼니'라는 익명 기반의 모바일앱_{Application}을 통해 속에 있는 얘기들도 허심탄회하게 털어놓는다.

여행박사는 이처럼 정보의 신속하고 투명한 흐름을 강조한다. 직원들의 자기계발을 위해 마련한 다양한 지원 제도는 앞에서 이미 살펴보았다. 또한 여행박사는 돈 많이 버는 회사를 지향하지 않는다. 보다 많은 사람들과 여행의 즐거움을 나누려는 회사다. 직원들이 회사에 자부심을 가지고 뜨거운 열정을 뿜어내는 이유다. 거기에 실패에 개의치 않고 새로

운 도전을 장려하는 분위기다. 자율을 가로막는 거추장스러운 규정도 없다. 규정은 합리적 필요에 따라 새로 만들거나 없앤다.

얼마 전에는 '라운지데이'라는 기상천외한 제도를 만들었다. '돈 쓰러 간다', '낮술 하러 간다', '아, 몰라. 그냥 찾지 마', '여친 만나러'. 라운지데이에 여행박사 직원들은 이런 알림판 중 하나를 골라 책상에 올려두고 조기 퇴근을 할 수 있다. 한 달에 딱 한 번 있는 라운지데이지만 칼칼한 직장 생활에 내리는 단비 같은 프로그램이다. 평소보다 3시간 일찍 사라져 내가 원하는 것이라면 무엇을 해도 좋은 날, 라운지데이! 여행박사니까 그러려니 할 수 있는, 직장인들의 로망이다.

물론 여행박사의 기업문화가 완벽하다는 건 아니다. 십인십색의 사람들이 함께 모여 일하다 보니 모두를 만족시킬 수는 없을 터다. 하지만 적어도 말도 안 되는 불합리한 규정과 '까라면 까' 식의 권위주의는 없다. 그래서일까? 여행박사 직원들의 얼굴엔 오늘도 반짝반짝 생기가 넘쳐난다.

✧ 변화보다는 변덕, 계획보다는 즉흥

조직문화에 대한 관심이 높아지고 있는 요즘, 많은 경영학자들과 전문가들은 이제 기업문화를 조직 경쟁력의 원천으로 바라본다. 좋은 대학을 나온 사람이 얼마나 많은지, 특허를 가진 기술이 얼마나 되는지, 얼마나 최신 설비를 갖고 있는지, 하는 것보다 얼마나 건강한 조직문화를 갖고 있는지가 더 중요하다는 이야기다. 여행박사는 이런 사실을 웅변하고 있다. 여행박사의 대다수 직원들이 4년제 대학을 졸업하지 않았음에도 이들은 유능하고 탁월하다. 학력은 조직 경쟁력과 비례하지 않는다. 관건은 앞서 살펴본 것처럼 기업문화다. 공기의 중요성을 평소에는 잘 못 느끼듯 조직문화의 중요성 또한 위기 상황에서 더욱 부각된다. 회사가 휘청거릴 정도의 숱한 위기를 씩씩하게 이겨내고 이 자리에 당당하게 선 여행박사의 힘 또한 그 원천은 기업문화다.

변화보다는 변덕, 계획보다는 즉흥을 추구한다는 신창연 창업주와 여행박사의 기업문화에서 필자가 찾아낸 키워드는 '캐주얼Casual'이다. 캐주얼은 평상시 입는 편한 옷을 뜻한다. 마인드나 사고방식을 가리키기도 한다. '격식에 얽매이지 않아 자유롭고 가볍다'라는 의미, 즉 '나'를 중심에

둔 '파격'이다. 이런 '캐주얼'의 철학으로 지금껏 우리를 옥죄고 있던 상자를 깨고 나오니 거칠 게 없다. 정해진 틀을 벗어나니 오히려 길은 많다. 주어진 일을 주어진 방식대로 하는 게 아니다. 내 길을 내가 만들면서 간다. 이렇게 일과 삶의 주체성을 회복하니 하루하루가 재미있다. 재미가 있으니 성과는 덤이다. 치열해야 경영이 아니라 재미있으니 경영인 것이다.

그래서일까. 테슬라, 애플, 구글 등 이른바 혁신기업들이 이야기하는 직장 혹은 일터의 모습도 예전과 달라졌다. 그들이 말하는 일터는 단순한 업무 공간이 아니다. 회사에서 대부분의 시간을 보내는 직원들의 삶에 영향을 미치고 관여하는, 중요한 그 무엇이다. 그래서 회사 건물에도 그들은 대규모 투자를 아끼지 않는다. 창의와 혁신 때문이다. 그들이 일터를 놀이터로 디자인하는 이유다.

산업화 시대는 압축 성장의 시대였다. 중요한 건 효율이었고 정답 외엔 의미가 없었다. 하지만 세상이 바뀌었다. 농업적 근면성의 유효기간이 끝나고 창의력이 각광받는 시대다. 그러고 보면 캐주얼로 무장한 여행박사의 성장은 예정된 시나리오였는지도 모르겠다. 이른바 규범 중심의 정장 시대가 저물고 개성 넘치는 캐주얼 시대이기 때문이다.

"월급쟁이 생활만 열심히 하다 가렵니다, 하는 사람이 어디 있겠습니까? 나중엔 저도 이런 여행사의 CEO가 되는 게 꿈입니다. 다른 건 없습니다. 지금 회사, 여기 여행박사의 이 자유로운 문화, 이걸 그대로 가져가고 싶어요. 그래서 직원들이 정말 행복한 회사를 만들고 싶습니다."

— 김영빈 여행박사 오사카팀 사원

불과 3년차임에도 앞으로의 꿈을 묻자 돌아온 김영빈 사원의 대답은 놀랍다. 자유롭고 행복한 여행박사의 문화는 이렇게 전 직원들에게 이미 뿌리를 내리고 있다.

Casual Culture
05

경영 3.0
행복하니까
회사다

✦ 1등이라 행복한가요?

2015년 상반기, 폭스바겐은 500만 대 넘는 자동차를 팔아 2만 대 차이로 도요타를 누르고 세계 1위에 등극했다. 판매량뿐만 아니라 생산 능력도 연간 천만 대를 코앞에 두고 있던 참이었다. 그러나 명실상부한 세계 자동차 업계의 제왕 폭스바겐은 추락했다. 추락하는 것에는 날개가 없다 했던가? 디젤차 배출가스 조작에 이은 휘발유차 이산화탄소 배출량 조작 스캔들은 신뢰의 상징 폭스바겐이란 브랜드를 한순간에 불신의 아이콘으로 바꿔놓았다. 왜 이런 일이 벌어진 걸까?

여러 각도에서의 분석이 한창이지만 성과주의란 말로 거친 설명이 가능할 듯하다. 1등 지상주의와 독재적 권위주의가 빚어낸 폐해라는 시각이다. 폭스바겐의 전 CEO였던 빈터 코른은 2007년 취임과 동시에 도요타를 넘어선 1등을 목표로 내걸었다. 그 목표의 답은 미국 시장 내 디젤차 시장 공략이었다. 미국에서 시장점유율이 높은 일본차를 무너뜨리기 위한 폭스바겐의 전략. 하지만 유럽보다 까다로운 미국의 디젤차 기준을 충족시키기 위해 폭스바겐이 꺼내 든 카드는 환경친화적 엔진이 아니라 계기판 조작이었다. 제왕적 CEO가 제시한 무리한 목표를 맞추려다 빠져버린, 조작이란 유혹의 늪이었다. 상명하달의 독재적 권위주의적 문화에서 어느 누구도 CEO에게 입바른 소리를 할 수 없었던 거다.

그런데 다시 한 번 돌아보자. 이게 비단 폭스바겐만의 일일까? 사실은 대한민국의 많은 기업들도 도긴개긴이다. 사장님이 1등 하라는데, 회

장님이 왜 1등 안 되냐 질책하는데 어느 간 큰 직장인이 거기에 토를 달 것인가? 국제 대회에서 동메달만 따도 세상을 다 얻은 듯 기뻐하는 외국 선수들과 달리 은메달을 따도 아쉬움의 눈물을 펑펑 흘리는 한국 선수들이 그래서 나온다. 그렇게 우리는 2등은 아무도 기억하지 않는다며 좌우 당간 1등을 하라는 무언의 압박을 받으며 살고 있다. 오죽하면 자연을 즐기려 산을 오르는 등산에도 등반 대회라며 경쟁의 의미를 갖다 붙일까? 그러니 자연의 아름다움은 고사하고 강박에 쫓겨 기를 쓰고 산을 올랐다 지친 몸을 이끌고 다시 산을 내려온다. 직장인들이 가장 싫어하는 사내 행사가 등산이라는 농담 아닌 농담에 고개를 끄덕이게 된다. 얼마 전 있었던 천재 소년 송유근의 논문 표절 논란도 같은 맥락이다. 몇 년 뒤에 학위를 받으면 그렇게나 문제였던 걸까? 왜 그리 '최연소'라는 타이틀에

목을 맸던 것일까? 그를 제대로 지켜주지 못한 주변의 어른들과 우리 사회 모두의 잘못이다.

비우고 내려놓을 일이다. '어디로' 갈 것인가도 중요하지만 '어떻게' 갈 것인가도 못지않게 중요하다. 속도가 아니라 방향의 문제란 얘기다. 최근 오대산과 내장산 등 몇몇 국립공원들이 벌인 '슬로우 등산' 캠페인이 주목을 끈다. 마음을 비우고 주변을 둘러보며 천천히 걷자는 말이다. 왜 산을 오르는지 곰곰이 생각해본다면 스트레스만 가중시키는 전투적 등산은 지양止揚할 필요가 있다.

✦ 속도가 아니라 방향

이런 관점에서 부탄Bhutan이란 나라는 우리에게 커다란 영감을 준다. 부탄은 중국과 인도 사이 고산지대에 위치한 작은 나라다. 2015년 IMF 기준으로 1인당 GDP가 3천 달러에 못 미치는 가난한 나라다. 하지만 그들은 개의치 않는다. 그들에게 중요한 건 국민 총행복지수GNH:Gross National Happiness다. 개발과 성장보다는 평화와 행복을 지향하는 나라다. 더 가지려는 욕심도, 더 누리려는 욕망도 부탄에서는 모두 부질없다. 때 묻지 않은 은둔의 왕국이란 별명이 붙은 이유다.

부탄은 외국인들의 부탄 관광도 엄격하게 제한한다. 부탄 왕국의 승인이 나지 않으면 여행은 불가능한데다 자유여행은 원칙적으로 금지되어 있

다. 인당 하루 체류비는 200달러 이상으로, 체류비 안에는 일정에 따른 숙박과 식사, 관광이 모두 포함된다. 정부가 허가한 현지 가이드가 모든 일정을 책임지는 구조다. 이처럼 세계에서 유례를 찾아볼 수 없는 높은 콧대는 곧 스스로의 삶과 문화에 대한 자부심이다. 시간이 멈춘 듯 세속의 욕심을 모두 내려놓은 부탄은 그래서 지구상 마지막 이상향이라 불린다.

행복하기 위해 사는 인생인데 오히려 다들 힘들다고 아우성이다. 세상은 분명 예전보다 더 좋아진 것 같은데 사람들의 행복지수는 마이너스를 가리킨다. 초등학생들마저 성적을 비관해 자살한다는 비극적인 기사가 언론을 장식한다. 과연 누구를 위한 성장이고 누구를 위한 발전인가?

신창연 창업주의 생각도 부탄의 그것과 닮아 있다. 신창연 창업주는 직원들에게 이런 말을 장난처럼 건넨다.

"돈 벌면 뭐 해? 그냥 놀아, 놀아. 안 벌면 안 가져가면 되지 스트레스 받으면서 왜 해? 도대체 출퇴근 시간은 왜 필요한 데? 그거 체크하느라 서로 스트레스만 받고 관리 비용만 더 들지. 늦게 나올 사람은 그냥 늦게 나오라 그래."

                                - 신창연 여행박사 창업주

신창연 창업주의 이 말은 장난이 아니다. 툭툭 장난처럼 내뱉는 듯한 그 말들에서 오히려 정교하게 다져진 소신과 논리의, 일관된 흐름을 보게 된다. 그런 걸 사람들은 철학이라 말한다. 신창연 창업주의 철학은 사실 단순하다. 다들 즐겁게 살자는 철학이다, 하기 싫은 일 억지로 하지 말자는 철학이다. 회사는 재미있어야 한다는 철학이다. 창업주의 그런 경영 철학이 회사의 조직문화에 그대로 녹아들었다. 그래서 여행박사 직원들은 행복하고 즐겁다. 물론 아닌 사람들도 있을 터다. 하지만 다른 여느 기업들의 직원들과 비교한다면 그들은 참 많이도 행복하다.

"글쎄요, 시간이 어떻게 흘러갔는지 모르겠네요. 정말 즐겁고 재미있었습니다. 이유요? 뭐든지 내가 직접 기획하고 실행했기 때문이었던 것 같아요. 누가 시켜서 했던 게 아니었지요. 고생하면 그에 합당한 보상도 주어졌고요. 그러니 모두가 자발적으로 즐기면서 일할 수 있었던 것 같아요."

                           - 성시순 호텔팀 팀장(여행박사 13년차)

성시순 호텔 팀장에게 여행박사에서의 13년 세월을 물었더니 돌아온 대답이다.

✦ 경영 3.0 – 사람이 우선이다

많은 조직들의 경영을 들여다보면 결국 전가의 보도는 목표다. 목표를 만들어 놓으니 성과 측정이 용이하다. 고성과자와 저성과자가 구분되어 신상필벌이 명확해진다. 눈치챘겠지만 이쯤 되면 목표는 곧 압박이다. 달성하지 못하면 불이익을 당할 수밖에 없는 외부적 통제인 셈이다. 사람은 자율성을 가진 협력의 존재다. 그런데 채찍질로 경쟁을 부추기니 반짝 효과는 있는 듯하지만 역효과가 더 크다. 그럼에도 목표는 매년 올라간다. 과정이나 방법은 상관없다. 폭스바겐 같은, 세계를 깜짝 놀라게 하는 비윤리적 스캔들이 이렇게 발생한다.

리더의 화법은 그래서 중요하다. "까라면 까!", "시키면 시키는 대로 해!"라는 말은 결코 리더의 말일 수 없다. 아마존, 페이스북, 구글과 함께 세계적인 혁신의 대명사로 일컬어지는 테슬라의 CEO 일론 머스크Elon Musk는 직원들에게 말한다.

"보스를 위해 일하지 마세요. 지구의 미래를 위해 일하세요."

보스가 지시하는 것을 구현하는 일이 중요한 게 아니라는 이야기다. 지구 환경을 훼손시키는 매연을 뿜어대는 자동차 대신 전기차로 세상을 이롭게 하자, 라는 신념으로 뭉치자는 이야기다. 이게 리더의 말이다.

아니나 다를까, 신창연 창업주도 입에 늘 달고 다니는 말이 있다. 회사를 위해 일하지 말란다. 스스로를 위해 일하라는 말이다. 누가 시켜서 억지로 하는 일만큼 힘든 게 없다. 그러니 회사 일도 스스로 즐겨야 한다. 성과를 위해 일을 즐기라는 게 아니라 일 그 자체를 즐기라는 거다. 신창연 창업주의 경영 철학은 그래서 3.0이다.

경영 1.0은 산업화 시대에 나를 따르라는 카리스마로 무장한 리더들이 각종 규정과 방침, 당근과 채찍으로 회사를 경영하던 개념이다. 경영 1.0이 직선적이라면 경영 2.0은 은근하며 곡선적이다. 스스로 열정을 불태울 수 있도록 직원들을 격려하고 사기를 진작시킨다. 무게중심이 채찍보다는 당근에 가 있다. 하지만 3.0은 다르다. 경영 1.0이나 2.0은 회사가 중심이다. 회사의 매출과 수익을 제고하기 위한 방법의 차이로서의 버전업 Version-Up 일 뿐이다.

하지만 경영 3.0에서의 중심은 회사가 아니라 직원이다. 회사 이전에 직원들을 먼저 행복하게 만들어주자는 뜻이다. 여행박사에서는, 매출보다는 직원에 방점이 찍히는 이유다. 이게 다가 아니다. 사람도 수명이 있는데 기업이라고 다르겠냐, 라는 거다. 사람이나 기업이나 주어진 수명만큼 행복하게 살다 가자, 라는 말이다. '경영 3.0', 필자가 거칠게 만들어 들이댄 개념이긴 하지만 많은 부분 신창연 창업주의 경영 철학과 부합한다.

여기서 다시 노자 한 대목! 노자는 모든 가치를 중립적이라 여긴다. 공자와 생각이 다른 지점이다. 공자는 인간이 인간인 이유를 '인仁' 때문이라 했다. 인은 '나와 남이 다르지 않다' 라는 보편적인 개방성을 전제로 한다. 그래야 우리가 함께 지켜나가야 하는 공통의 가치가 만들어질 수 있기 때문이다. 하지만 노자는 이에 반대한다. 내용의 선악 여부와 관계 없이 그런 가치는 구분과 배제의 기준이 되어 폭력을 잉태한다고 말한다. 모두가 정장을 입고 다닐 때 캐주얼한 복장으로 다니는 사람이 손가락질 받는 것과 같은 이치다. 그래서 노자는 인간이 아니라 자연에서 그 답을 찾고자 했다.

"경영 철학? 그런 거 없다. 그냥 나 중심이다. 좋은 일 하려고, 칭찬 받으려고 하는 게 아니라 내가 좋으니까 그냥 그렇게 하는 거다. 내가 원래 착한 사람이 아니다. 남들한테 잘 보이려고 그렇게 한다면 그거만큼 스트레스 받을 일이 어디 있나? 위선과 가식이 오히려 힘들다. 난 그냥 내 모습 그대로 사는 거다. 그게 다다. 물론 그런 내 모습에 손가락질하는 사람도 있다. 하지만 상관없다. 범죄가 아니라면 난 내 식대로 살 뿐이다."

– 신창연 여행박사 창업주

신창연 창업주 또한 그렇다. 직원 개개인의 개성과 취향을 존중하며 인위적인 행동으로 물길을 거스르려 하지 않았다. 정답은 없다는 생각이었다. 그저 모든 걸 순리에 맡겼다. 법法이라는 글자도 뜯어보면 삼수水변에 갈 거去 자가 합쳐진 말이다. 물 흐르는 대로, 순리대로 따르면 그게 곧 법이라는 의미다. 그러고 보면 신창연 창업주가 늘 상선약수上善若水라는 말을 되뇌며 사는 것도 다 이유가 있다.

다시 한 번 강조한다. 행복하니까 회사다!

보통마케터 안병민 대표가 전하는
내 일과 삶의 CEO를 위한
세 번째 편지

잘 쉬고
계신가요?

'연말도 못 쉬는 과로의 나라', 어느 신문 1면 기사의 헤드라인입니다. 2주 혹은 3주에 이르는 장기 휴가를 통해 한 해를 마무리하고 새로운 한 해를 준비하는 다른 나라 직장인들과는 달리 우리나라 직장인들은 살인적 근로 시간과 후진적 휴가 문화로 인해 연말에도 제대로 못 쉰다는 게 기사의 골자입니다. 휴식의 의미를 곱씹어보게 만드는 대한민국의 일상입니다. 지금까지의 산업화 과정에서는 조금이라도 쉬면 뒤처지지 않을까, 도태되지 않을까, 하는 조바심과 초조함이 우리 사회의 발전을 앞당긴 게 사실입니다. 하지만 세상은 바뀌었습니다. 언제 그랬냐는 듯 이제는 농업적 근면성이 아니라 창의성을 요구합니다.

일에 빠져 있을 때 머리는 가장 무능하다는 말이 있습니다. 여러가지문제연구소 김정운 소장은 '제대로' 쉬거나 놀 때 우리의 창의성이 발현되며 이런 창의성의 원천은 '낯설게 하기'이기에 여기에 포인트를 맞춰 '잘' 쉬어야 성과가 난다고 역설합니다. 이제 휴식은 단순한 휴지休止의 의미가 아니라 익숙한 것과의 결별, 새로운 것과의 조우를 위한 것이어야 한다는 말입니다. 진화된 휴식의 개념이 창의력과 바로 맞닿아 있는 셈입니다. 성과를 내는 기업들은 휴식의 이러한 의미에 주목하고 있습니다.

벤처 붐이 다소 사그라지긴 했지만 아직도 국내외에서 참신한 아이디어와 문화로 무장한 벤처 기업들의 성공 사례가 심심찮게 들려옵니다. 또한 오랜 역사를 자랑하는 기업들도 부단한 변화 혁신을 통해 성공적인 경영을 하는 사례가 적지 않습니다. 그런데 이런 기업들은 공통점이 있습니다. 직원들을 '제대로 낯설게' 하여 '제대로 휴식' 하게 만든다는 겁니다. 특유의 기업문화나 제도를 통해 직원들의 창의성이 극대화될 수 있도록 한다는 점에서 이들 기업들의 독특한 휴식법은 주목할 만합니다.

전 세계 창의력의 본산이라 일컫는 구글 본사엔 카페는 물론 수영장, 마사지실 같은 다양한 휴식 공간들이 즐비합니다. 직원들의 창의력이 이런 휴식과 놀이의 공간들을 통해 발현되는 것이지요. 한국의 실리콘밸리로 부상하는 판교 테크노밸리에 입주한 기업들도 이런 문화의 도입에 적극적입니다. 도서실에서 근무 시간에 만화책도 읽을 수 있고 푹신한 소파에 누워 쉬거나 발 마사지도 받을 수 있습니다. 사내에 커피숍이 있는 회사도 많습니다. 일 자체가 놀이고, 쉬는 게 창조인 셈입니다. 해외를 내 집같이 드나들며 일과 놀이의 구분 없이 하루하루를 즐기는 여행박사 직원들을 보면 회사의 성장세가 이해가 됩니다.

두 달에 한 번씩 미술관이나 박물관으로 출근해 작품들을 감상하고, 회사 옥상에서 함께 키운 배추, 무 같은 채소로 다 같이 만찬을 즐기는 회사도 있습니다. 어떤 회사는 학습휴가라 하여 만근 5년이면 한 달의 휴가를 주어 주말에 찔끔 주어지는 휴식과는 그 차원과 질이 다른 시간을 선사하기도 합니다. 이 모두가 직원들을 제대로 쉬게 하기 위한 제도들입니다.

직장인과 떼놓으려야 떼놓을 수 없는 야근이나 주말근무도 그렇습니다. 삶의 질을 중요시하는 유럽의 직장인들에게 주말에도 출근하라 말하면 "내겐 가족이 있다"며 단호히 거부하는 반면 한국의 직장인들은 "내겐 가족이 있다"며 당연히 출근한다는 우스갯소리가 있습니다. 하지만 세상이 바뀌다 보니 오히려 야근을 자주 하면 인사상 불이익을 주는 회사들이 나타났습니다. 이런 회사들은 매일 오후 5시 55분에 사내 방송이 시작됩니다. 퇴근을 독려하는 내용입니다. 여행박사에서 운영하는 '라운지데이' 처럼 매월 둘째, 넷째 주 수요일에는 전 직원이 5시에 퇴근하는 제도라든지, 퇴근 시간 이후에는 사내 전산망 접근을 차단하거나 아예 전산망 전원을 내려버리는 기업들도 있습니다. 이른바 집으로 빨리 달려가라는 '홈런home-run 시스템' 입니다.

휴식은 '일을 한다'의 반대말이 아닙니다. 휴식은 현실에서 한발 떨어져 대상을 새롭게 보는 기회를 갖는 것입니다. 스스로를 낯선 상황에 집어넣어 새로운 관점을 체험하거나 체득하는 것이지요. 하지만 아직도 많은 직장인들에게 휴가를 낸다는 건 언감생심이며, 야근은 일상다반사입니다. 그러니 이들에겐 주말 휴식도 타성이고 습관입니다. 통계적으로 가장 덜 행복한 요일이 일요일이라는 사실은 그래서 더 슬픕니다.

일요일 오후의 우울은 직장에서 새롭게 한 주를 시작해야 하는 월요일에 대한 예고된 불안입니다. 직장이 재미가 없으니 휴일도 불행합니다. 나무도 무작정 도끼질을 할 게 아니라 도끼날을 벼리면서 해야 효율이 높은 법입니다. 휴식에도 전략과 투자가 필요한 이유입니다. 직원들의 휴식에 대한 어떤 투자가 최대한의 성과를 만들어낼 것인가, 창조경영 시대에 기업들이 초점을 맞추어야 할 또 하나의 화두입니다. 그래서 또 한 번 여쭤봅니다. 대표님과 대표님의 직원들은 '제대로' 쉬고 있나요?

"연주를 뛰어나게 하는 것은 중간중간 어떻게 잘 쉬느냐에 달려 있다. 바로 그곳에 예술이 들어 있다."

전략적 휴식이란 차원에서 한번 되새겨볼 만한, 세계적인 피아니스트 아르투르 루빈스타인Arthur Rubinstein의 말입니다.

보통마케터 안병민 드림

오늘의 정답이
내일의 오답일 수
있기에

1 많은 사람들이, 성공한 여행사로 여행박사를 꼽는다. 업계 후발 주자로 들어와 15년 만에 2천억 원 매출에 197억 원의 매출이익을 만들어내고 해마다 30만 명이 넘는 고객이 여행박사를 통해 여행을 떠나니, 사실 성공이란 표현도 그다지 어색하지 않다. 게다가 밖으로 보이는 외형만 그런 것이 아니다. 실제로 직원들이 회사를 바라보는 시선도 긍정적이다.

직원들을 대상으로 한 설문 조사에서 '여행박사에 다니는 나 자신은 행복한가?'라는 질문에 80%에 가까운 직원들이 '그렇다'고 대답해 '모르겠다'(18.8%), '행복하지 않다'(2.3%)란 대답을 압도했다. 그 이유를 묻는 질문에선 '다른 회사보다 즐겁고 재미있는 회사라서', '어릴 적 놀이터에 놀러 가는 느낌', '업무에선 힘든 부분들도 있지만 회사 동료와의 관계에서 재미와 행복을 느낀다', '창의적이고 특이한 사장님과 함께 많은 것을 보고 느끼고 배울 수 있어서' 등의 이유들이 나왔다. 여느 회사에선 보기 힘든 답변들이다.

여행박사에 대한 고객들의 애정도 따스하긴 마찬가지다. 온라인 사이트 순위분석기관인 코리안클릭koreanclick.com에 따르면 2015년 7월에서 8월까지 국내 여행사들의 온라인 이용자 점유율에서 여행박사는 13%를 차지해 업계 3위에 올랐다. 직원 수가 천 명이 훌쩍 넘어가는 대형 여행사 대비 300여 명에 불과한 최정예 직원으로 일구어낸 성과다. 회사의 규모를 떠나 여행박사가 고객으로부터 받고 있는 사랑과 신뢰의 크기를 알 수 있는 결과다.

2015년 8월, 여행박사 창립 15주년을 맞아 온라인에서 진행한 설문 결과도 이를 뒷받침한다. 여행박사를 통해 여행을 다녀왔거나 여행박사를 통해 여행을 가려는 이유가 무엇인지를 묻는 질문에 '저렴한 가격' (39%), '친절하고 전문적인 상담' (28%), '타사에는 없는 여행박사만의 상품' (23%), '계속 이용해온 여행사라 편해서' (22%), '인상적인 기업문화가 기억에 남아서' (13%)라는 대답들이 나왔다.

이처럼 매출로 보나 직원들의 신뢰와 고객들의 사랑으로 보나 여행박사에게 성공은 더 이상 남의 단어가 아니다. 하지만 십 년 가는 권력 없고 열흘 붉은 꽃 없다 했다. 달도 차면 기우는 게 자연 이치다. 변화무쌍하기는 경영도 마찬가지다. 오죽하면 살아 있는 생물체라 하겠는가? 기회가 위기 속에 오듯 위기 역시 태평성세에 찾아옴을 역사는 웅변한다. 여행박사도 피해 갈 수 없는 세상 섭리다.

2 애초 여행박사의 성과만 주목하는 책을 쓰고 싶은 마음은 없었다. 초점은 남들과는 다른 여행박사만의 독특한 경영에 있었다. 여행박사의 장점만을 찬양하는 용비어천가를 부르고 싶었던 게 아니라는 얘기다. 물론 앞서 살펴본 것처럼 지금껏 여행박사는 어느 누구도 부인할 수 없는 성공의 계단을 밟아왔다. 창업주의 독특한 경영 철학과 수평적 자율문화로 고객의 사랑을 받으며 착실히 성장했다. 젊은 직원들의 땀과 열정까지 더해지니 세상 무서울 게 없었다. 여행박사의 눈부신 성장은 당연한 귀결이었다. 하지만 여행박사가 풀어야 할 숙제가 있다. 예전부터 밀렸던 숙제도 있고 새롭게 생겨나는 숙제도 있다. 이 숙제를 어떻게 푸느냐에 여행박사의 미래가 달려 있다. 어제까지의 성공은 잊고 새롭게 날을 벼려야 하는 이유다. 늘 그렇듯이 승부는 지금부터다.

3 그렇게 잘나가던 삼성그룹이 비상경영을 선언했다. 삼성전자의 분기별 영업이익이 7조 원대로 떨어졌다는 소식과 함께였다. 일반 기업들로선 매출로서도 꿈꾸기 힘든 7조 원이라는 금액이 영업이익이라는 데도 위기란다. 엄살이 아닐까 싶지만 이해가 가는 대목이다. 하루가 다르게 광속으로 급변하는 세상이다. 2000년 이후 최근 10년간 GM, 포드, 코닥, 모토로라, 소니, 메릴린치, 도요타 등 세계를 주름잡던 글로벌 초우량 기업들이 순식간에 나락으로 떨어졌다. 한편에선 이들 기업들의 몰락에 따른 빈자리를 빠르게 대체하고 있는 기업들이 나타나고 있다. 애플,

구글, 아마존, 페이스북, 시스코, 픽사 같은 기업들이다. 도대체 기존 강자들의 몰락과 새로운 기업들의 부상에는 어떤 배경이 있는 걸까?

결론부터 말하자면 게임의 룰이 바뀌었기 때문이다. 모토로라로 대표되는 우량 기업들은 지금껏 실패를 모르고 성장해왔다. 그들의 성공에는 그들만의 성공 공식이 있었다. 그들은 그 성공 공식에 집중해 그것을 반복 활용하고 확대 적용하여 초우량 기업이란 왕관을 차지했다. 그런데 세상이 바뀐 것이다. 이른바 역량 파괴적 환경 변화Competence−Destroying Change, 말 그대로 기존 역량을 무력화시키는 환경의 변화다.

예컨대 필름 산업을 삽시간에 붕괴시킨 디지털 카메라의 출현이라든지, 정밀 기계 산업이었던 시계 산업을 전자 산업, 한발 더 나아가 패션 산업으로 바꾸어버린 시장의 변화가 그 예다. 그런 변화 속에서 위기감을 느낀 이들은 기존의 성공 공식을 신주 단지 모시듯 떠받들며 혁신이 아니라 개선에 집착하고 근시안적 변화에 치중한다. 성공 공식의 내부적 효율성 강화다. 그러나 결과는 참담했다. 그들이 성공 공식에 집착하면 집착할수록 그 공식은 오히려 성공의 덫이 되어 더더욱 그들의 발목을 옥죄었다. 마치 석기시대에서 청동기시대로 세상이 바뀌었는데도 기존의 석기를 더더욱 날카롭게 갈기 위해 노력하는 안타까운 모습이라고나 할까? 근본적인 혁신이 가능할 리 없다.

남의 이야기라고 치부할 수만은 없다. 산업 테두리와 경쟁 영역의 경계가 너무나 쉽게 허물어지는 요즘이다. 이른바 액체사회Liquid Society의 도래다. '액체사회'는 동종업계 내에서의 경쟁뿐만 아니라 타 업종과의 경쟁 또한 치열해지면서 소위 업종 간 경계가 액체처럼 녹아내리는 사회란 의미다. 이젠 누가 경쟁자인지도, 또 경쟁자가 될지도 모르는 세상인 셈이다. 그러니 스마트폰 때문에 지하철 무가지 시장이 초토화되고 명품 시계 브랜드인 오메가 CEO가 애플의 스마트워치에 비판의 날을 세운다. 경쟁의 본질이 바뀌었다. 여행박사도 피해 갈 수 없는 초超경쟁 사회다.

여행박사의 숙제
변화 혁신이
답이다!

그래서 필자가 꼽는 여행박사의 숙제 또한 혁신이다. 고여 있어서는 도태될 수밖에 없다. 변해야 사는 세상, 닥치고 혁신해야 하는 이유다. 그 중에서도 가장 중요한 건 가치, 즉 가치 혁신이다. 우리 여행박사는 왜 이 사업을 하는지에 대한 성찰이 필요하다. 이제 고객이 구매하는 것은 단지 눈에 보이는 '제품(What)'이나 '프로세스(How)'가 아니라 그 제품을 만드는 사람이나 회사의 '동기 혹은 신념(Why)'이다. '무엇을 만드느냐'가 중요한 게 아니라 '왜 만드느냐'가 중요해진 것이다. 애플이 대표적인 사례다. 고객이 애플에 보냈던 열광의 종점은 애플이 만드는 제품이라기보다는 애플이 그런 제품들을 만들어낸 이유, 즉 '혁신'이라는 경영 철학이었다.

그래서 경영은 이제 제품과 서비스 차원의 싸움이 아니라 비즈니스를 통해 어떤 세상을 만들고 싶은 것인지 신념과 동기를 바탕으로 하는 철학의 싸움이다. 바야흐로 기업의 경영 철학과 이념을 보고 지갑을 여는 세상. 스토리텔링storytelling이 아니라 스토리두잉Storydoing의 진정성이 고객의 영혼을 울리고 기업의 경영 철학이 고객과 직원의 마음을 울리는 차별화 포인트가 된다. 그래서 지금, 모든 여행박사 임직원이 한목소리로 자신 있게 대답할 수 있는 여행박사의 존재 이유, 그 답변이 필요하다. 물론 지금까지 여행박사의 성장을 견인해온 그런 가치들이 있었다. 하지만 그런 가치들이 과거에 머무르지 않고 지금도 생생하게 조직 내에 살아 움직이는지, 그래서 어제와 오늘뿐만 아니라 내일을 지향하고 있는지 살펴볼 일이다.

두 번째는 업業에 대한 재해석이다. 우리 여행박사는 과연 무엇을 팔고 있나? 고객이 우리에게 기대하는 것은 무엇일까? 이에 대한 심도 있는 탐구가 필요하다. IT를 기반으로 모바일과 공유경제 개념이 부상하는 요즘이다. 에어비앤비airbnb를 통해 다른 사람의 가정집에서 숙식을 해결하기도 하고, 카셰어링carsharing 서비스를 통해 빌린 차로 여행을 떠나기도 한다. 소셜을 여행에 접목하여 뉴욕 뒷골목 음식 투어나 파리 야경 촬영 투어를 가능케 하는 서비스도 있다. 기존에 없던 세상의 변화다. 그래서 이제 여행을 떠나는 젊은 고객들은 더 이상 백팩(배낭)을 짊어진 백패커가 아니다. 그들은 배낭 대신 스마트폰, 태블릿PC, 디지털카메라 등의 플래시팩Flashpack으로 무장한 디지털 유목민들이다. 언제 어디서든 인터넷에 연결되어 있는 커넥티드Connected 여행자들인 것이다.

게다가 여행의 패턴도 변하고 있다. 1989년 해외여행 자율화로 시작된 단체여행의 시대에 이어 1990년부터 2010년까지의 자유배낭여행 시대를 거쳐, 지금은 개인의 디테일한 문화 취향대로 움직이는 여행 3.0 시대다. 지금의 고객이 여행사를 통해 얻고자 하는 가치는 무엇일까? 우리 여행박사는 그들에게 어떤 가치를, 어떤 방식으로 제공해야 할까? 여행박사가 풀어야 할 두 번째 숙제다.

다음은 초심에 대한 반추다. 2000년에 회사가 설립되었으니 벌써 16년이 흘렀다. 숱한 어려움과 역경을 이겨내고 지금 이 자리까지 왔다. 물론 쉽지 않은 여정이었고 자축할 만한 성과였다. 하지만 그 와중에 우리의 초심은 변하지 않았는지 한번 돌아볼 일이다. 사업을 시작할 때 가졌던 고객에 대한 절실함은 변함이 없는가? 한번 해보자며 팔을 걷어붙였던 그때의 열정은 지금도 여전히 뜨거운가? 지금까지의 작은 성공에 안주하며 영혼 없는 노동으로 업무 시간을 채우고 있는 건 아닌가? 하나하나 가슴에 손을 얹고 짚어보아야 할 질문들이다.

네 번째는 업무 프로세스 혁신이다. 모든 기업의 업무가 그렇듯이 내 업무 네 업무를 무 자르듯이 구분할 수는 없는 게 현실이다. 그렇다고 그때그때 달라지는 사람 중심의 업무 진행이 능사일 순 없다. 300명이 넘어가는 조직은 더 이상 사람으로만 움직일 수 없다. 규모가 작을 땐 가능하던 많은 것들이 이제 그 한계에 다다랐음을 인정할 필요가 있다. 체계와

시스템이 필요한 이유다. 또 하나, 기술만 있으면 상상하는 모든 것이 이루어지는 세상이다. IT 기술의 발달에 힘입어 고객관계 관리Customer Relationship Marketing, 빅데이터Big Data, 웨어러블 인터넷Wearable Internet, 기계학습Machine Learning 등 업무에의 접목을 시도해볼 만한 새로운 개념들이 앞다퉈 쏟아지고 있다. 이 모든 것들이 이제 웹과 컴퓨터를 넘어 앱과 모바일로 구현된다. 이른바 '모바일 퍼스트'의 세상, 기술이 세상을 바꾸고 있다. IT를 기반으로 한 업무 프로세스와 마케팅의 혁신이 필요한 이유다.

마케팅 차원에서 짚어볼 부분은 하나 더 있다. 브랜드 정체성에 대한 이슈다. 인터넷에 접속한 고객들은 해당 제품이나 서비스의 정보를 언제, 어디서든 확인할 수 있게 되었다. 기업이 일방적으로 내세우는 장점이 아니라 구매 경험과 사용 경험을 가진 또 다른 사람들의 평가를 기반으로 구매 결정을 할 수 있게 된 것이다. 여행박사는 이런 변화의 수혜자다. 강력한 경쟁 브랜드들의 틈바구니에서 고객들의 입소문을 활용해 짧은 시간에 폭발적으로 성장한 대표적인 브랜드이기 때문이다.

애초 여행박사는 작은 브랜드였다. 하지만 핵심 타깃 고객의 취향을 '정조준' 한 여행 상품들을 연이어 출시하고 또 그들의 사용자경험이 여행박사 특유의 차별적 기업문화와 맞물리며 커다란 성공을 거두었다. 기존 경쟁의 무리에서 떨어져 나와 고정관념을 뒤엎으며 창조적 파괴의 마케팅을 펼쳐온 여행박사의 브랜드 아이덴티티는 그래서 '이단아異端兒'고

'언더독'이며 '도전'이고 '젊음'이며 '자유'고 '괴짜'였다. 누구나 좋아하던 모범생은 이제 매력 없는 '범생이'가 되어 그 존재감을 잃고 상식과 주류에 도전하는 삐딱한 시선이 오히려 사람들의 열광을 이끌어낸다. 문영미 교수가 저서 『디퍼런트』에서 언급했던 '적대브랜드'로서의 차별화다. 안타깝지만 여행박사의 오늘을 있게 한 그런 차별화 포인트가 점차 희미해지고 있는 게 사실이다. 고객이 여행박사를 선택할 이유가 사라져 가고 있다는 의미다. 고객이 여행박사라는 브랜드에 갖고 있는 애정의 이유를 곱씹어볼 필요가 있다. 여행박사는 여행박사다워야 한다. 저질러야 여행박사다. 여행박사는 여행박사다울 때 가장 빛난다.

끝으로 리더십 혁신이다. 경영에서 리더십은 시작이자 끝이다. 리더십은 환경이나 여건을 떠나 지속적인 성장을 만들어내는 핵심적인 변수이기 때문이다. 리더가 누구냐에 따라 조직의 성과는 천양지차다. 리더란 자리는 그래서 어렵고 리더는 그래서 달라야 한다. 보는 눈이 달라야 하고(CEO 마인드), 듣는 귀가 달라야 하고(인간관계), 말하는 입이 달라야 하고(긍정적 마인드), 실천하는 팔다리가 달라야 하고(솔선수범), 뛰는 가슴이 달라야 한다(열정). 그래야 변화를 주도하며 혁신의 성과를 만들 수 있다. 조직이 지향해야 할 가치가 있고 그 가치에 누구나 공감하여 열정을 바쳐 실행할 때 변화 혁신은 성공한다. 그 열쇠를 쥔 사람이 바로 리더다. 변화는 결코 다른 사람으로부터 시작되지 않는다. 나부터 시작하는 것이 변화다. 리더가 먼저 변해야 하는 이유다. 나는 과연 리더인가? 여행박사의 전 직원이 리더가 되는 것, 여행박사가 풀어야 할 마지막 숙제다.

이상 몇 가지 여행박사가 당면한 숙제에 대해 간략하게 짚어보았다. 주제넘은 이야기일 수 있음을 잘 안다. 하지만 이 책을 통해 꼭 하고 싶은 이야기였다. 창업주인 신창연 대표도 회사 경영에서 한발 물러나 있는 지금, 지금까지의 여행박사의 성공이 단지 운이나 신창연 개인의 능력에 기인한 것이 아니었음을 보여줬으면 하는 마음에서다. 물론 그러리라 믿는다. 여행박사에는 여행박사 특유의 DNA가 있음을 알기 때문이다. 남들과는 다른, 여행박사 특유의 문화와 열정으로 만들어온 소중한 시간들이 여행박사엔 켜켜이 쌓여 있다.

그러나 거기에 만족해서는 안 된다. 지금의 꽃보다 훨씬 더 아름다운 봉오리를 피워내야 한다. 그게 여행박사의 한걸음 한걸음을 응원해준 고객에게 보답하는 길이고 여행박사의 존재 이유를 증명하는 길이기 때문이다. 그래서 부족하나마 힘든 이야기를 꺼냈다. 여행박사를 사랑하는 팬으로서 여행박사를 아는 모든 사람들과 여행박사가 아는 모든 사람들 그리고 여행박사를 위해 바치는 필자의 애정 어린 제언이라 생각해주면 좋겠다.

하지만 써놓고 보니 한편으로는 부질없다는 생각도 든다. 사람에게 수명이 있듯이 기업도 마찬가지라며 천년만년 가는 기업이 목표일 수 없다 했던 신창연 창업주의 이야기가 생각나서다. 그래, 신창연 창업주 말마따나 회사야 망하면 그뿐이다. 여행박사가 망하고, 그래서 여행박사 출신의 직원들이 이직하고 창업하여 여행박사를 능가하는 제2, 제3의 여행박사를 만들어낸다면 그 또한 좋은 일이다. 그게 우리네 삶이자 역사다. 장강의 강물은 그렇게 오늘도 도저到底하게 흘러간다. 『그리스인 조르바』가 부러운 봄날 밤이다.

손발이
오글거리지만

1 눈이 한 개만 있는 사람들의 나라에 가면 눈이 두 개인 사람이 이상한 사람 취급을 받는다. 이처럼 사람들은 기존의 틀에서 벗어난 행동이나 말을 하면 이상하게 생각한다. 그러니 누군가가 만들어놓은 어떤 틀에서 벗어난 행동을 많이 하는 나 신창연은 '독특하다', '또라이다', '이상하다', '특이하다', '괴짜다' 등의 표현을 많이 접할 수밖에 없다. 그들의 눈으로 보면 나는 전형적인 아웃사이더인 셈이다. 그래서인지 언론 인터뷰를 할 때마다 자주 겪게 되는 일이 있다. 취재를 하는 기자 분들 입장에서는 기대(?)하는 답변이 나오지 않으니 나의 대답을 동문서답이라 여기는 한편, 내 입장에서 기사 내용을 보면 의도와 달리 훨씬 미화되거나 각색된 내용에 당황하게 되는 것이다.

2 내가 여행박사 대표로 활동하며 두 번째 책을 준비하던 중에 우연한 계기로 만나게 된 사람이 안병민 대표였다. 몇 달 동안 그와 사심 없이 무시로 만나며 서로의 개인사에서부터 기업 경영과 마케팅에 이르기까지 허심탄회하게 이야기를 나누면서 나는 경영마케팅을 연구하고 강의하고 글로 써내는 그의 실력과 인간 됨됨이에 매료되었다. 일반적인 시각에서 보자면 희한하기 그지없는 나의 말과 행동을 있는 그대로의 모습으로 이해하고 받아들이는 그의 포용력에 내심 놀라기도 했다. 그래서 제안했다. "지금 나를 만나는 것처럼 우리 여행박사에도 자주 놀러오고 나를 만나는 것처럼 여행박사 거래처나 직원들도 자주 만나면서 있는 그대로의 우리 모습을 스케치하듯이 책을 써보면 어떨까?"라고 말이다. 그동안 우리 여행박사에 대한 책을 써보겠다고 나를 찾던 출판사나 작가들을 다 물리치고 안병민이라는 사람 하나 보고 다짜고짜 던진 제안이었고 안 대표도 흔쾌히 내 제안을 받아주었다. 그러나 예측할 수 없는 게 세상사다. 그 일이 있고 얼마 후 내가 여행박사 대표로서의 연임을 묻는 직원 투표에서 떨어진 것이다. 나의 외부 활동은 자의 반 타의 반 자연스레 줄어들 수밖에 없었고 책의 핵심 피사체여야 할 내 상황이 그러니 안 대표의 책 쓰는 작업도 자연스럽게 소강국면에 접어들었다. 그렇게 속절없이 시간이 흘렀다. 그러다 근 2년 만에 완성된 원고를 손에 쥐게 되었으니 그 반가운 마음은 비할 데가 없다.

3 내 나름 여기저기 잡문을 쓰고 강의를 하고 언론 매체들과의 인터뷰를 진행하면서 늘 아쉬웠던 점이 하나 있다. 다른 게 아니라 바로 나 자신에 대해서 있는 그대로의 나쁜 이야기나 혹독한 자아비판을 할 수 없다는 점이다. 물론 나 혼자만의 일이라면 있는 그대로 다 까발리고 솔직하게 털어버리면 된다. 있어 보이려고 없는 얘기하거나 이야기를 꾸며내는 건 내 성격에도 맞지 않다. 나 스스로가 그렇게 윤리적이거나 착한 사람도 아니고, 그런 나를 내 주변 사람들이 뻔히 아는데 미사여구로 나를 포장하는 건 오히려 쪽팔리는 일이다. 그럼에도 나를 까발림에 다소간의 제한을 두는 건 나 외에 회사와 회사 직원 등 반드시 제삼자가 같이 엮여 들어가서 본의 아니게 그들에게 피해가 갈 수 있다는 어쩔 수 없는 상황 때문이라 변명하고 싶다.

4 나는 책이나 SNS 또는 매스컴에 비치는 유명한 사람들의 이미지와 실체가 무척이나 다름을 숱하게 경험했다. 안병민 대표에게 이번 책 작업에서도 가능한 한 실체에 근접한 사실 위주로 기록해줄 것을 부탁했던 이유다. 그럼에도 의도치 않게 내 칭찬에 치우친 듯한 이 책의 내용에 온몸이 오글거리는 건 어쩌란 말인가? 하지만 수많은 기업과 경영자를 직접 겪은 안병민 대표의 경험과 관찰이 녹아든 글이라면 존중돼야 한다고 보기에 사실 관계에 대한 부분 외에는 일체의 토를 달지 않기로 했다. 누군가 단 한 명이라도 이 책을 통해서 긍정적인 인사이트를 얻을 수 있

다면 이 정도는 애교로 봐줄 수도 있지 않을까, 애써 자위하면서 말이다.

5 나는 저자 사인회를 비롯해 심지어는 사재기까지 하는 무리한 마케팅으로 사람들의 이목을 끄는 책을 좋아하지 않는다. 많이 팔리는 책보다 한 권을 사더라도 내 돈 내고 사서 제대로 읽을 수 있는 책을 선호하는 쪽이다. 그렇기에 과거 『열정이 있다면 무모한 도전은 없다』라는 제목의 내 책이 출간되었을 때에도 사람들에게 책을 홍보하거나 사라고 하기보다는 한 권으로 돌려 보라는 말을 하곤 했다. 하지만 이번에는 마음을 좀 달리 먹었다. 이번 책이 나오면 낯 뜨겁지만 시의적절한 강연이나 소셜미디어 등을 통해 책 판매를 촉진할 방안을 찾아보려 한다. 서울을 벗어나 산골(?) 생활을 하면서 경영마케팅에 대한 연구, 강연, 집필 작업에 몰두하고 있는 안병민 대표에 대한 내 나름의 성의이자 마음을 이렇게라도 표현하고 싶어서다. 한 번도 제대로 살지 못하는 사람이 많은 이 험한 세상에서 청천벽력과도 같은 암을 극복하면서 또 하나의 인생을 선물로 받았다고 오히려 좋아하는 안병민 대표의 담백한 말과 글을, 내가 죽을 때까지 곁에 두고 보고 싶기 때문이다.

6 괴발개발 두서없는 글이 길어졌다. 이 한 권의 책에 다 담을 수 없었던 내용들은 페이스북이나 트위터에서 '신창연' 또는 '신창연 칼

럼' 등을 검색해본다면 좀 더 날것 그대로의 생생한 내용을 접할 수 있을 것이다. 그것이 영원한 철부지요 자유인으로 불리고 싶은 신창연이란 인간의 모습이다.

- 『기업문화 오디세이』 | 신상원 저 | 눌와
- 『나음보다 다름 : 기획에서 마케팅까지, 무엇을 어떻게 차별화할 것인가』 | 홍성태 · 조수용 공저 | 도서출판북스톤
- 『노는 만큼 성공한다』 | 김정운 저 | 21세기북스
- 『더 인터뷰 : 세계를 뒤흔든 30인의 리더에게 인생과 성공을 묻다』 | 조선일보 위클리비즈팀 저 | 21세기북스
- 『DO NOTHING! 두낫싱 : 지나친 간섭을 멈추고 더 나은 성과를 얻는 법』 | J. 키스 머니건 저 | 세종서적
- 『디퍼런트 : 넘버원을 넘어 온리원으로』 | 문영미 저 | 살림Biz
- 『마케팅 리스타트 : 지금 다시 시작하는 마케팅 스터디』 | 안병민 저 | 책비
- 『마켓 3.0 : 모든 것을 바꾸어놓을 새로운 시장의 도래』 | 필립 코틀러 저 | 타임비즈
- 『미움 받을 용기 : 자유롭고 행복한 삶을 위한 아들러의 가르침』 | 기시미 이치로 · 고가 후미타케 공저 | 인플루엔셜
- 『사람을 남겨라』 | 정동일 저 | 도서출판북스톤
- 『생각하는 힘, 노자인문학』 | 최진석 저 | 위즈덤하우스
- 『아들러 심리학을 읽는 밤』 | 기시미 이치로 저 | 살림출판사

- 『에디톨로지 : 창조는 편집이다』| 김정운 저 | 21세기북스
- 『삼성도 넘볼 수 없는 작은 회사의 브랜드파워』| 하마구치 다카노리 · 무라오 류스케 공저 | 전나무숲
- 『OFF학 잘 노는 사람이 성공한다』| 오마에 겐이친 저 | 에버리치홀딩스
- 『장사의 신』| 우노 다카시 저 | 쌤앤파커스
- 『장자, 나를 깨우다 : 부자유한 세상에서 장자를 읽는다는 것』| 이석명 저 | 도서출판북스톤
- 『제로투원 : 스탠퍼드 대학교 스타트업 최고 명강의』| 피터 틸 · 블레이크 매스터스 공저 | 한국경제신문사
- 『주말에는 아무 데나 가야겠다 : 우리가 가고 싶었던 우리나라 오지 마을』| 이원근 저 | 벨라루나
- 『죽어라 일만 하는 사람은 절대 모르는 스마트한 성공들』| 마틴 베레가드 · 조던 밀른 | 걷는 나무
- 『청년장사꾼 : 자본도, 기술도, 빽도 없지만 우리에겐 '장사정신'이 있다』| 김윤규 · 청년장사꾼 공저 | 다산북스
- 『포지셔닝』| 잭 트라우트 · 앨 리스 공저 | 을유문화사
- 『행복의 기원 : 인간의 행복은 어디서 오는가』| 서은국 저 | 21세기북스
- 『회복탄력성 : 시련을 행운으로 바꾸는 유쾌한 비밀』| 김주환 저 | 위즈덤하우스
- 『회사의 목적은 이익이 아니다』| 요코타 히데키 저 | 트로이목마

강소기업 경영크로키

경영 일탈, 정답은 많다
여행박사 행복CEO의 '내맘대로' 경영여행

1판 2쇄 발행 2016년 6월 15일
지은이 안병민
책임편집 정은아 **PR** 유환민
디자인 최영진 **일러스트** 신명기 seveme777@naver.com
펴낸곳 책비 **펴낸이** 조윤지 **등록번호** 215-92-69299
주 소 경기도 성남시 분당구 야탑동 시그마3 918호
전 화 031-707-3536 **팩 스** 031-708-3577
블로그 blog.naver.com/readerb

'책비' 페이스북
www.facebook.com/TheReaderPress

Copyright ⓒ 2016 안병민
ISBN 978-89-97263-88-2

책비(TheReaderPress)는 여러분의 기발한 아이디어와 양질의 원고
를 설레는 마음으로 기다립니다. 출간을 원하는 원고의 구체적인 기획
안과 연락처를 기재해 투고해 주세요. 다양한 아이디어와 실력을 갖춘
필자와 기획자 여러분에게 책비의 문은 언제나 열려 있습니다.
이메일 readerb@naver.com

바리공주의 모험

바리공주의 모험

초판 1쇄 인쇄 2014년 03월 05일
초판 1쇄 발행 2014년 03월 12일

지은이   모 공 회
펴낸이   송 승 희
펴낸곳   아노돈 미디어
출판등록 2014.1.13(제2014-1호)
주소   경기도 과천시 별양로 12
전화번호 02-503-2649

ISBN   979-11-951995-0-1   43810

이 도서의 국립중앙도서관 출판시도서목록(CIP)은 서지정보유통지원시스템 홈페이지(http://seoji.nl.go.kr)와
국가자료공동목록시스템(http://www.nl.go.kr/kolisnet)에서 이용하실 수 있습니다.
(CIP제어번호 : 2014007533)

바리공주의 모험

모공회 지음

아노돈
ANODON MEDIA

1장

옛날 옛적에 불라국이라는 나라가 있었습니다. 불라국의 왕은 오구 대왕이었지요. 오구대왕은 길대아기씨를 왕비로 맞았습니다. 그리고 는 첫 아기가 태어났습니다. 첫 아기는 딸이었습니다. 오구대왕은 첫 딸의 이름을 일안공주라고 지었지요. 일안공주는 눈이 아주 큰 왕눈 이 공주였습니다. 왕눈이 일안 공주는 보기에 예쁜 것들을 아주 좋 아하였습니다. 예쁜 옷, 예쁜 장난감, 예쁜 노리개, 무엇이든 예뻐야만 했습니다. 조금이라도 보기 흉한 것은 거들떠보지도 않았습니다.

길대아기씨왕비는 둘째아기를 낳았습니다. 또 딸이었지요. 둘째아기 의 이름은 이이공주라고 지었습니다. 이이공주는 귀가 아주 큰 왕귀 공주였습니다. 왕귀 이이공주는 듣기에 좋은 것들만 좋아했습니다. 아름다운 노랫소리를 들으면 방긋방긋 웃고 새근새근 잠도 잘 잤지 만 조금이라도 삐걱거리거나 쨍그랑대면 금방 울음을 터뜨렸습니다.

셋째아기가 태어났습니다만 이번에도 딸이었습니다. 셋째아기의 이 름은 삼비공주라고 지었습니다. 삼비공주는 코가 아주 큰 왕코 공주 였지요. 왕코 공주는 냄새가 향기로운 것을 매우 좋아하였습니다. 은 은한 향수를 뿌려주면 방긋방긋 웃었지만 조금이라도 퀴퀴한 냄새가 나면 금방 울고 화를 냈습니다.

오구대왕은 길대아기씨왕비가 연이어 딸만 셋을 낳자 마음이 조금 섭섭해졌습니다. 내심 왕자가 태어나기를 바라고 있었기 때문입니다.

길대아기씨왕비는 다시 넷째 아기를 낳았습니다. 이번에도 역시 딸이었습니다. 넷째아기의 이름은 사설공주라고 지었습니다. 사설공주는 입이 아주 큰 왕입 공주였지요. 왕입 공주는 맛있는 음식을 아주 좋아하였습니다. 항상 맛있는 과자를 입에 달고 지내며 조금이라도 맛이 없으면 전혀 입에 대지 않았습니다. 늘 반찬투정을 하고 골라먹기 편식을 하였지요.

오구대왕은 길대아기씨왕비가 또 다시 딸을 낳자 매우 실망하였습니다. 다섯째는 자신을 닮은 왕자가 태어나기를 바랐습니다. 다섯째 아기가 태어났지만 또 딸이었습니다. 다섯째 아기의 이름은 오신공주라고 지었습니다. 오신공주는 몸통이 아주 큰 왕몸 공주였습니다. 왕몸 공주는 촉감이 부드러운 옷이며 이불을 매우 좋아하였습니다. 부드러운 이불 위에서 항상 누워 뒹굴며 지냈습니다.

오구대왕은 딸만 다섯이 태어나자 화가 나기 시작하였습니다. 자기를 닮은 왕자가 태어나야 하는데 어째서 공주만 태어나는지 이해할 수 없었습니다. 길대아기씨왕비는 여섯째아기를 낳았습니다. 그러나 이번에도 오구대왕의 바람과는 달리 딸이었습니다. 여섯째아기의 이름은 육의공주라고 지었습니다. 육의공주는 머리가 아주 큰 왕머리 공주였지요. 왕머리 공주는 머리가 좋아 바둑 장기 주사위 놀이를 매우 좋아하였습니다. 항상 주위 사람들을 붙잡고 주사위놀이를 하자고 졸랐습니다.

오구대왕은 여섯째도 딸이 태어나자 화가 머리끝까지 나서 소리쳤습니다.

"다음번에도 딸이 태어나면 키우지 않고 내다 버리고 말테다. 내

이 말을 천지신명께 맹세한다."

　오구대왕은 너무 화가 나서 이렇게 소리쳤지만 말하고 보니 약간은 후회되었습니다. 하지만 한편으로는 설마 일곱째까지 딸이 태어나랴 싶어서 크게 마음을 두지 않았습니다.

　길대아기씨왕비는 이제 일곱째 아기를 낳게 되었습니다. 이번에는 반드시 아들이 태어나기를 바랐습니다. 그러나 나온 아기는 이번에도 역시나 딸이었습니다. 오구대왕은 너무나도 실망했습니다. 그리고 한 편으로는 지난번에 딸이 태어나면 내다 버리겠다고 맹세한 일이 후회 되었습니다. 그러나 이미 천지신명께 한 맹세이고 자신은 약속을 지 켜야 하는 대왕이므로 신하인 아도니와 노도니를 불러서 명령하였습 니다.

　"여봐라, 너희들은 이 아기를 내다 버리도록 하여라."

　이리하여 일곱째 공주는 이름도 지어지지 못한 채 버려지게 되었습 니다. 아도니와 노도니는 오구대왕의 명령을 받기는 하였으나 차마 아 기를 내다 버릴 수 없었습니다. 둘이서 의논 끝에 궁궐 후원 뒤뜰 후 미진 곳에 눕혀 놓았습니다. 그러자 새들이 아기 주위에 모여들어 비 바람도 막아주고 강한 햇볕도 막아주었습니다.

　다음날 오구대왕이 마음이 심란하여 후원 뒤뜰을 거닐게 되었습니 다. 대왕은 새들이 우르르 모여 있는 것을 보고 이상하게 여겨 가까 이 다가가보니 내다버린 아기가 있는 것이 아니겠습니까. 노발대발한 오구대왕은 아도니와 노도니를 불러들여 소리 질렀습니다.

　"이 아기를 당장 동해 바다에 내다 버리도록 하라. 너희들이 이를 제대로 시행하지 못하면 너희들을 바다에 처넣어 버릴 테다. 그러니 명령대로 시행하렷다."

놀란 아도니와 노도니는 벌벌 떨면서 후원 뒤뜰에 있던 갓 난 일곱째 공주를 바구니에 담고 동해 바다로 갔습니다. 바닷가에서 아도니와 노도니는 아픈 가슴을 안고 바구니를 바닷물 파도 위로 실어 밀어 보냈습니다. 그런데 파도가 살랑살랑 바구니를 들어 사뿐히 바닷가 모래 위로 도로 올려놓는 것이 아니겠습니까. 아도니와 노도니는 바구니를 다시 이번에는 조금 더 힘주어 바다로 밀었습니다. 그러자 이번에도 또다시 파도가 바구니를 바닷가로 돌려보내는 것이었습니다. 아도니와 노도니는 다시 한 번 바구니를 바다로 밀었으나 마찬가지로 역시 돌아왔습니다.

이렇게 세 번이나 바구니가 되돌아오자 아도니와 노도니는 서로 말하였습니다.

"이렇게 바구니를 돌려보내는 것은 동해 용왕이 이 아기를 받기 싫다는 뜻일 거야. 우리는 세 번이나 바구니를 바다로 보냈으니 오구대왕의 명을 거역한 것은 아니야."

"그럼 이제 어떻게 할까?"

신하 둘은 어떻게 할지 망설이며 골똘히 생각에 잠겼습니다. 마침내 아도니가 눈을 반짝이며 말했습니다.

"좋은 생각이 있어. 여기서 멀지 않은 곳에 바리공덕 할머니와 할아버지가 살고 있지 않니. 두 분은 아직껏 자식이 없으니 그 분들에게 이 아기를 맡기도록 하자."

"그래, 그래 좋은 생각이야."

노도니도 기뻐서 맞장구를 쳤습니다.

이리하여 아도니와 노도니는 아기 바구니를 들고 바리공덕 할머니와 할아버지에게로 찾아갔습니다. 바리공덕 할머니와 할아버지에게 그간의 사정을 말해주고 아기를 맡아줄 것을 부탁하였습니다. 바리공덕 할머니와 할아버지는 고맙게도 기쁘게 받아들였습니다.

바리공덕 할머니와 할아버지는 일곱째 아기공주의 이름을 바리데기라고 지었습니다. 바리데기는 버려진 아기라는 뜻이지요. 할머니와 할아버지는 바리데기를 애지중지 금지옥엽 귀여워하며 예쁘게 길렀습니다.

바리데기는 첫째언니 일안공주처럼 예쁜 옷을 입지 못했습니다. 둘째공주 이이공주처럼 아름다운 음악도 듣지 못했습니다. 셋째언니 삼비공주처럼 향기로운 향수도 맡지 못했습니다. 넷째언니 사설공주처럼 맛있고 귀한 음식도 먹지 못했습니다. 다섯째언니 오신공주처럼 부드러운 침대에서 자지도 못했습니다. 여섯째언니 육의공주처럼 재미있는 장난감도 갖지 못했습니다.

그러나 바리데기는 누추하지만 깨끗한 옷을 입고 산새소리 물새소리 들으며 꽃향기 풀향기 맡으며 바리공덕 할머니가 정성껏 마련해주는 밥과 반찬을 먹고 작지만 따뜻한 집에서 혼자서 씩씩하게 놀며 무럭무럭 자랐습니다.

2장

한편 궁궐에서는 길대아기씨왕비가 오구대왕이 일곱째 막내공주를 내다 버린 줄 알고는 매우 상심하였습니다. 슬픔에 잠긴 나머지 방에 틀어박혀 나오지도 않고 오구대왕을 만나주지도 않았습니다. 오구대왕 역시 일곱째아기를 내다 버린 것을 후회하였으나 동해 바다에 띄워 보내 버렸으니 어쩔 수 없다고 생각하였습니다. 오구대왕은 길대아기씨왕비를 위로해 주려고 하였으나 길대아기씨왕비는 방문을 걸어 잠그고 만나주지 않았습니다.

　길대아기씨왕비는 방안에 틀어박혀 지내면서 음식도 제대로 먹지 않고 잠도 제대로 자지 않아 시름시름 앓게 되었습니다. 오구대왕 역시 후회와 번민으로 그만 우울병에 걸리고 말았습니다. 그리하여 온 종일 아무 일도 못하고 침상에 드러누워 멍하니 천장만 올려다보고만 있었습니다.

　이렇게 왕과 왕비가 시름병과 우울병이 깊어지자 신하인 아도니와 노도니는 걱정하지 않을 수 없었습니다. 아도니와 노도니는 일곱째 공주가 살아있다고 왕과 왕비에게 말씀드릴까도 생각했지만 오구대왕이 자기 명령을 어겼다고 벌을 내릴까 두려웠습니다. 또한 오구대왕이 일곱째아기를 동해 바다에 버렸다고 철석같이 믿고는 우울병에 걸렸는데 신하들에게 속았다고 알게 되면 얼마나 분노할 지 알 수 없는 노릇이었습니다. 그래서 아도니와 노도니는 바리데기가 살아있다는 사실을 비밀로 하기로 하였습니다.

대신에 오구대왕과 길대아기씨왕비를 위하여 전국에서 유명한 의원들을 모두 불러 모아 약을 짓게 하였습니다. 그러나 좋은 약도 아무 소용이 없었습니다. 뿐만 아니라 오구대왕과 길대아기씨왕비는 약을 먹기는커녕 쳐다보려고도 하지 않았습니다. 왕과 왕비는 나날이 약해지고 야위어가면서 거의 십년의 세월이 흘러 이제는 죽을 날만 기다리는 처지가 되고 말았습니다.

그러던 어느 날 오구대왕은 기이한 꿈을 꾸게 되었습니다. 꿈속에 하얀 수염을 길게 기른 천지신명 신령이 나타나서 오구대왕에게 말했습니다.

"그대의 병은 그대가 그대 자손을 키우지 않고 내다 버려서 생긴 것이다. 그대의 병이 나으려면 그대 자손 중 하나가 서천서역국에 가서 감로수를 가져 와야 한다. 그 감로수를 마시면 낫게 될 것이다."

신기하게도 이와 똑같은 꿈을 길대아기씨왕비와 신하인 아도니, 노도니도 한날한시에 꾸었습니다.

서천서역국은 아주 멀리 있는 나라였습니다. 그 나라에 가려면 뜨거운 모래바람이 부는 끝없는 사막의 나라와 차가운 눈보라가 몰아쳐서 앞이 보이지 않는 바람의 나라와 끝없이 질척거리는 늪과 습지로 된 물의 나라, 그리고 화산의 불덩이와 재가 쏟아지는 불의 나라를 지나가야 한다고 합니다. 그리고 서천서역국에는 그 감로수를 무장승이 지키고 있는데 이 무장승은 머리가 셋, 팔이 여섯 달린 괴물이라는 소문도 있고 아주 잘생긴 도령이라는 소문도 있어 아무도 정확히 아는 사람이 없었습니다.

오구대왕은 병상에서 신하인 아도니와 노도니를 불러서 꿈 이야기를 하였습니다. 아도니와 노도니는 오구대왕의 꿈 이야기를 듣고 놀라면서 자신들도 똑같은 꿈을 꾸었다고 말했습니다. 오구대왕은 이를 듣고 매우 신기하게 여기면서 그 꿈을 믿게 되었습니다. 그래서 아도니와 노도니에게 말하였습니다.

　"서천서역국은 아주 멀리 있고 가는 길이 아주 험하다고 하는데 여섯 공주중에 누가 나와 왕비를 위해 나설 것인고?"

　"저희가 말씀드려 보겠습니다."

　아도니와 노도니는 물러나와 공주들을 찾아갔습니다. 제일 먼저 첫째공주인 왕눈이 일안공주를 찾아갔습니다. 그리고 오구대왕과 길대아기씨왕비의 병을 낫게 하려면 서천서역국에 가서 감로수를 가져와야 한다고 말해 주었습니다. 왕눈이 일안공주는 예쁜 옷을 입고 예쁜 머리를 하고 예쁜 신을 신고 예쁜 모자, 예쁜 목걸이와 귀걸이, 예쁜 가방과 장갑… 온통 예쁜 것들로 치장하기에 바빴습니다. 그러면서 이렇게 말했습니다.

　"서천서역국은 아주 멀리 사막의 나라, 바람의 나라, 물의 나라, 불의 나라를 지나야만 갈 수 있다는데 연약한 공주인 제가 어찌 갈 수 있겠어요. 게다가 감로수를 지키는 무장승은 아주 무시무시하게 생겼다는데 보기에 끔찍하겠죠? 감로수가 아버지 어머니 병환을 낫게 한다는 꿈을 어떻게 믿을 수 있어요? 보다시피 저는 아주 바빠요."

　아도니와 노도니는 첫째공주를 뒤로 하고 둘째공주를 찾아갔습니다. 둘째인 왕귀 이이공주는 아름다운 음악과 노래를 듣는 데에 온통 마음이 빼앗기고 있었습니다. 그러면서 이렇게 대답했습니다.

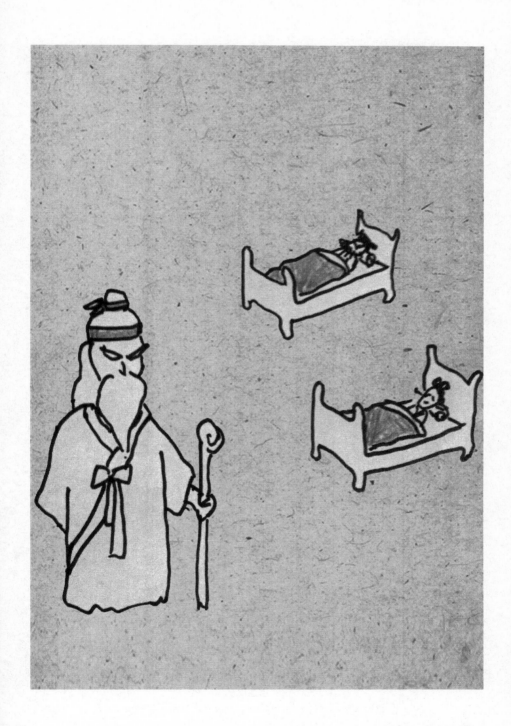

"서천서역국은 아주 멀리 있다는데 연약한 공주인 제가 어찌 가겠어요? 게다가 감로수를 지키는 무장승은 무시무시한 소리를 낸다는데 끔찍하겠죠?"

아도니와 노도니는 셋째, 넷째, 다섯째, 여섯째 공주를 차례차례 찾아갔습니다. 그러나 모두들 제 하고 싶은 일에 빠져 거들떠보지도 않았습니다. 향기에 빠진 셋째 왕코 삼비공주는 무장승이 끔찍한 냄새를 풍길 거라고 했습니다. 넷째 왕입 사설공주는 서천서역국에 가게 되면 맛있는 음식을 먹지 못하게 될 거라고 했고, 다섯째 왕몸 오신공주는 무장승이 머리 셋에 팔이 여섯이니 끔찍할 것이라고 했습니다. 여섯째 왕머리 육의공주는 감로수가 병을 낫게 한다는 꿈은 속임수라고 아는 체 하였습니다.

이렇게 여섯 공주가 모두 갖가지 핑계를 대고 서천서역국에 감로수 가지러 가기를 거절하자 아도니와 노도니는 어쩔 수가 없었습니다. 아도니와 노도니는 실망하여 힘없이 어깨를 축 늘어뜨리고 오구대왕께 나아가 여섯 공주 모두가 가기 싫어한다고 아뢰었습니다. 오구대왕은 탄식하며 말했습니다.

"아아, 자식이 여섯이나 되어도 부모를 위하여 나서는 자식은 아무도 없구나. 이제 죽을 날만 기다리는 수밖에 없도다."

모두들 침울하게 앉아 아무 말도 못하고 있었습니다. 그때 노도니가 우물쭈물하며 아도니의 눈치를 보았습니다. 아도니는 이를 알아채고 노도니에게 말했습니다.

"노도니, 네가 무언가 말하고 싶은 것이 있는 게로구나. 그래, 그냥 말해봐."

그러자 노도니는 오구대왕의 눈치를 살피며 조심스럽게 말을 꺼내었습니다.

"대왕마마, 아뢰옵기 황송하오나 사실은 아직 말해보지 않은 따님이 한 분 더 계십니다."

이 말을 듣자 아도니도 깨달았습니다. 일곱째 공주인 바리데기가 아직 남아 있었던 것입니다. 아도니도 얼른 오구대왕의 눈치를 살폈습니다.

"뭐라고? 그게 대체 무슨 말이냐?"

오구대왕은 의아해 하면서 되물었습니다. 노도니는 예전에 일곱째 공주를 동해 바다에 버리러 갔던 일이며 동해용왕이 아기를 되돌려 준 일이며 하는 수없이 바리공덕 할머니와 할아버지에게 맡긴 일들을 낱낱이 오구대왕에게 고하였습니다.

오구대왕은 노도니의 말을 듣고 놀라워하면서 한편으로는 기쁘고 한편으로는 후회되어 눈물을 주체할 수 없었습니다. 오구대왕은 눈물을 흘리면서 이렇게 말하였습니다.

"아아, 이 모두 나의 잘못이로다. 내가 버리라고 하고서 이제 와서 무슨 낯으로 나를 위해 머나먼 서천서역국에 고생하며 가라고 하겠느냐. 내버려 두어라. 그리고 바리데기는 이제 궁궐로 돌아와서 편히 행복하게 살라고 하여라."

이렇게 하여 아도니와 노도니는 바리데기를 찾아 바리공덕 할머니와 할아버지 집으로 가게 되었습니다.

그동안 바리데기는 무럭무럭 자라 열두 살이 되어 있었습니다. 바리공덕 할머니와 할아버지 집으로 찾아 온 아도니와 노도니는 바리데기에게 바리데기가 바리데기인 것이 아니라 불라국의 공주라는 것을 말해 주었습니다. 그러자 바리데기는 이렇게 말하는 것이었습니다.

"알고 있어요. 제가 공주라는 것을요. 할머니와 할아버지가 저를 부를 때 항상 공주님, 공주님 그러셨거든요."

"공주님, 그런 공주는 저희가 말하는 공주가 아닙니다."

"그럼 아도니 아줌마와 노도니 아저씨가 말하는 공주는 어떤 공주인가요?"

"저희가 말하는 공주란 항상 예쁜 옷을 입고 아름다운 음악을 들으며 향기로운 향수를 맡고 맛있는 음식을 먹으며 부드러운 침대에서 잠들고 재미있는 놀이를 즐기는 귀한 소녀랍니다."

그러자 바리데기는 다시 말했습니다.

"저도 항상 예쁜 옷을 입고 아름다운 새소리를 들으며 꽃향기 풀향기를 맡고 정갈한 음식을 먹으며 편한 잠자리에서 자고 재미있게 놀며 할머니 할아버지가 저를 귀하디귀하게 여긴답니다."

이 말을 들은 아도니와 노도니는 눈을 동그랗게 뜨고 서로 마주보았습니다. 아도니가 부드럽게 웃으며 말했습니다.

"공주님, 놀라지 마시고 들어보세요. 공주님은 진짜 공주님이십니다. 이 나라의 대왕인 오구대왕이 공주님의 아버지이시고 이 나라의 왕비인 길대아기씨왕비가 공주님의 어머니이십니다."

이 말을 듣자 바리데기는 깜짝 놀랐습니다.

"아니, 내게 어머니와 아버지가 살아 계신다는 말이에요?"

"예, 공주님의 어머니는 길대아기씨왕비님이고 공주님의 아버지가 오구대왕님이십니다."

　이리하여 아도니와 노도니는 바리데기에게 그간의 이야기를 죽 들려주었습니다. 오구대왕이 바리데기를 버린 이야기는 숨기기도 하고 빼버리기도 하였지만 오구대왕과 길대아기씨왕비가 병든 이야기며 서천서역국의 감로수만이 병을 고칠 수 있다는 이야기를 들려주었습니다. 그리고 이제 오구대왕이 바리데기가 궁궐에 들어와서 편히 행복하게 살라고 했다는 말도 들려주었습니다. 그러자 바리데기는 이렇게 소리쳤습니다.

　"내게 어머니와 아버지가 있다는 것이 너무 기뻐요. 제가 서천서역국에 가서 감로수를 가지고 오겠어요! 어머니 아버지 병환을 고쳐 드리고 함께 살겠어요!"

　아도니와 노도니, 그리고 바리공덕 할머니와 할아버지는 바리데기를 말렸습니다.

　"하지만 공주님, 서천서역국은 아주 멀리 있답니다. 그곳에 가려면 뜨거운 모래바람이 부는 사막의 나라와 차가운 눈보라가 몰아치는 바람의 나라, 끝없이 질척거리는 늪과 습지로 된 물의 나라, 그리고 화산의 불덩이와 재가 쏟아지는 불의 나라를 지나가야 합니다. 서천서역국에는 감로수를 무장승이 지키는데 이 무장승은 머리가 셋, 팔이 여섯 달린 괴물이라는 소문입니다. 이런 곳엘 어린 공주님이 어떻게 가시겠어요? 그냥 궁궐에 가서서 언니 공주들과 편히 지내시지요."

　"괜찮아요. 내게 어머니 아버지가 계신 것을 알았으니 너무 기뻐요. 또 제가 어머니 아버지 병환을 고칠 수 있다니 더욱 기뻐요. 아무리 힘들고 어려워도 아도니 아줌마와 노도니 아저씨가 같이 가주시면 아무렇지 않을 거예요. 아도니 아줌마, 노도니 아저씨, 같이 가실 거죠?"

이 말을 들은 아도니와 노도니는 감격하여 똑같이 외쳤습니다.

"그럼요, 공주님. 공주님이 가시는 곳이라면 어디까지라도 언제까지라도 모시고 따르겠습니다."

이리하여 바리데기는 아도니와 노도니를 따라 궁궐을 향해 나서게 되었습니다.

3장

바리데기는 바리공덕 할머니와 할아버지에게 작별인사를 드리고
집을 나서 아도니와 노도니를 따라 오구대왕과 길대아기씨왕비가 있
는 궁궐로 향했습니다. 발걸음도 힘차게 길을 가는데 어디선가 꼼지
락 꼼지락 뒤척이는 소리가 들렸습니다. 바리데기가 소리를 따라 가
보니 아기 다람쥐가 땅바닥에서 바둥거리고 있는 것이 아니겠습니까.
아마 둥지에서 놀다가 실수로 떨어진 것이겠지요. 바리데기는 두 손
으로 가만히 안아 들었습니다.

　"어머나, 불쌍해라."

　바리데기는 아기 다람쥐를 나무 등걸 둥지 속에 조심조심 다시 넣
어 주었습니다. 그리고는 다시 가던 길을 힘차게 갔습니다. 그런데 또
어디선가 파닥파닥 뒤척이는 소리가 들렸습니다. 이번에는 아기 박새
가 땅바닥에서 파닥거리고 있었습니다.

　"어머나, 둥지에서 떨어진 모양이구나."

　바리데기는 아기 박새를 두 손으로 가만히 감싸 쥐어 나뭇가지 사
이 둥지 속에 조심조심 넣어 주었습니다. 그리고는 다시 가던 길을
재촉하였습니다. 그런데 또 팔짝팔짝 뒤척이는 소리가 들려서 가보니
아기 미꾸리가 길 옆 얼마 남지 않은 물웅덩이에서 팔짝거리고 있었
습니다. 아마 물웅덩이가 마르면서 갇혀 버린 것이겠지요.

　"어머나, 얼마나 힘들었을까."

바리데기는 새끼 미꾸리를 두 손으로 감싸 들어 올려 근처에 있는 큰 물웅덩이에 조심조심 들고 가서 넣어 주었습니다. 다시 가던 길을 가는데 이번에는 쿨럭쿨럭거리는 소리가 들렸습니다. 주위를 살펴보니 패랭이꽃이 줄기가 꺾여 땅바닥에 너부러져 쿨럭대고 있었습니다. 아마 바람에 꺾였던지 지나가던 무엇에 밟혔던지 한 것이겠지요.

"어머나, 얼마나 아팠을까."

바리데기는 패랭이꽃을 세우고 나뭇가지를 주워 와서 부목처럼 받치고 억새풀로 묶어주었습니다. 그리고는 가던 길을 재촉하여 드디어 바리데기는 아도니, 노도니와 함께 오구대왕과 길대아기씨왕비가 있는 궁궐에 도착하였습니다.

바리데기는 우선 어머니인 길대아기씨왕비를 만나러 갔습니다. 바리데기가 길대아기씨왕비를 만나자 어머니 하고 부르며 뛰어가서 안겼습니다. 길대아기씨왕비는 야위고 수척하여 누워 있다가 간신히 바리데기를 알아보고는 '네가 막내로구나. 불쌍한 내 아기' 하고 한마디 말만 하고는 주르르 눈물을 흘렸습니다. 그리고는 제대로 말을 잇지 못하였습니다.

"어머니, 제가 서천서역국에 가서 감로수를 가져와 어머니 병환을 낫게 해 드리겠어요."

바리데기가 이렇게 말하였지만 길대아기씨왕비는 아무 말도 하지 못하고 눈물만 흘릴 뿐이었습니다.

바리데기는 물러나와 오구대왕을 만나러 갔습니다. 바리데기는 오구대왕을 만나자 아버지하고 부르며 오구대왕 앞에 달려가 엎드렸습니다. 오구대왕 역시 야위고 수척한 모습으로 누워 있다가 바리데기를 바라보고는 '네가 일곱째로구나. 내가 잘못했다.' 하고 말하고는 고개를 돌리고 눈을 감았습니다.

"아버지, 제가 서천서역국에 가서 감로수를 가져오겠어요."

"아니다, 얘야. 어린 네가 어떻게 그 고생을 하겠느냐. 그냥 궁궐에서 편히 지내거라. 그리고 이 아비를 용서하도록 하여라."

"아니에요. 제가 서천서역의 감로수를 가져와서 아버지 병환을 고쳐 드릴게요."

바리데기가 이렇게 말하자 오구대왕은 더 이상 아무 말 못하고 돌아누워 한줄기 눈물을 흘렸습니다.

길대아기씨왕비와 오구대왕을 만난 바리데기는 이제 여섯 언니 공주들을 만나러 갔습니다. 제일 먼저 첫째언니 왕눈이 일안공주를 만났습니다.

"아유, 네가 바로 바리데기로구나. 무슨 옷이 이렇게 촌스럽고 안 예쁘니? 네가 서천서역국에 간다고? 아버지는 너를 내다 버렸는데 너는 아버지를 위해서 힘든 일 마다하지 않다니 여하튼 대견하네. 나도 같이 가고 싶다마는 다른 할 일이 너무 많아서 바쁘단다. 대신에 이 예쁜 장식노리개를 주마. 예쁜 옷에 아주 잘 어울릴 거야."

이렇게 바리데기는 첫째언니 왕눈이 일안공주에게서 장식노리개를 받았습니다. 그런데 오구대왕이 자신을 내다버렸다는 말에 조금 어리둥절하였습니다. 왜냐하면 아도니나 노도니는 그 이야기를 해주지 않았기 때문입니다. 그러나 경황이 없어 바리데기는 그 말에 크게 마음을 두지 않았습니다. 그리고는 둘째언니 왕귀 이이공주를 만났습니다.

"아유, 네가 바리데기구나. 무슨 소리를 듣고 자랐을까. 이래서야 공주란 말을 듣겠니? 아버지는 너를 내다버렸는데 너는 아버지를 위해 멀고 험한 곳을 가다니. 이게 옳은 건지 사람들 말을 들어봐야지. 그러려면 바빠서 너와 같이 갈 수는 없을 거야. 대신에 이 소라고둥을 주마. 아름다운 소리가 나온단다."

바리데기는 둘째언니로부터 소라고둥을 받았습니다. 또 오구대왕이 자기를 내다 버렸다는 말을 듣고 좀 더 어리둥절해졌습니다. 바리데기는 셋째언니, 넷째언니, 다섯째언니, 여섯째언니를 차례로 만났습니다. 셋째언니 왕코 삼비공주는 약초향 한 다발을 바리데기에게 주었습니다. 넷째언니 왕입 사설공주는 은수저 한 벌을, 다섯째언니 왕몸 오신공주는 비단베개 하나를, 여섯째언니 왕머리 육의공주는 주사위 한 벌을 바리데기에게 주었습니다. 이들 언니는 또한 하나같이 오구대왕 아버지가 바리데기를 내다 버렸다고 말했습니다. 바리데기는 의아한 마음이 생겼지만 곧 떨쳐버렸습니다.

바리데기는 언니들에게서 받은 물건들을 한 아름 안고서 어찌할 바를 몰랐습니다. 그러자 함께 있던 아도니가 바리데기에게 말했습니다.

"공주님, 그 물건들은 노도니에게 들라고 주시고 이제 서천서역국을 향해 출발하시지요."

바리데기는 이 말에 기뻐하며 선물들을 얼른 노도니에게 들려주었습니다. 노도니는 양팔 한가득 물건들을 안고는 못마땅하게 눈살을 찌푸렸습니다. 바리데기와 아도니를 뒤뚱뒤뚱 뒤따라 가다가 몰래 구석진 쓰레기통에 언니들의 선물을 죄다 처넣어 버렸습니다.

이렇게 바리데기는 오구대왕과 길대아기씨왕비, 그리고 여섯 언니 공주들과 작별하고 서천서역국으로 가기 위해 궁궐 문을 나섰습니다. 아도니, 노도니와 함께 힘차게 발을 내딛고 있는데 누군가 바리데기님, 바리데기님 하고 불렀습니다. 누굴까 하고 돌아보니 다람쥐였습니다.

"바리데기님, 바리데기님 어딜 가세요?"

"서천서역국에 감로수 가지러 간단다."

"서천서역국에 가시려면 뜨거운 모래바람이 부는 사막의 나라를 건너야 하는데 어떻게 건너시려고요?"

"글쎄, 그건 아직 모르겠구나."

"여기 이 도토리를 드릴 테니 사막의 나라에 당도하거든 던지세요. 그러면 방법을 알게 되실 거예요."

"고맙다, 다람쥐야."

이렇게 바리데기는 다람쥐로부터 노란 도토리 한 알을 받아 주머니에 넣고 아도니, 노도니와 함께 힘차게 길을 갔습니다. 도중에 또 누군가가 바리데기님, 바리데기님 하고 불렀습니다. 누군가하고 돌아보니 이번에는 박새였습니다.

"바리데기님, 바리데기님 어딜 가세요?"

"서천서역국에 감로수 가지러 간단다."

"서천서역국에 가시려면 차가운 눈보라가 몰아치는 바람의 나라를 건너야 하는데 어떻게 건너시려고요?"

"글쎄, 그건 아직 모르겠구나."

"여기 이 콩알을 드릴 테니 바람의 나라에 당도하거든 던지세요. 그러면 방법을 알게 되실 거예요."

"고맙다, 박새야."

바리데기는 박새에게서 하얀 콩알 하나를 받아 주머니에 넣었습니다. 그리고는 길을 가다 차례로 미꾸리와 패랭이꽃을 만났습니다. 미꾸리는 물고기 알을 주면서 진흙창의 물의 나라에 도달하거든 던지라고 했습니다. 패랭이꽃은 꽃씨를 주면서 불덩이와 재가 쏟아지는 불의 나라에 도착하거든 던지라고 했습니다.

이리하여 바리데기는 다람쥐에게서 노란 도토리를, 박새에게서 하얀 콩알을, 미꾸리에게서 푸른 알을, 그리고 패랭이꽃에게서 붉은 씨앗 하나를 받아 주머니에 넣었습니다. 바리데기는 충직한 아도니, 노도니와 함께 힘차게 서쪽으로 서쪽으로 걸어갔습니다.

4장

바리데기는 아도니 노도니와 함께 서쪽으로 몇날 며칠 몇 달을 걸어갔습니다. 그러다 드디어 끝없이 모래로 뒤덮힌 사막의 나라에 당도하였습니다. 아득히 끝 모를 모래사막으로 펼쳐져 있고 뜨거운 모래바람이 끊임없이 불고 있었습니다.

"이젠 어디로 가야 하지?"

"이젠 어떻게 해야 하지?"

아도니와 노도니는 서로 마주보며 말했습니다. 그러자 바리데기가 손뼉을 치며 소리쳤습니다.

"아, 우리가 떠나올 때 다람쥐가 노란 도토리를 주었잖아요. 사막의 나라에 당도하면 던지라고 했지요."

"맞아요. 어서 그 도토리를 던져 보세요."

바리데기가 다람쥐가 준 노란 도토리를 꺼내 던지자 도토리는 공중에서 펑하고 연기를 피우면서 터지고 다람쥐의 정령이 나타났습니다. 다람쥐의 정령은 바리데기 일행에게 이렇게 말했습니다.

"바리데기님, 이 사막의 나라를 건너려면 붉은옷처녀 오늘낭자를 찾아가서 도움을 받아야 합니다. 제가 붉은옷처녀 오늘낭자에게로 인도하여 드리겠습니다."

그리고는 앞장서서 모래사막을 가로질러 촐랑촐랑 뛰어가는 것이었습니다. 바리데기 일행은 다람쥐 정령을 따라 한참동안 모래사막을 걸어갔습니다. 이윽고 저 멀리 오아시스가 보이기 시작했습니다. 오아시스 호숫가에는 아주 크고 화려한 대궐이 있었습니다. 드디어 그 대궐 문 앞에 다다르자 다람쥐 정령이 말했습니다.

"여기가 바로 붉은옷처녀 오늘낭자의 집입니다. 오늘낭자에게 부탁하면 이 사막의 나라를 건널 수 있을 거예요. 바리데기님, 저는 이만 여기서 작별할게요."

이렇게 말하고 다람쥐 정령은 사라져 버렸습니다. 노도니는 여보세요, 여보세요 하면서 대궐문을 꽝꽝 두드렸습니다. 잠시 후 문이 삐거덕 열리면서 낙타가 머리를 내밀었습니다. 낙타가 바리데기 일행을 물끄러미 내려 보고 있어 바리데기가 나서서 말했습니다.

"우리는 붉은옷처녀 오늘낭자님을 만나러 왔습니다."

낙타는 따라오라는 듯이 고갯짓을 하고는 안으로 들어갔습니다. 바리데기 일행은 낙타를 따라 가면서 둘러보니 대궐 안은 아주 크고 으리으리하며 화려했습니다. 주위에는 무언가 진기한 물건들이 산더미 같이 쌓여 있었습니다. 주의 깊게 보니 모두 하나같이 귀하고 값비싼 물건들이었습니다. 금은보화와 도자기, 비단과 양탄자, 아름다운 옷들, 구두와 가방, 모자와 목걸이, 온갖 보물들이 쌓여져 있었습니다. 그런데 그 물건들은 마치 쓰레기처럼 여기 저기 널려져 있었습니다. 바리데기 일행은 그 귀한 물건들을 밟지 않도록 조심조심 가야 했습니다.

넓고 기다란 회랑을 지나 마침내 커다란 방에 도착했습니다. 그 방도 매우 밝고 화려했으며 천정에는 온갖 아름다운 샹들리에가 불을 환하게 밝히고 있었습니다. 바닥에는 역시 마찬가지로 온갖 보물들이 이리 저리 널려져 있었습니다. 방 한가운데에는 크고 화려한 식탁이 있었고 그 위에는 얼핏 보아도 갖가지 귀하고 진기한 음식들이 차려져 있었습니다. 식탁 옆에는 아름다운 베틀이 있었고 베틀 위에 화려한 붉은 옷을 입은 여자가 앉아 있었습니다. 그 여자는 약간 통통하지만 얼굴이 예쁘고 풍만한 몸매를 가졌으며 금발머리를 하고 있었습니다.

낙타는 바리데기 일행을 그 여자 앞으로 인도하고는 조용히 사라져 버렸습니다.

"너는 누구니? 여기엔 왜 왔니?"

하고 붉은 옷을 입은 여자가 바리데기에게 물었습니다.

"저는 바리데기예요. 불라국의 오구대왕의 일곱째 공주이지요. 이들은 제 친구인 아도니와 노도니입니다. 저희는 서천서역국에로 가는 길입니다. 붉은옷처녀 오늘낭자님께 이 사막의 나라를 건너게 해 달라고 부탁하려고 왔습니다."

바리데기는 오늘낭자에게 자신의 이야기를 들려주었습니다. 자신의 부모인 불라국의 오구대왕과 길대아기씨왕비가 병든 이야기며 여섯 언니공주들이 모두 거절하는 바람에 자신이 서천서역국에 감로수를 가지러 나선 이야기며 오는 도중 만난 다람쥐가 오늘낭자를 찾아가 부탁하라고 했던 이야기 등등을 죽 해주었습니다. 그러자 붉은옷처녀 오늘낭자는 베틀에서 일어나 바리데기 일행에게 식탁에 앉기를 권하고 자신도 식탁에 앉아 이렇게 말했습니다.

"훌륭하구나, 바리데기야. 네가 이 사막의 나라를 건널 수 있게 내가 도와주지. 내 낙타를 타고 가면 쉽게 이 사막을 건널 수 있을 거

야. 하지만 사막은 낮에는 너무 뜨겁고 밤에는 매우 춥단다. 그래서 사막을 건너려면 낮에는 뜨거운 햇볕을 막아주고 밤에는 살을 에는 추위를 막아주는 요술만능옷을 입지 않으면 안 돼. 그 요술만능옷이 어딘가 있을 텐데…. 보다시피 나는 물건들을 정리하지 못하고 이렇게 쌓아두기만 했거든. 너희가 내 물건들을 모두 정리해 주렴. 그러면 내가 그 요술만능옷을 찾아내서 너희에게 줄게."

"알겠어요. 저희가 전부 정리해 드릴게요."

바리데기는 이렇게 씩씩하게 말하고 당장 팔을 걷어붙이고 정리하려고 나섰습니다. 아도니와 노도니도 바리데기를 도와 물건들을 정리하기 시작했습니다. 그러나 물건들은 어마어마하게 많았습니다. 수량도 많았을 뿐만 아니라 가짓수도 어마어마했습니다. 우선 갖가지 비단과 옷감, 양탄자가 있었으며 온갖 색깔과 모양의 도자기들이 있었고, 금은으로 만든 온갖 장식과 패물들, 그리고 금강석, 홍옥, 자수정, 흑진주 등등 갖가지 보석과 반지, 목걸이, 팔찌, 귀걸이 등의 귀금속 공예품, 온갖 가죽의 구두와 가방 등등 이루 다 말할 수가 없었습니다.

바리데기는 그래서 계획을 세웠습니다. 우선 널려져 있는 물건들을 상자와 보석함, 옷장에 넣기로 했습니다. 그런 다음 상자별로 보석함별로 옷장별로 물건 목록을 만들고 마지막으로 다시 완벽하게 분류하여 정리하기로 하였습니다. 바리데기 일행은 상자와 보석함, 옷장을 만들고 닥치는 대로 물건들을 집어넣었습니다.

이렇게 여섯 달이 지나자 대궐 안에 널려진 물건들을 겨우 상자와 옷장에 모두 집어 넣을 수 있었습니다. 한숨 돌린 바리데기는 오늘낮

자에게 말했습니다.

"오늘낭자님은 귀한 물건들을 정말 많이 가지고 있군요. 어떻게 이렇게 많이 모으셨나요? 오늘낭자님은 세상에서 제일가는 최고 부자이신 것 같아요."

"그래, 내가 세상에서 제일가는 최고 부자란다. 어떻게 최고 부자가 되었는지 말해줄까?"

"그래요. 알려주세요."

"이 오아시스에는 세상에서 여기 밖에 살지 않는 누에나방이 있단다. 이 누에는 세상에서 가장 귀한 비단실을 뽑아 내지. 나는 이 비단실로 세상에서 나밖에 모르는 방법으로 아름다운 비단을 이 베틀에서 짠단다. 이 비단은 황금보다 열배 이상 비싸. 나는 이 비단을 팔아 귀한 물건들을 사지. 그리고 이 귀한 물건들을 또 더 비싸게 팔아 더 귀한 물건들을 산단다. 이렇게 해서 나는 이 세상에서 가장 큰 부자가 되었지."

"그런데 왜 이 귀한 물건들을 잡동사니처럼 아무렇게나 내팽개쳐 두셨나요?"

그러자 오늘낭자는 한숨을 쉬며 대답했습니다.

"예전에는 아주 열심히 정리해서 보관하였지. 그런데 물건이 많아지면 많아질수록 내가 부자가 되면 될수록 더욱 많은 보물을 갖고 싶어지고 더욱 큰 부자가 되고 싶어지는 거야. 내가 보물들을 정리해서 기록하여 그 종류와 수량을 알게 되면 나는 그것들이 내가 가졌으면 하는 것보다 얼마나 적은지 또한 알게 되는 거야. 다른 사람들도 알게 된다면 최고 부자가 겨우 그것밖에 갖지 않았냐고 얕잡아 볼 것만 같고. 그래서 정리하기가 싫어지고 두려워졌어. 그러다보니 이렇게 산더미로 잡동사니처럼 쌓이게 되었지."

바리데기는 이 말을 듣고 고개를 갸우뚱했습니다. 오늘낭자의 말이 알 듯 모를 듯했기 때문입니다.

"그러면 왜 부자가 되려고 하세요?"

"부자가 되어야 비싸고 귀한 옷을 마음대로 입고 비싸고 귀한 음식을 마음대로 먹고 비싸고 귀한 곳엘 마음대로 갈 수 있지."

바리데기는 여전히 궁금하였습니다.

"왜 비싸고 귀한 옷을 입고 비싸고 귀한 음식을 먹고 비싸고 귀한 곳엘 가야 하나요?"

"얘야, 그래야만 사람들이 나를 존경하고 부러워하게 된단다."

"왜 사람들이 나를 존경하고 부러워해야 하나요?"

"그래야만 내 마음이 기쁘게 되니까."

바리데기는 오늘낭자의 말이 이해되지 않았습니다.

"하지만 저는 바리공덕 할머니 집에서 수수한 옷을 입고 거친 음식을 먹었지만 할머니와 할아버지는 저를 사랑하시고 제 마음은 항상 기뻤는걸요."

이 말을 듣자 오늘낭자는 크게 한숨을 쉬며 말했습니다.

"그래? 사실 나는 매일 귀한 옷을 입고 귀한 음식을 먹어도 마음은 항상 허전하고 기쁘지 않구나. 세상에서 최고 부자가 되면 행복할 줄 알았는데 그렇지 못하니 왜 그런 걸까?"

이렇게 오늘낭자가 한탄하며 우울해 하자 바리데기도 마음이 어두워졌습니다. 곧이어 바리데기가 얼굴이 밝아지며 오늘낭자에게 제안

하였습니다.

"오늘낭자님, 저와 함께 서천서역국에 가시지 않을래요? 서천서역국의 무장승이 혹시 그 이유를 알고 해답을 알려줄 지도 모르잖아요."

"과연 그럴까?"

오늘낭자는 반신반의하며 대답했습니다.

바리데기는 상자며 함이며 옷장에 담은 물건들을 조사하고 목록을 작성하기 시작하였습니다. 수많은 갖가지 물건들이 무엇인지 어디에 쓰이는지 알지 못하는 것들이 너무 많아서 바리데기는 아도니와 노도니, 그리고 오늘낭자에게 하나하나 배워야 했습니다. 이렇게 배우면서 목록을 작성하자니 석 달 열흘이 훌쩍 지나가 버렸습니다.

바리데기는 목록을 모두 작성한 다음에는 이들을 다시 분류해야 했습니다. 보석은 보석대로 자기는 자기대로 옷감은 옷감대로 장신구며, 구두며, 가방이며 종류별 크기별 색깔별로 다시 정리하여야 하였습니다. 진열대도 회랑에서 큰 방까지 질서정연하게 재배치하여야 했습니다. 각 진열대마다 명칭과 종류, 수량을 기입한 명세표를 부착하였고 진열대의 목록을 작성하고 또 이 목록을 묶은 장부까지 만들었습니다. 드디어 바리데기는 정리를 끝내고 오늘낭자에게 목록장부를 전달하였습니다.

"어머나, 우리 바리데기가 너무나 열심히 잘 해냈구나."

오늘낭자는 이를 보고 감탄하며 바리데기를 칭찬하였습니다. 그리고 장부를 뒤지더니 요술만능옷을 찾아냈습니다.

"여기 요술만능옷이 있구나. 마침 모두 네 벌이 있었네."

바리데기를 돌아보고 오늘낭자는 말했습니다.

"바리데기, 네가 너무 일을 잘 했으니 내가 상으로 선물을 줄게."

오늘낭자는 바리데기를 데리고 귀한 옷들이 진열된 옷장으로 갔습니다. 그리고는 온갖 화려하고 멋있는 옷들 사이에 놓여있는 작은 손수건처럼 접힌 옷을 집어 들었습니다.

"이것은 하늘나라 선녀옷 인데 선녀옷 중에서도 가장 아름다운 것이란다. 접으면 손바닥 안에 들어가지만 펼치면 이렇게 아름다운 신부 옷이 되지."

이렇게 말하며 접은 옷을 펼치자 눈부시게 아름다운 신부 옷으로 변하였습니다.

"이 옷을 네게 줄 테니 나중에 시집갈 때 혼례식에서 입으렴."

오늘낭자는 선녀옷을 도로 접어 손바닥에 들어갈 만큼 작게 만들어 바리데기에게 주었습니다. 그리고는 오늘낭자가 손뼉을 치니 낙타들이 나타났습니다. 오늘낭자는 바리데기와 아도니, 노도니에게 요술만능옷을 주고 자신도 요술만능옷을 입은 다음 낙타에 올라탔습니다.

"나도 너희를 따라 서천서역국에 가려고 해. 어차피 혼자 지내는 것도 지겹고 네 말대로 혹시 무장승이 내가 행복하지 않은 이유를 알고 있을지도 모르잖니?"

이렇게 해서 오늘낭자도 바리데기 일행과 함께 서역으로 가게 되었습니다. 요술만능옷을 입고 낙타를 타고 가니 뜨거운 모래바람도 차가운 밤 추위도 아무 장애가 되지 않았습니다. 이렇게 몇 달이 걸려 사막을 다 건널 수 있었습니다. 바리데기 일행이 사막의 나라를 모두 지나가는 데에 꼬박 일 년하고도 여섯 달이 걸렸습니다.

5장

바리데기는 아도니와 노도니, 그리고 오늘낭자와 함께 사막을 지나 왔습니다. 그리고 마침내 차가운 눈보라가 몰아치는 바람의 나라에 당도하였습니다. 사방에서 눈보라가 매섭게 몰아쳐서 어디가 어딘지 분간할 수 없었습니다. 바리데기 일행은 우선 타고 왔던 낙타들을 돌려보냈습니다. 눈보라가 휘날리고 땅바닥은 눈이 깊이 쌓여 낙타들은 더 이상 같이 갈 수 없다고 생각되었기 때문입니다.

이제 어떻게 해야 하나하고 일행들이 서로 얼굴을 쳐다보는데 바리데기가 주머니에서 하얀 열매를 꺼내었습니다.

"박새가 바람의 나라에 도착하거든 던지라고 했지요."

바리데기는 박새가 준 하얀 열매를 공중에 던졌습니다. 그랬더니 열매가 펑하고 터지고 박새의 정령이 나타나서 이렇게 말하였습니다.

"바리데기님, 이 바람의 나라를 건너가려면 푸른옷총각 올제도령을 찾아가서 도움을 청해야 합니다. 제가 올제도령에게로 안내해 드리지요."

그리고는 앞장서서 눈보라치는 언덕을 팔락팔락 날아가는 것이었습니다. 바리데기 일행은 박새 정령을 따라 한참동안 눈 언덕을 걸어 갔습니다. 한참을 가다 보니 저 멀리 커다란 성이 어슴푸레 보이기 시작하였습니다. 성 위에는 푸르고 뾰족한 지붕을 한 첨탑들이 머리를 내밀고 있었습니다. 드디어 성문 앞에 다다르자 박새 정령이 말했습니다.

"이 성에 바로 푸른옷총각 올제도령이 살고 있습니다. 올제도령에게 부탁하면 이 바람의 나라를 건널 수 있을 거예요. 바리데기님, 저는 여기서 작별할 게요."

그리고는 박새 정령은 사라져 버렸습니다. 노도니가 여보세요 여보세요 하면서 성문을 꽝꽝 두드렸습니다. 잠시 후 문이 삐거덕 열리면서 순록이 빼꼼히 내밀고 내다보았습니다. 바리데기가 나서서 말했습니다.

"우리는 푸른옷총각 올제도령님을 만나려고 왔습니다."

순록은 따라오라는 듯 고갯짓을 하고 안으로 들어갔습니다. 바리데기 일행은 순록을 따라 성 안으로 들어갔습니다. 가는 도중 둘러보니 성은 아주 컸으나 어둡고 우중충했습니다. 주위에는 책들이 산더미처럼 쌓여 있었습니다. 크고 작은 책들이 여기저기 아무렇게나 널려 있었습니다. 바리데기 일행은 쌓인 책들을 이리저리 피해 가야 했습니다.

넓고 기다란 회랑을 지나 마침내 커다란 방에 도착했습니다. 천장은 높고 어두워 잘 보이지도 않고 큰 방 저편에는 벽난로가 있어 장작불이 타고 있었습니다. 그 옆에 누군가가 기다란 탁자 위에 촛불을 켜고 앉아 무언가 열심히 읽으면서 글을 쓰고 있었습니다. 크고 어두운 그 방에도 역시 수많은 책들이 어지러이 널려 있었습니다. 가까이 가니 탁자에 앉은 푸른 옷을 입은 남자가 고개를 들고 바리데기 일행을 쳐다보았습니다. 순록은 바리데기 일행을 그 남자에게 인도하고는 조용히 사라져 버렸습니다. 그 남자는 키가 크고 얼굴이 희고 검은 머리에 마른 몸매를 하고 있었습니다.

"너희는 누구지? 여기엔 왜 왔지?"

푸른 옷을 입은 남자는 바리데기에게 물었습니다.

"저는 바리데기입니다. 불라국의 오구대왕의 일곱째 공주이지요. 이들은 제 친구들입니다. 여기는 아도니와 노도니이고 저 분은 붉은옷처녀 오늘낭자님이시지요. 우리는 서천서역국에로 가는 길입니다. 푸른옷총각 올제도령님께 이 바람의 나라를 건너게 해달라고 부탁하려고 왔습니다."

바리데기는 올제도령에게 이제까지의 자신의 이야기를 들려주었습니다. 그리고 오늘낭자는 아무리 재산이 많아도 만족하지 못하는 이유와 아무리 좋은 옷을 입고 좋은 음식을 먹어도 행복하지 않은 이유를 알려고 서천서역국에 무장승을 만나러 간다고 이야기해 주었습니다. 그러자 푸른옷총각 올제도령은 바리데기 일행에게 이렇게 말했습니다.

"좋아요. 내가 여러분이 이 눈보라치는 설원을 건널 수 있도록 해드리지요. 내 순록을 타고 가면 쉽게 이 설원을 벗어날 수 있거든. 하지만 이 설원은 눈보라가 밤낮없이 몰아쳐서 방향을 분간할 수 없어요. 어디가 어딘지 알 수 없어서 요술지도책이 없으면 길을 잃고 헤매다 영원히 빠져 나오지 못하게 된다오. 이 성에 그 요술지도책이 어딘가에 있을 텐데… 보다시피 내가 가진 책들을 전혀 정리하지 못하고 이렇게 쌓아 두기만 해서 어디에 두었는지 알지 못해요. 여러분이 전부 좀 정리해 주시오. 그러면 요술지도책을 찾아내서 주도록 하지요."

"알겠어요. 제가 전부 정리할게요."

하고 바리데기는 씩씩하게 말했습니다. 그리고는 당장 팔을 걷어붙이고 정리에 나섰습니다. 아도니와 노도니도 바리데기를 도와 일을 시작하였습니다. 오늘낭자는 책을 정리하는 일에 크게 의욕이 없는 듯 시큰둥한 표정을 지었습니다. 오늘낭자는 바리데기를 돕는 둥 마는 둥 하면서 올제도령과는 시시콜콜한 일로 사사건건 아웅다웅 다투었습니다.

책들은 생각보다 어마어마하게 많았습니다. 책들을 정리하기 위해서 바리데기는 계획을 세웠습니다. 우선 책장들을 만들어 모든 책들을 집어넣은 다음 모든 책들에 대하여 제목이며 저자며 내용을 기입한 카드를 만들고 이들 카드의 목록을 만든 후에 다시 책들을 분류에 맞게 정리하는 것입니다.

바리데기 일행은 첫 단계로 책장을 만들고 모든 책들을 집어넣는데에만 석 달이 걸렸습니다. 카드와 목록을 작성하는 데에는 더욱 오래 걸렸습니다. 책들은 그 내용이 매우 다양하고 재미있었습니다. 바리데기는 책들을 정리하다 말고 그 책들을 읽는 데에 푹 빠지곤 했습니다. 그러다보니 일은 더욱 더디게 진행되었습니다. 바리데기는 어느 날 올제도령에게 말했습니다.

"올제도령님은 책들을 정말 많이 가지셨군요. 올제도령님은 세상에서 제일 아는 것이 많은 분인가 봐요."

"그래, 나는 이 세상에서 제일 아는 것이 많단다. 나는 하늘에 별이 몇 개인지도 알고 우주의 나이가 얼마인지도 알고 낙타와 순록의 털이 몇 개인지도 안단다. 내가 가진 책들은 모두 세상에서 하나밖에 없는 것들이지. 왜냐하면 모두 내가 덧붙여 썼으니까. 나는 세상에서

귀한 책들을 구하고 그 위에 나만이 아는 지식들을 덧붙여 새로운
책을 만들었지."

"그런데 왜 이 책들을 잡동사니처럼 아무렇게나 내팽개쳐 두셨나
요?"

그러자 올제도령은 한숨을 쉬며 대답했습니다.

"예전에는 아주 열심히 정리해서 서가에 꽂아 두었었지. 그런데 내
가 알면 알수록 알고 싶은 것이 더욱 많아지는 거야. 나는 누구보다
많이 알고 있지만 알면 알수록 내가 아는 것은 넓디넓은 바닷가 모
래밭에 겨우 작은 모래알 하나에 지나지 않는다는 것을 절실히 알고
있지. 알면 알수록 나는 더욱 실망하고 좌절하는 거야. 정리하기가
싫어지고 두려워졌어. 그래서 이렇게 산더미 잡동사니로 쌓아두게
되었지."

바리데기는 고개를 갸우뚱하며 올제도령에게 물었습니다.

"그러면 왜 많이 알려고 하세요?"

"많이 알아야만 어떻게 될지 알 수 없는 미래를 대비할 수 있단다."

"왜 알 수 없는 미래를 대비해야 하나요?"

"그래야만 사람들이 존경하고 부러워하게 되지. 또 내 마음에서 불
안과 근심을 없앨 수 있단다."

올제도령의 대답에 바리데기는 도무지 이해되지 않았습니다.

"하지만 저는 서천서역국으로 알 수 없는 여행길에 나섰지만 불안
한 적도 없고 근심한 적도 전혀 없는 걸요."

올제도령은 크게 한숨을 쉬며 어두운 표정으로 말했습니다.

"그래? 사실 나는 많은 지식을 가지면 미래의 일을 예측할 수 있고

그렇게 되면 불안과 근심이 사라질 줄 알았는데 오히려 알면 알수록 불안과 근심은 더욱 커지는 구나. 왜 그런 걸까?"

바리데기는 올제도령이 한탄하며 우울해 하자 덩달아 마음이 어두워졌습니다. 그러나 곧 얼굴이 밝아지면서 올제도령에게 말했습니다.

"올제도령님. 저희와 함께 서천서역국에 가시지 않을래요? 무장승이 혹시 그 이유를 알고 해답을 알려줄 수도 있잖아요."

"그래? 그럴까?"

올제도령은 반신반의하며 대답했습니다.

바리데기는 책을 읽어가며 올제도령에게 배워가며 목록을 작성했습니다. 드디어는 목록을 완성하고 목록에 따라 책을 다시 분류하였습니다. 마침내 모든 책들을 깨끗이 정리하였습니다. 회랑에서 큰 방까지 가지런히 구석구석 보기 좋게 서가에 책들을 꽂았습니다. 각 책마다 주제와 내용에 따라 분류한 기호를 기재하고 또한 주제별 내용별 책의 위치를 기록한 도서목록까지 만들었습니다.

올제도령은 이를 보고 감탄하며 바리데기를 칭찬하였습니다. 도서목록을 뒤져 요술 지도책을 찾아냈습니다.

"여기 요술지도책이 있구나. 바리데기 너에게는 일을 너무 훌륭하게 해 냈으니 선물을 주도록 하지."

올제도령은 바리데기를 데리고 그림책들이 진열한 서가로 갔습니다. 온갖 그림책들 사이에 꽂혀 있는 작은 책 한권을 집어 들었습니다.

"이것은 요술그림책이란다. 보는 사람의 과거를 보여주지. 덮으면 손바닥 안에 들어가지만 펼치면 이렇게 커진단다. 네게 이 책을 주마."

올제도령은 그 요술그림책을 펴서 바리데기에게 보여 주었습니다.

펼친 그림책에는 처음에는 아무것도 없다가 천천히 그림들이 나타나기 시작했습니다. 그것은 바리데기가 오늘낭자와 함께 요술만능옷을 입고 낙타를 타고 사막을 건너는 것이었습니다. 그림책을 앞으로 넘기자 바리데기가 오늘낭자와 함께 보물을 정리하고 선녀옷을 받는 장면이 나왔습니다.

바리데기는 얼른 요술그림책을 들고 구석으로 가 혼자 앉았습니다. 혼자만이 알고 싶은 자신의 옛날이야기가 있었기 때문입니다. 구석에 혼자 앉은 바리데기는 요술그림책을 앞으로 앞으로 넘겼습니다. 맨 앞 장에 오자 그림이 나타나기를 기다렸습니다. 그랬더니 젊고 팔팔한 오구대왕과 길대아기씨왕비가 나타났습니다. 여섯 언니 공주들이 차례로 태어나고 오구대왕은 딸들이 태어날 때마다 실망하고 아쉬워하다 점점 화를 내고 분노하는 모습도 나타났습니다. 마침내 일곱째 아기가 태어났는데 바리데기는 이 아기가 바로 자신이라는 것을 알았습니다.

오구대왕은 천지신명에 맹세한 사실과 또다시 딸이라는 실망이 겹쳐 자신을 내다 버리라고 아도니와 노도니에게 명령하는 장면도 나왔습니다. 아도니와 노도니가 처음에는 몰래 뒤뜰에 숨겼다가 하는 수 없이 동해 바다에 아기 바구니를 띄워 보내기를 세 번 하고 바리공덕 할머니와 할아버지에게 자신을 맡기는 것도 보았습니다.

바리데기는 이 요술 그림책을 보고 자신의 이야기를 낱낱이 알게 되었습니다. 왜 여섯 언니들이 오구대왕이 자신을 내다버렸다고 말하는지 왜 자신이 바리데기라고 불리는지를 확실히 알게 되었습니다. 길대아기씨왕비가 왜 병에 걸렸는지 왜 자신을 보고 눈물을 흘렸는지도 명백히 알게 되었습니다. 바리데기는 길대아기씨 어머니를 생각하니 눈에 눈물이 핑 돌았습니다. 왜 나는 일곱째 딸로 태어나서 버림을 받았을까, 왜 나는 어머니 사랑을 받지도 못하고 생이별을 해야 했을까 이런 저런 의문이 들면서 바리데기는 가슴이 찡해졌습니다.

바리데기는 이렇게 상념에 젖어 멍하니 앉아 있는데 아도니가 공주님, 공주님 어디 계세요 하고 부르는 소리가 들렸습니다. 바리데기는 얼른 눈가의 눈물을 닦고 요술 그림책을 덮어 주머니에 넣은 다음 아무 일 없었던 것처럼 여기 있어요 하고 밝게 외치며 달려 나갔습니다.

드디어 수많은 책들을 다 정리하고 요술지도책을 찾았으므로 길을 떠나게 되었습니다. 올제도령은 순록들을 불러 썰매에 묶고는 바리데기 일행을 태우고 자신도 썰매에 타서 고삐를 잡았습니다.

"나도 여러분을 따라 서천서역국에 가겠소. 어차피 혼자 지내는 것도 지겹고 무장승이 내가 불안하고 근심이 끊이지 않는 이유를 바리데기 말대로 알지도 모르잖소."

이렇게 해서 올제도령도 바리데기 일행과 함께 서역으로 가게 되었습니다. 요술 지도책을 갖고 순록 썰매를 타고 가니 눈보라 몰아치는 설원을 전혀 길을 잃지 않고 거침없이 나아갈 수 있었습니다. 바리데기와 아도니, 노도니 그리고 오늘낭자는 요술만능옷을 입고 있어서 전혀 춥지도 않았습니다. 올제도령은 두툼한 모피 옷을 껴입어야 했습니다. 이렇게 바리데기 일행은 눈보라치는 설원을 통과하였습니다. 바리데기 일행이 바람의 나라를 전부 지나가는 데에 꼬박 일 년 하고도 여섯 달이 걸렸습니다.

6장

바리데기는 아도니와 노도니, 오늘낭자, 그리고 올제도령과 함께 바람의 나라를 건넜습니다. 그리고 마침내 질척거리는 늪과 습지로 된 물의 나라에 당도하였습니다. 질척거리는 진흙과 바닥을 알 수 없는 수렁에다 끝없는 갈대와 물안개로 덮여 있어 사방을 분간하기가 어려웠습니다. 바리데기 일행은 우선 타고 왔던 순록과 썰매는 돌려보냈습니다. 수렁과 진흙에서 더 이상 순록썰매는 나아갈 수 없었기 때문입니다.

바리데기는 미꾸리가 준 푸른 알을 기억해 내고 주머니에서 꺼내어 공중에 던졌습니다. 그랬더니 이번에는 미꾸리 정령이 나타나서 이 물의 나라를 건너려면 용이 되지 못한 이무기의 도움을 받아야 한다고 일러주면서 이무기에게 안내해 주겠다고 하였습니다. 미꾸리 정령은 바리데기 일행을 인도하여 커다랗고 기다란 진흙덩이 언덕 앞에 데려다 주고서는 사라져 버렸습니다.

미꾸리 정령은 사라져 버렸지만 바리데기 일행은 잠시 어리둥절해 하고 있었습니다. 이것이 용이 되지 못한 이무기라고 했는데 여기에는 진흙덩어리 언덕만 있을 뿐이었기 때문입니다. 노도니가 진흙언덕을 발로 툭툭 차면서 투덜댔습니다.

"아니, 어디에 용이 되지 못한 이무기가 있단 말이야?"

그러자 진흙언덕 위쪽 부분에서 흙덩어리가 떨어지면서 커다랗고 무서운 눈이 나타나며 번쩍 뜨는 것이었습니다.

"너희는 누구냐? 누가 나를 찾는 것이냐?"

아랫부분에서 큰 진흙덩어리가 갈라지면서 커다란 입이 벌어지며 말했습니다. 이 커다랗고 기다란 진흙언덕이 바로 용이 되지 못한 이무기였던 것입니다. 바리데기가 앞으로 나서서 말했습니다.

"저는 바리데기입니다. 불라국의 오구대왕의 일곱째 공주이지요. 이들은 제 친구들입니다. 아도니와 노도니, 그리고 오늘낭자와 올제도령이지요."

"너희는 여기 왜 왔느냐? 왜 나를 찾아 왔느냐?"

"저희는 서천서역국에로 가는 길입니다. 이무기님께는 이 물의 나라를 건너게 해달라고 부탁드리러 왔습니다."

바리데기는 이무기에게 그 동안의 이야기를 모두 들려주었습니다. 자신은 오구대왕과 길대아기씨왕비의 병을 고치려고 감로수를 얻기 위해, 오늘낭자와 올제도령은 저들이 만족하지 못하고 행복하지 못하고 또한 불안한 이유를 알기 위해 서천서역국의 무장승에게로 간다고 이무기에게 낱낱이 이야기해 주었습니다.

그러자 이무기는 거대한 고개를 쳐들고는 진흙덩어리를 털어 내려는 듯이 힘겹게 흔들고는 말했습니다.

"좋아, 내가 너희들이 이 물의 나라를 건널 수 있게 해주지. 내 등을 타고 가면 아무 문제없이 이 수렁을 지나갈 수 있어. 하지만 내가 오랜 세월을 이렇게 처박혀 있어서 온 몸과 비늘에 진흙이 잔뜩 엉겨 붙어 움직일 수 없게 되어 버렸어. 너희가 우선 이 진흙을 모두 떼어 내고 깨끗이 닦아주어야만 해."

"알겠어요. 저희가 깨끗이 닦아낼 게요."

바리데기는 이렇게 말하고 씩씩하게 일하러 나섰습니다. 아도니, 노도니도 바리데기를 도와 팔을 걷고 나섰지만 오늘낭자와 올제도령은 내키지 않은 표정으로 마지못해 느릿느릿 나섰습니다.

바리데기 일행은 이무기에서 진흙덩이를 떼어내는 일이 크게 어렵지 않을 것으로 예상하였으나 그것은 잘못된 생각이었습니다. 우선 이무기는 생각 이상으로 어마어마하게 컸습니다. 그리고 이무기 몸에 붙어 쌓인 진흙덩어리도 엄청나게 많았습니다. 이무기의 등 위로는 진흙이 말라붙어 딱딱하게 굳어 있어서 이를 떼어내려면 질척거리는 수렁을 건너 물을 길어 와서 물을 부어 풀어내야 했습니다. 또한 떼어낸 진흙은 바구니에 이고 이무기에게서 상당히 멀리 떨어진 곳에 가져다 버려야 했습니다. 그것은 산을 옮기는 작업이나 다름이 없었습니다.

석 달 열흘이 걸려서야 겨우 머리와 목 주변의 흙덩이를 제거할 수 있었습니다. 이무기는 목이 자유로워지자 고개를 쳐들었습니다. 어마어마하게 큰 머리를 쳐들자 양 볼은 불룩하여 빛이 나는 것 같았으며 머리와 목은 칠흑 같은 윤기가 흘렀습니다. 잘 닦인 비늘이 햇빛을 받아 빛나는데 아름다운 무늬를 드러내며 영롱한 무지갯빛을 내는 것만 같았습니다. 바리데기는 이무기가 너무 아름답다고 생각되어 감탄하며 말했습니다.

"이무기님, 이렇게 아름다운 비늘을 왜 진흙탕 속에 처박아 두셨나요?"

그러자 이무기는 한숨을 쉬며 대답했습니다.

"예전에 나는 위대한 이무기였지. 모든 구렁이와 도마뱀, 거북과 자라, 악어까지 모든 파충류들이 나를 존경하고 두려워했지. 왜냐하면 나는 용이 될 위대한 이무기였으니까. 나는 다른 용들 보다 더욱 위대한 용이 되기 위해 여의주를 만들 옥돌덩이를 두 개나 물었어. 다른 용들은 여의주를 하나밖에 만들지 않는데 말이야. 두 옥돌덩이를 오랜 세월 입 안에서 갈고 닦았지. 드디어 여의주를 두 개 다 완성하여 이렇게 양 볼에 물게 되었지."

이무기는 슬쩍 입을 벌려 입 안의 여의주들을 보여주었습니다. 여의주는 둘 다 크고 아름다웠으며 영롱한 오색 빛을 띠고 있었습니다.

"그때 나는 당연히 이렇게 생각했지. 이제 나는 위대한 이무기에서 위대한 용이 될 거라고. 여의주를 두 개나 물었으니 더욱 위대한 용이 될 거라고. 그런데 아무런 변화가 일어나지 않는 거야. 이마에 뿔이 돋고 주둥이가 뾰족해지면서 수염이 나고 등줄기에는 갈기 비늘이 돋고 네 다리가 솟아나고 불과 연기를 뿜으면서 하늘로 올라가야 하는데 그냥 이대로 인 거야. 나는 당황했지만 기다렸어. 몇날 며칠을 기다렸지. 하지만 여전히 이무기였어. 하늘로 올라가 구름을 타고 천둥 번개를 휘두르며 조화를 부려야 하는데 여전히 땅바닥에 배를 붙이고 기고 있는 구렁이인 거야. 그러자 모두들 나를 업신여기기 시작했지. 구렁이며 뱀이며 거북이며 자라며 모든 파충류들이 나를 비웃었어. 용이 되지 못한 이무기라고. 한순간에 모두에게 멸시받는 구렁이가 돼버렸지.

이렇게 진흙 수렁에 처박혀 아무짝에 쓸 모 없는 진흙덩어리가 되고 말았어."

이렇게 용이 되지 못한 이무기가 한탄을 하자 바리데기가 위로하며 말했습니다.

"이무기님, 너무 상심마세요. 지금도 훌륭하신데요. 저희와 함께 서천서역국에 가시지 않겠어요? 아마 무장승이 이무기님이 왜 용이 되지 못했는지 일러 줄지도 모르잖아요."

"과연 그럴까? 바리데기야, 너는 고운 마음씨를 가졌구나. 네게 선물 하나를 줄까? 오른쪽 여의주를 닦아 보아라. 너의 미래를 보여 줄 것이다."

"제 미래를요? 이무기님도 여의주를 보고 미래를 알면 되잖아요?"

"보았지. 그러나 여의주는 보고 싶은 미래를 보여주는 것이 아니라 제 마음대로 일부만 보여준단다. 여의주 속에서 하늘을 나는 용을 보았지만 그게 나인지는 알 수 없었어."

이렇게 말하고 이무기는 입을 열어 여의주가 드러나게 하였습니다. 바리데기는 고개를 갸우뚱하며 다가가 여의주를 조심스레 닦고는 들여다보았습니다. 그러자 여의주 속에서 희미한 모습이 보이기 시작했습니다. 처음에는 흐릿하여 잘 보이지 않았으나 점점 뚜렷해지면서 조금씩 알아볼 수 있었습니다.

그곳은 불라국 궁궐의 넓은 안뜰 같았습니다. 무슨 성대한 잔치를 하고 있는지 많은 사람들이 와자지껄 모여 있었습니다. 모습들이 점점 가까워져 커지면서 좀 더 뚜렷이 알아볼 수 있게 되었습니다. 찬찬히 살펴보니 차양 막 아래 여섯 언니공주들이 앉아 있었습니다. 약간은 못마땅한 표정이었지만 대체로 즐거워하는 모습이었습니다. 언니공주들 옆에는 남자들이 앉아 있는데 아마도 남편들인 것 같았습니다.

"아도니 아줌마, 노도니 아저씨, 이리 와 보세요. 여기 우리 미래가 보여요."

바리데기는 아도니와 노도니를 소리쳐 불렀습니다. 아도니와 노도니는 일을 멈추고 달려와서 여의주를 함께 들여다보았습니다.

"저기 우리도 있네!"

과연 아도니와 노도니도 한쪽 끝에 앉아 싱글벙글 웃으며 차를 마시고 있었습니다. 가운데에도 차양 막이 쳐 있는데 그 아래에는 오구대왕과 길대아기씨왕비가 앉아 있고 그 앞에는 신랑 신부가 맞절을 하고 있었습니다.

"혼례를 하고 있나 봐요!"

그렇습니다. 불라국 궁궐에서는 결혼식이 열리고 잔치를 벌이고 있었습니다.

"오구대왕님과 길대아기씨왕비님이 매우 건강해 보여요."

노도니가 외쳤습니다. 오구대왕과 길대아기씨왕비는 아주 건강한 모습으로 활짝 웃고 있었습니다.

"그래요, 공주님. 공주님이 감로수를 가져 가셨나 봐요."

"그런데 저 신랑 신부는 누구죠? 신부는 혹시 바리데기 공주님이 아닌가요?"

아도니가 고개를 갸웃하며 말했습니다. 신부는 바로 바리데기였습니다. 지금보다 더 성숙한 모습이었지만 오늘낭자가 준 아름다운 선녀옷을 입은 바리데기가 틀림없었습니다.

"그렇다면 저 신랑은 누굴까요?"

바리데기는 움찔 놀라며 물었습니다. 신부 앞에 선 신랑은 너무나도 잘 생기고 체격도 훤칠했습니다. 표정도 인자하고 온화하여 마음씨도 아주 고울 것만 같았습니다.

"저희도 처음 보는 얼굴인데… 저렇게 훌륭한 신랑이 어디서 나타났지?"

아도니와 노도니도 궁금해 하였습니다. 그러는 동안 여의주에 나타난 모습들은 점점 희미해지면서 멀어져 가더니 사라지고 말았습니다. 바리데기는 꿈을 꾼 듯한 기분이었습니다. 하지만 바리데기는 자신이 감로수를 가져가서 오구대왕과 길대아기씨왕비가 병에서 회복하리라는 것을 굳게 믿게 되었습니다. 그리고 자신이 훌륭한 신랑과 결혼한다는 설렘과 그 신랑이 도대체 누구일까 하는 궁금함에 한동안 턱을 괴고 생각에 젖어 있었습니다.

그도 잠시일 뿐 바리데기는 아도니, 노도니와 함께 다시 열심히 일했습니다. 오늘낭자와 올제도령은 이런 일이 있었는지도 모르고 건성으로 일하면서 서로 옥신각신 다투고 있었습니다.

"이무기가 더럽든 깨끗하든 용이 된다면 아무 상관없는 일이오. 왜냐하면 용이 된 이후에는 이무기는 단지 이무기일 뿐이지 더러운 이무기인지 깨끗한 이무기인지 아무도 기억하지 않기 때문이오."

하고 올제도령이 말했습니다. 그러자 오늘낭자는 이렇게 반박했습니다.

"그렇지 않아요. 이무기는 지금 이무기로서 평가받는 거예요. 위대한 이무기인지 진흙덩어리 구렁이인지 지금이 중요한 거예요. 만약나중에 용이 된다면 용은 이미 이무기가 아닌 거죠. 용의 일은 나중

일이고 그 용이 어떤 용인지는 그 때 판단할 일이에요."

이렇게 서로 자신이 옳다고 주장하며 굽히지 않았습니다.

세월이 흘러 드디어 이무기의 모든 비늘에서 진흙덩이를 떼어내고 깨끗이 닦아냈습니다. 이무기는 목을 꼿꼿이 들고 고개를 똑바로 세웠습니다. 그 모습이 너무나도 장엄하고 위용이 넘쳐 모두들 감탄해 마지않았습니다.

"자, 이제 슬슬 떠나볼까."

용이 되지 못한 이무기는 바리데기 일행을 모두 등에 태웠습니다. 이무기는 슬슬 움직여 진흙 수렁과 늪을 미끄러져 나아갔습니다. 이렇게 몇날 며칠 몇 달을 가니 드디어 물의 나라 끝에 다다랐습니다. 물의 나라 끝에 도착하자 이무기는 말했습니다.

"나도 바리데기를 따라 서천서역국에 가도록 하겠어. 어차피 여기 있어봐야 용이 되지도 못하니 무장승에게 그 이유나 물어봐야지."

이렇게 해서 이무기도 바리데기 일행과 함께 서천서역국으로 가게 되었습니다. 바리데기 일행이 물의 나라를 전부 통과하는데 또다시 꼬박 일 년하고도 여섯 달이 걸렸습니다.

7장

바리데기는 아도니와 노도니, 오늘낭자와 올제도령, 그리고 용이 되지 못한 이무기와 함께 물의 나라를 건너고 마침내 화산의 불덩이와 재가 쏟아지는 불의 나라에 도착하였습니다. 지평선 너머 보이지 않는 곳까지 화산들이 연기를 뿜고 있었고 여기저기 불덩이가 떨어지고 화산재가 자욱하게 날려 사방을 분간할 수 없었습니다. 바리데기 일행은 용이 되지 못한 이무기의 등에서 내려왔습니다. 이무기가 어찌할 바를 모르고 더 이상 움직이지 않았기 때문입니다.

바리데기는 떠나올 때 패랭이꽃이 준 붉은 씨앗을 기억해 내고 주머니에서 붉은 씨앗을 꺼내어 공중에 던졌습니다. 그랬더니 패랭이꽃 정령이 나타나서는 불의 나라를 건너려면 연꽃을 가꾸는 연못일꾼의 도움을 받아야 한다면서 연못일꾼에게 안내해 주겠다고 둥실둥실 떠갔습니다.

바리데기 일행은 패랭이꽃 정령을 따라 불덩이와 화산재를 피해 조심조심 나아갔습니다. 한참동안 간 끝에 마침내 커다란 연못에 도착하였습니다. 그 곳에는 연꽃줄기가 한가득 서로 뒤엉켜 있고 가운데에는 크고 하얀 연꽃 한 송이가 홀로 활짝 피어 있었습니다.

"여기가 연꽃을 가꾸는 연못일꾼들이 일하는 연못입니다. 연못일꾼에게 부탁하면 이 불의 나라를 건널 수 있을 거예요."

이렇게 말하고 패랭이꽃 정령은 사라져 버렸습니다. 바리데기 일행은 연못일꾼들이 어디 있나 하고 두리번거리는데 저 편에서 한 무리의 사람들이 우르르 달려왔습니다. 이마에는 머릿수건을 동여매고 맨발에다 손에는 긴 막대를 들고 있었습니다. 얼굴은 개구리를 닮았으며 손과 발에는 물갈퀴가 있었습니다.

"게 섯거라. 너희들은 누구냐? 여기는 왜 왔느냐? 설마 우리 연꽃을 훔치러 온 것은 아닐 테지?"

바리데기가 앞으로 나서서 말했습니다.

"저는 바리데기입니다. 불라국의 오구대왕의 일곱째 공주이지요. 이들은 제 친구들입니다. 아도니와 노도니, 오늘낭자와 올제도령, 그리고 이무기입니다. 우리는 서천서역국에로 가는 길이랍니다. 연못일꾼님께는 이 불의 나라를 건너게 해달라고 부탁하려고 왔습니다."

바리데기는 연못일꾼들에게 이제까지의 이야기를 들려주었습니다. 감로수 이야기며 오늘낭자와 올제도령, 그리고 용이 되지 못한 이무기가 일행이 된 사연들을 모두 들려주었습니다. 그러자 연못일꾼들 중 우두머리가 말했습니다.

"훌륭하군요. 바리데기님. 좋아요, 우리가 불의 나라를 건너게 해 드리겠어요. 요술 가시연잎만 있으면 문제없이 건널 수 있지요. 하지만 이 연못의 연꽃줄기들을 오랜 세월 돌보지 않아서 보다시피 이렇게 어지럽게 뒤엉켜 버렸어요. 여러분이 이 연꽃줄기와 잎들을 모두 깔끔히 풀어내 주셔야만 그 요술 가시연잎을 찾아낼 수 있을 거예요."

"알겠어요. 연못일꾼님, 저희가 깨끗이 정리할 게요."

바리데기는 이렇게 말하고 씩씩하게 소매를 걷어붙였습니다. 아도니와 노도니도 바리데기를 도와 당장 연못에 뛰어들었습니다. 오늘낭자와 올제도령은 역시 내키지 않은 표정으로 마지못해 연못가에서 건성으로 연꽃줄기를 만지작거렸습니다. 이무기는 어떻게 도울 방법이 없나 하면서 연못가에 드러누워 있었습니다.

뒤엉킨 연꽃줄기 푸는 일은 의외로 쉽지 않았습니다. 연못은 생각보다 컸고 연꽃줄기와 잎들은 서로 단단히 얽혀있어 상하지 않고 풀어내기란 여간 어려운 일이 아니었습니다. 연꽃줄기는 난마처럼 서로 얽혀 있었는데 풀어내기 위해서는 우선 연못의 물을 빼내야 했습니다. 바리데기는 일행과 함께 연못 옆에 웅덩이를 판 다음 연못에 도랑을 내서 연못물을 웅덩이로 빼냈습니다. 그런 다음 얽힌 연꽃줄기를 깨끗이 닦아 그 끝을 찾아내고 찾아낸 끝을 붙잡고 조심조심 풀어냈습니다.

이러다보니 시간은 무지무지하게 걸리고 온 신경을 집중하여야만 했습니다. 웅덩이를 파고 물을 빼는 데에만 석 달이 걸렸고 간신히 연못 주변을 정리하는 데에 또 석 달이 흘렀습니다. 풀어낸 연꽃줄기와 잎을 보니 푸른 윤기가 돌고 매우 아름다운 무늬를 띠고 있었습니다. 바리데기는 아름다움에 감탄하며 말했습니다.

"연못일꾼님, 이렇게 아름다운 줄기와 잎들을 왜 얽히고설키어 더러워지게 내버려 두었지요?"

연못일꾼의 우두머리는 한숨을 쉬며 대답했습니다.

"우리는 이 연못에서 연꽃을 전심전력을 다하여 가꾸었지요. 연씨 하나를 싹틔워 줄기 하나를 키워내고 또 그 줄기를 번식시키고… 한 줄기 한 줄기를 성심성의껏 정성을 다해 늘려갔지요. 우리는 연꽃줄기와 잎들이 한 치의 뒤틀림도 없게 하고 한 점의 얼룩도 묻지 않게

했다오. 그래서 마침내 온 연못에 줄기와 잎이 뒤덮게 만들었지요. 드디어 꽃봉오리가 나타났을 때 우리는 얼마나 감격했던지…. 가운데 꽃봉오리가 나타나고 차례로 수많은 꽃봉오리가 올라왔지요. 드디어 가운데 가장 큰 꽃봉오리가 활짝 만개하여 커다란 연꽃을 드러냈지요."

연못일꾼은 연못 가운데 피어 있는 한 송이 연꽃을 가리켰습니다.

"우리는 기뻐서 어쩔 줄 몰랐고 다른 봉오리도 만개하기를 기다렸지요. 그러나 그 기쁨은 잠시였을 뿐, 우리는 끝없는 실망에 빠져들고 말았다오. 다른 봉오리는 전혀 꽃이 되지 않았어요. 우리는 몇날 며칠 몇 년을 기다렸지만 봉오리는 여전히 봉오리일 뿐 꽃으로 피어나지 않았지요. 우리는 실망한 나머지 이렇게 포기해 버렸지요. 저 유일한 한 송이나 지키면서요. 그래서 이 지경이 된 것이랍니다."

연못일꾼의 한탄을 들은 바리데기는 위로하며 말했습니다.

"연못일꾼님, 너무 상심마세요. 저희와 함께 서천서역국으로 가보는 게 어때요? 아마 무장승이 왜 연꽃 봉오리들이 개화하지 못하는지 해답을 줄 수 있을 거예요."

연꽃줄기를 풀어내고 정리하는 일은 단순하지만 매우 집중해야만 하는 일이었습니다. 바리데기는 이마에 땀을 송글송글 맺으면서 묵묵히 해나갔습니다. 그렇게 집중해서 일을 하다 보니 머릿속에서 지금껏 자신의 마음을 괴롭히던 기억이 살아났습니다. 올제도령이 준 요술 그림책에서 보았던 자신의 아깃적 일이었습니다. 그 장면이 기억 속에 뭉게뭉게 피어오르는 것이었습니다.

왜 나는 버려지게 되었을까. 왜 오구대왕 아버지는 하필 일곱째 막내인 나를 버렸을까. 왜 길대아기씨왕비 어머니는 나를 버리게 내버려 두었을까. 의문들이 꼬리를 물고 머릿속에 떠올랐습니다. 왜 나는 여섯 언니들처럼 궁궐에서 어머니와 함께 행복하게 살 수 없었을까. 왜 나는 여섯 언니들처럼 궁궐에서 좋은 옷 입고 좋은 음악 들으며 좋은 향기 맡고 좋은 음식 먹으며 부드러운 침대에서 잠들고 재미있는 놀이를 하면서 살 수 없었을까. 이런 생각들을 하면서 바리데기는 어떤 때는 눈가에 이슬이 맺히기도 하고 어떤 때는 입술을 질끈 물기도 하였습니다. 세상이 자신을 버린 것 같은 생각이 바리데기를 괴롭혔습니다.

그러다가 바리데기는 연꽃줄기 끝에서 이제 막 싹을 내밀고 있는 조그맣고 돌돌 말린 연두색 새 잎을 보았습니다. 귀엽고 예쁘다는 생각에 바리데기는 손을 뻗어 살그머니 만져 보려고 하였습니다. 그러자 돌돌 말린 새 아기 잎은 탁하고 펼쳐졌습니다. 그 순간 바리데기는 문득 깨달았습니다. 자신은 버려진 일이 없다는 사실을, 자신은 세상에 태어났고 그때부터 세상은 자신을 받아주었다는 사실 말입니다. 태어나면서부터 세상과 함께 하는데 어떻게 세상이 자신을 버릴수 있겠습니까. 이렇게 생각하니 자신이 버려진 공주이든 버려졌던 바리데기이든 중요하지 않다고 여겨졌습니다. 중요한 것은 세상에서 자신이 하는 일인 것이라는 생각이 들었습니다.

오구대왕은 바리데기를 버린 것이 아니라 자기 자신을 버린 것입니다. 오구대왕 아버지는 바리데기를 버린 죄책감에 죽을병에 걸리고 말았습니다. 불쌍한 길대아기씨왕비 어머니도 이를 막지 못한 자책감에 병에 걸리고 말았습니다. 오히려 내다버려진 자신은 바리공덕 할머니와 할아버지의 사랑을 듬뿍 받으면서 행복하게 지냈는데 말입니다.

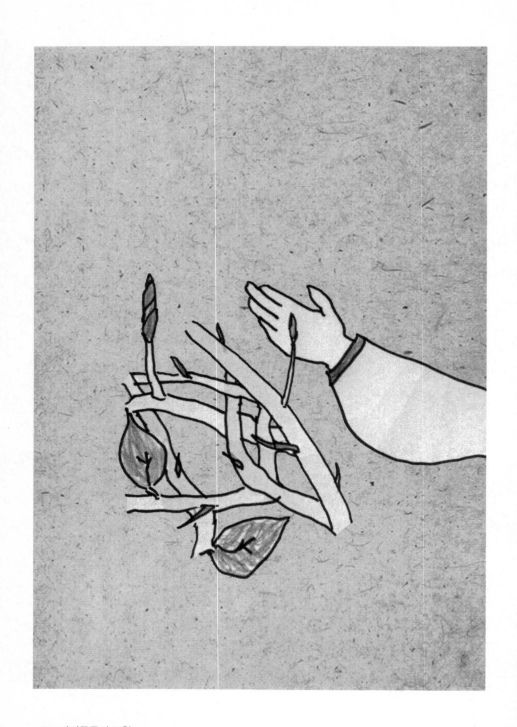

바리데기는 이런 생각이 들자 오구대왕 아버지와 길대아기씨왕비 어머니가 한없이 가엽게 여겨졌습니다. 또한 바리데기 자신이 만약 여섯 언니들처럼 궁궐에서 자랐다면 바리공덕 할머니의 집에서 누린 행복은 알 수 없었을 것입니다. 아마 여섯 언니공주들처럼 헛된 욕구에 빠져 살았을 것입니다. 여섯 언니들의 과장된 욕구만의 추구가 참된 행복이 아니라는 것을 저들처럼 궁궐에서 살았다면 깨달을 수 없었을 것입니다. 그리고 그 거짓된 만족에 집착하여 이렇게 모험 여행에 나서지도 못했을 것입니다.

이렇게 생각하니 바리데기는 마음이 기쁘고 평온해졌습니다. 자신을 괴롭히던 잡념들은 눈 녹듯이 사라졌습니다. 그리고 자신이 이렇게 모험여행에 나선 것과 감로수를 구해 어머니 아버지를 병으로부터 구하겠다는 소망이 아주 소중한 것들이라는 생각이 들었습니다. 바리데기는 이 소망 하나로 지금까지 이 길고 힘든 여행을 꿋꿋하게 해 온 것입니다. 이 소망이 온 마음을 차지하고 있었던 것입니다. 이렇게 생각하자 지금 하고 있는 일이 하나도 어렵지 않고 하나도 힘들지 않게 느껴졌습니다.

이렇게 열심히 바리데기가 일하는 동안 오늘낭자와 올제도령은 건성으로 일하면서 서로 옥신각신 다투고 있었습니다.

"연꽃 봉오리는 연꽃으로 피지 않았더라도 연꽃이지요. 왜냐하면 봉오리 속에 연꽃이 들어있기 때문이오. 봉오리 속에 연꽃이 들어있지 않다면 봉오리는 연꽃이 될 수 없겠지요. 연꽃이 피게 되면 봉오리는 사라지고 항상 연꽃이었다고 기억되지요."

하고 올제도령이 말했습니다. 그러자 오늘낭자는 당장 이렇게 대꾸

하였습니다.

"그렇지 않아요. 봉오리는 지금 봉오리일 뿐이에요. 봉오리가 꽃으로 개화하면 그때는 연꽃이 되는 것이에요. 그러나 꽃이 되든 안 되든 그 꽃이 연꽃이든 아니든 지금 봉오리는 봉오리일 뿐이고 지금 봉오리가 어떤 봉오리이냐가 중요한 것이죠. 탐스럽고 예쁜 봉오리인지 초라하고 시든 봉오리인지 말이에요."

이렇게 서로 자신이 옳다고 주장하며 끝까지 서로 지려 하지 않았습니다.

세월이 흘러 드디어 모든 연꽃줄기와 잎들을 풀고 펴냈습니다. 옆 웅덩이에서 다시 도랑을 내 물을 연못에 도로 채웠습니다. 연못은 서로 얽히고설키어 지저분하고 더러웠던 예전의 모습은 감쪽같이 사라지고 아주 아름답고 깨끗하게 바뀌었습니다. 한 가운데 크고 하얀 한 송이 연꽃만 홀로 피어 있고 다른 봉오리들은 여전히 봉오리인 채로 있었지만 그래도 매우 아름다운 연못이었습니다.

바리데기 일행이 연못의 아름다운 경관에 넋을 잃고 감탄하는 동안 연못일꾼들은 연못으로 들어가 커다란 가시연잎을 떼어내어 나왔습니다.

"이것이 요술 가시연잎입니다. 이 연잎을 쓰면 이 불의 나라를 문제 없이 건널 수 있지요."

우두머리 연못일꾼은 요술 가시연잎을 바리데기 일행 모두에게 한 장씩 나누어 주었습니다. 그리고 자신도 요술 가시연잎 한 장을 머리 위에 썼습니다.

"저도 바리데기님을 따라 서천서역국에로 가겠습니다. 무장승에게

왜 다른 봉오리들은 연꽃으로 개화하지 못하는지 물어봐야 되겠어
요."

　이렇게 하여 연못일꾼도 바리데기 일행과 동행하게 되었습니다. 불
의 나라의 화산의 불덩이와 재는 요술 가시연잎이 모두 막아주었습니
다. 요술 가시연잎은 신기하게도 그 커다란 이무기도 전부 막아주었
습니다. 이무기에 떨어지는 불덩이며 화산재가 이무기가 쓴 작은 요
술 가시연잎으로 죄다 떨어지는 것이었습니다.　이렇게 바리데기 일
행은 불의 나라를 무사히 건널 수 있었습니다. 바리데기 일행이 불의
나라를 전부 통과하는 데에 꼬박 일 년하고도 여섯 달이 걸렸던 것
입니다.

8장

바리데기는 아도니와 노도니, 오늘낭자와 올제도령, 그리고 이무기와 연못일꾼과 함께 요술 가시연잎을 쓰고 불의 나라를 건넜습니다. 그리하여 마침내 서천서역국에 도착하게 되었습니다. 바리데기가 길을 나선지 육년이라는 세월이 흐른 후였습니다. 바리공덕 할머니와 할아버지를 작별할 때 바리데기는 열두 살 소녀였으나 이제는 열여덟 아리따운 처녀로 변해 있었습니다.

　서천서역국은 이제까지의 사막의 나라나 바람의 나라, 물의 나라, 불의 나라와는 전혀 달랐습니다. 기후는 온화하고 날씨는 맑고 화창하였으며 숲은 우거지고 풀과 나무는 푸르고 새들이 지저귀고 나비와 벌이 꽃을 찾아다니고 시냇물이 졸졸 흐르는 아름다운 나라였습니다. 바리데기는 감로수가 어디 있을까 무장승은 어디 살고 있을까 하고 새들에게 묻고 꽃과 나비에게 물어 드디어 감로수가 솟고 있는 아름다운 정원에 도착했습니다.

　그곳은 정말 낙원 같았습니다. 신선과 선녀들이 살 것만 같은 무릉도원이었습니다. 정원 한가운데에는 커다란 바위가 우뚝 서 있었고 그 아래에 옹달샘이 퐁퐁 솟고 있었습니다.

"저게 바로 감로수 일거야."

　하고 노도니가 외치며 달려갔습니다. 그리고 막 손을 뻗쳐 한 모금 뜨려고 하자 어디선가 벽력같은 고함소리가 들렸습니다.

"어떤 놈이 감히 나의 감로수를 훔치려고 하느냐?"

옆에 있던 동굴에서 괴물이 뛰어나오면서 소리쳤습니다. 이 괴물은 머리가 셋 달리고 팔이 여섯이나 달려 있었습니다. 머리 하나는 탐욕스럽고 게걸스럽게 생겼으며 다른 하나는 무시무시하고 사납게 생겼으며 나머지 하나는 우스꽝스럽고 우둔하게 생겼습니다. 여섯 개의 팔은 제각각 칼이며 몽둥이며 창 같은 무기를 들고 있었고 웃통은 옷을 벗어 제쳐 웃옷을 허리춤에 걸치고 있었습니다. 이를 보고 바리데기 일행은 깜짝 놀라 벌벌 떨었습니다. 간신히 바리데기가 나서서 말했습니다.

"저는 불라국에서 온 바리데기이고 이들은 제 친구들입니다. 우리는 무장승님께 부탁이 있어서 찾아왔습니다. 당신은 누구신지요?"

"내가 바로 무장승이다. 삼독대마왕이라고도 부르지. 너희는 무슨 부탁이 있어서 나를 찾아 왔느냐?"

이렇게 무시무시하게 생긴 머리가 말했습니다.

바리데기부터 차례로 말했습니다.

"저는 제 아버지인 오구대왕과 어머니인 길대아기씨왕비가 죽을병에 걸렸는데 무장승님의 감로수를 마시면 나을 수 있다기에 감로수를 얻으러 왔습니다."

"나는 사막의 나라에서 온 오늘낭자입니다. 나는 왜 수많은 금은보화 재산을 가진 최고 부자인데도 만족하지 못하고 더욱 많이 갖고 싶은지, 왜 비싸고 귀한 옷을 입고 좋은 음식을 먹어도 행복하지 않은지 그 이유를 알고 싶어 왔습니다."

이렇게 오늘낭자가 말하고 이어서 올제도령이 말했습니다.

"나는 바람의 나라에서 온 올제도령입니다. 나는 왜 수많은 지식을 알게 돼도 더욱 모르는 것이 많아지는지 왜 미래를 예측하고 대비하는 데도 불안이 가시지 않는지 그 이유를 알고 싶어 왔습니다."

"나는 물의 나라에서 온 이무기요. 나는 여의주를 두 개나 완성시켰는데도 왜 용이 되지 못하는지 그 이유를 알고 싶어 왔소."

"나는 불의 나라에서 온 연못일꾼입니다. 우리는 열심히 연못을 가꾸고 연꽃을 길렀는데 왜 가운데 한 송이만을 제외하고는 나머지 봉오리들이 꽃으로 개화하지 못하는지 그 이유를 알고 싶어 왔습니다."

용이 되지 못한 이무기와 연꽃을 가꾸는 연못일꾼이 차례로 말했습니다.

그러자 삼독대마왕 무장승은 머리를 번갈아 돌려가며 말했습니다. 먼저 우스꽝스럽고 우둔하게 생긴 머리가 말했습니다.

"좋다. 바리데기 너에게는 감로수를 떠가게 해 주마. 오늘낭자와 올제도령, 너희에게는 만족하지 못하는 이유, 행복하지 못한 이유, 불안한 이유를 알려 주마. 이무기와 연못일꾼, 너희들에게도 용이 되지 못한 이유와 다른 꽃봉오리들이 개화하지 않는 이유를 알려주겠다."

이렇게 말한 다음 탐욕스럽고 게걸스럽게 생긴 머리가 이어서 말했습니다.

"하지만 그 전에 너희들은 나에게 대가를 치러야 한다. 나를 위해 여기에 훌륭한 누각을 지어라. 또한 그 앞에 연못을 파고 연꽃을 가꾸어야 한다. 누각은 비단으로 치장해야 한다."

연이어 무시무시하고 사납게 생긴 머리가 말했습니다.

"만약 일을 제대로 하지 못하면 너희들 소원을 들어주기는커녕 너

희를 모조리 죽여 버릴 테다. 너희 모두 죽여서 잡아먹어 버리겠다."

마지막으로 머리 셋이 한꺼번에 소리 질렀습니다.

"당장 시작해라!"

이렇게 소리 지르고는 삼독대마왕 무장승이 도로 동굴 안으로 들어가 버리자 바리데기 일행은 저 괴물이 도대체 무엇인지 술렁거렸습니다. 그러자 서천서역국에서 가장 가까이 살고 있던 연못일꾼이 소문을 들려주었습니다.

"저 탐욕스럽고 게걸스럽게 생긴 머리는 욕심쟁이 무장승이라고 불리지요. 욕심이 대단해서 무엇이든 가지려고 하고 갖고 싶은 것은 누구 것이든 뺏으려고 한답니다. 저 무시무시하고 사납게 생긴 머리는 심술쟁이 무장승이라고 불리지요. 항상 화가 나 있고 짜증을 부리며 조금이라도 마음에 들지 않으면 매우 사납게 변한답니다. 저 우스꽝스럽고 우둔하게 생긴 머리는 거짓말쟁이 무장승이랍니다. 언제나 거짓말을 일삼고 속이기를 좋아해서 남들이 믿고 속으면 어리석게도 기뻐한답니다. 그래서 사람들은 저 머리 셋 달린 괴물을 삼독대마왕이라고 부른답니다."

바리데기 일행은 귀를 모으고 고개를 갸우뚱하며 연못일꾼의 이야기를 들었습니다.

"아득한 옛날에는 삼독대마왕 무장승이 준수하게 생긴 훌륭한 도령이었다는 소문도 있지요. 하지만 아무도 그를 본 사람은 없고 또 왜 저렇게 변하게 되었는지 아는 사람도 없답니다."

연못일꾼이 이렇게 말하는 동안 동굴 안에서 으르렁거리는 소리가 들려왔습니다.

"게으름 피우면 당장 죽여서 잡아먹어 버릴 테다."

바리데기 일행은 두려움에 떨며 얼른 일을 시작했습니다. 바리데기는 일을 나누어서 하기로 하였습니다. 올제도령이 누각을 짓고 오늘낭자가 누각을 치장할 비단을 짜고 이무기가 연못을 파고 연못일꾼은 연꽃을 가꾸기로 각각 맡았습니다. 바리데기는 올제도령을 도와 누각을 설계하고 아도니는 오늘낭자를 도와 베틀을 만들고 노도니는 이무기를 도와 연못에 물을 채우기로 하였습니다.

올제도령은 누각을 열심히 지었고 오늘낭자는 열심히 비단을 짰으며 이무기는 열심히 연못을 파고 물을 채우며 연못일꾼은 열심히 연꽃을 가꾸었습니다. 바리데기와 노도니, 아도니는 올제도령을 도와 목재를 나르고, 오늘낭자를 도와 누에 실을 뽑고 이무기를 도와 도랑을 파고 연못일꾼을 도와 잡초를 뽑으며 열심히 일했습니다.

이렇게 하여 일 년의 세월이 흐르자 드디어 누각과 연못이 완성되었습니다. 누각은 누가 보아도 훌륭한 누각이었고 안팎으로 아름다운 비단으로 치장되어 있었습니다. 연못 또한 누가 보아도 훌륭한 연못으로 아름다운 연잎으로 가득 차 있었습니다. 다만, 불의 나라의 연못과 마찬가지로 한가운데에 있는 봉오리만 크고 아름다운 연꽃송이를 피워 냈을 뿐 다른 봉오리들은 개화하지 못하고 굳게 닫은 그대로였습니다.

바리데기 일행은 삼독대마왕을 일제히 불렀습니다.

"삼독대마왕 무장승님. 말씀대로 누각을 짓고 연못을 파고 치장을 하고 연꽃을 가꾸었으니 약속대로 우리 소원을 들어주십시오."

삼독대마왕은 동굴에서 어슬렁어슬렁 나와 누각과 연못을 둘러보았습니다. 그리고 못마땅한 표정을 짓고는 탐욕스럽고 게걸스러운 머리가 말했습니다.

"누각도 형편없고 연못도 형편없어. 장식도 형편없고 연꽃도 형편없어. 모두가 마음에 안 들어."

심술쟁이 머리는 투덜투덜 짜증을 냈습니다. 거짓말쟁이 머리는 입을 삐죽 내밀었습니다. 바리데기 일행은 삼독대마왕이 트집을 잡고 약속을 지키지 않으면 어떡하나하고 모두들 조마조마해 했습니다.

"그렇지만 내가 약속했으니까 너희들의 부탁을 들어주지."

하고 거짓말쟁이 머리가 시원스레 말하는 바람에 바리데기 일행은 일순간 안도할 수 있었습니다.

"바리데기 너는 저 감로수 옹달샘 물을 떠서 가져가도록 하여라."

바리데기와 아도니, 노도니는 이 말을 듣자 뛸 듯이 기뻤습니다.

"오늘낭자, 너는 수많은 금은보화 재산을 갖고도 만족하지 못하고 비싸고 귀한 옷을 입고 좋은 음식을 먹어도 행복하지 못한 것은 그대 홀로 부자가 되려하고 그대 홀로 누리려 하기 때문이지."

오늘낭자는 이 말을 들으니 그도 그렇다는 생각이 들었습니다.

"올제도령, 너는 수많은 지식을 알고도 더욱 모르는 것이 많아지고 아무리 미래를 잘 예측하고 대비해도 불안이 가시지 않는 것은 그대 홀로 지식을 누리려 하고 그대 홀로 미래를 대비하려하기 때문이야."

올제도령도 이 말을 들으며 옳다고 고개를 끄덕였습니다.

"이무기 너는 가장 위대한 용이 되려고 여의주를 두 개나 물었지만 그대 홀로 남보다 위대한 용이 되려고 했기 때문에 오히려 용이 되지 못한 것이지."

이무기는 이 말을 듣자 그것이 용이 되지 못한 이유인 것 같기도 했습니다.

"연못일꾼, 너는 연꽃의 향기와 아름다움을 너희만 누리려고 하고 벌과 나비며 새들은 모두 쫓아냈지. 그 때문에 나머지 봉오리들은 개화하지 못하는 거야."

연못일꾼 또한 이 말을 들으니 그도 그럴듯하다고 생각했습니다.

무장승의 말이 끝나자 노도니는 얼른 감로수 옹달샘으로 달려갔습니다. 표주박 바가지를 집고 호로병을 꺼내 바가지로 물을 떠서 병에 담으려고 했습니다. 그런데 이게 어찌 된 일입니까. 바가지로 물을 뜨려고 하자 물이 쑤욱 밑으로 달아나는 것이 아니겠습니까. 그래서 노도니가 더욱 몸을 숙여 물을 뜨려고 하니 물은 또다시 더 밑으로 달아나 버리는 것이었습니다. 노도니는 몸을 더욱 들이밀다가 그만 옹달샘 안으로 떨어지고 말았습니다. 그랬더니 풍덩 빠지면서 가슴까지 물이 차는 것이었습니다. 노도니가 물에 앉은 채로 바가지를 집어 물을 뜨려고 하니 다시 물은 아래로 도망가는 것이었습니다.

노도니는 어안이 벙벙하여 물에 젖은 채로 샘 안에 앉았고 바리데기 일행도 이 모습을 어리둥절하여 멍하니 보고 있었습니다. 이들이 당황해 하는 모습을 보고 삼독대마왕은 재미있다는 듯이 손뼉을 치며 깔깔깔 웃어 댔습니다. 아도니가 화를 내며 말했습니다.

"아니 감로수 물을 주신다고 했잖아요."

그러자 거짓말쟁이 머리가 숨넘어갈 듯 깔깔 웃으며 말했습니다.

"나는 너희에게 감로수 물을 떠가게 해준다고 했지 떠서 주겠다고 하지 않았다. 너희들이 떠가지 못하는 것은 너희들 잘못이지 내 잘못은 아니야."

이 말은 들은 오늘낭자와 올제도령, 이무기와 연못일꾼은 약간 불안한 마음이 생겨 일제히 삼독대마왕에게 물었습니다.

"어떻게 해야 만족하고 행복해 질 수 있나요?"

"어떻게 해야 만족하고 불안을 없앨 수 있나요?"

"어찌 해야 용이 될 수 있는 거요?"

"어찌 해야 연꽃을 모두 피우지요?"

그러자 거짓말쟁이 머리는 또다시 깔깔깔 웃어 대며 말했습니다.

"이미 다 말했다. 너희들은 이유를 물었지 해결책을 묻지는 않았어. 약속대로 나는 그 이유를 말해 주었다."

"이 거짓말쟁이!"

오늘낭자와 올제도령, 이무기와 연못일꾼은 이렇게 외치며 삼독대마왕에게 달려들었습니다. 그러나 삼독대마왕은 여섯 주먹을 휘둘러 모두 뿌리쳤습니다. 그리고 모두를 흠씬 두들겨 패는데 바리데기 일행은 삼독대마왕을 당해내지 못하였습니다. 심술쟁이 머리가 길길이 날뛰며 소리 질렀습니다.

"이놈들아, 너희들과 약속한 대로 모두 일러 주었건만 너희는 배은 망덕하게도 도리어 나를 해코지하려고 해? 너희들을 아주 단단히 혼내 주겠다."

삼독대마왕은 바리데기 일행들에게 마구 주먹을 휘둘러 댔습니다. 그때 구석 한쪽에 물러서 있던 바리데기가 앞으로 나서며 조용히 말했습니다.

"그만 하세요, 무장승님. 무장승님은 말씀대로 약속을 지키셨어요.

그러면 이제 제게 감로수를 떠주고 저 분들에게 해결책을 알려 주시려면 어떻게 해야 하나요?"

이 말을 듣자 삼독대마왕은 날뛰던 것을 멈추었습니다. 삼독대마왕의 머리 셋은 바리데기를 한동안 노려보았습니다. 그리고는 서로 마주보며 눈빛을 주고받았습니다. 그런 다음 욕심쟁이 머리가 입을 열었습니다.

"좋다. 바리데기야. 너의 피와 살덩이를 나에게 바쳐라. 네 피와 살을 먹어야겠다. 그러면 감로수를 떠주고 저들에게는 해답을 일러주지."

심술쟁이 머리는 '지금 당장 바쳐라' 하고 외치고 거짓말쟁이 머리는 '이건 거짓말이 아니다' 하고 외쳤습니다. 이 말을 듣고 바리데기 일행은 모두들 일순간 얼어붙었습니다. 그리고 일제히 바리데기를 쳐다보았습니다. 바리데기도 놀라서 일순간 하얗게 변했습니다. 그러나 곧 결심한 듯 주저하지 않고 또박또박 말했습니다.

"좋아요, 무장승님. 제 피와 살을 바치겠습니다. 대신에 감로수를 떠서 아도니와 노도니에게 주세요. 제 어머니와 아버지를 살리게 해주세요. 오늘낭자님과 올제도령님이 불만과 불안을 없애고 행복해 질 수 있도록 알려주시고 이무기님이 용이 되도록, 연못일꾼님이 연꽃을 모두 피우도록 해결책을 알려주세요."

이렇게 말하고는 감로수 옹달샘 뒤에 있는 큰 바위 위로 누가 말릴 겨를도 없이 기어오르는 것이었습니다. 바야흐로 바리데기는 그 바위 꼭대기에서 뛰어 내리려는 것이었습니다.

9장

바리데기는 옹달샘 뒤 큰 바위위로 기어 올라가 꼭대기에 똑바로 섰습니다. 그리고는 뛰어내리려는 듯이 두 손을 모으고 눈을 꼭 감았습니다. 그러자 삼독대마왕 거짓말쟁이 머리가 바리데기를 올려다보고 놀란 표정을 지으며 말했습니다.

"너는 도대체 누구냐? 너는 네 아비 오구대왕이 내다버린 바리데기 아니냐? 네가 감로수를 가지러 온 것은 아비를 구하기보다는 공을 세워 공주의 자리를 찾으려는 것 아니냐? 그런데 네가 죽어버리면 무슨 소용이 있느냐?"

그러자 바리데기가 말했습니다.

"처음에 저는 아무것도 모르는 바리데기였지요. 그러다가 바리데기가 버려진 아기이고 오구대왕의 일곱째 공주인 것을 알게 되었지요. 그런 다음에는 저는 감로수를 찾아 나선 불라국 막내공주인데 아깃적에 버려졌던 바리데기가 되었지요. 그러나 저는 이제 모두 깨달았습니다. 저는 버려진 공주도 아니고 버려졌던 바리데기도 아닙니다. 저는 버려진 적도 없고 버려질 수도 없습니다."

삼독대마왕의 거짓말쟁이 머리는 갸우뚱하며 물었습니다.

"네가 버려진 적도 버려질 수도 없다니 무슨 말이냐? 공주도 아니고 바리데기도 아니라니 도대체 뭐란 말이냐?"

"저는 나면서부터 세상과 함께 있으니 버릴 수도 버려질 수도 없습니다. 저의 참 모습은 버려진 공주도 아니고 버려졌던 바리데기도 아니에요. 저는, 저의 참 모습은 바로 제가 하는 일이에요."

이 말에 삼독대마왕은 혼란스러워하기 시작하였습니다. 욕심쟁이 머리가 빙글빙글 돌면서 되뇌었습니다.

"나는 내가 하는 일이라고? 내가 하는 일은 욕심 부리는 일이지. 그러면 나는 욕심 부리는 일이고 내가 하는 일은 욕심 부리는 일이니까 욕심 부리는 일이 욕심을 부리고 욕심 부리니까 욕심 부리고…"

심술쟁이 머리도 빙글빙글 돌면서 지껄였습니다.

"나는 내가 하는 일이라고? 내가 하는 일은 화내는 일이지. 그러면 나는 화내는 일이고 내가 하는 일은 화내는 일이니까 화내는 일이 화내고 화내니까 화내고…"

거짓말쟁이 머리도 빙글빙글 돌았습니다.

"나는 내가 하는 일이라고? 내가 하는 일은 속이는 일이지. 그러면 나는 속이는 일이고 내가 하는 일이 속이는 일이니까 속이는 일이 속이고 속이니까 속이고…"

이렇게 삼독대마왕의 머리 셋이 빙글빙글 돌면서 혼란스러워 하였습니다. 바리데기는 삼독대마왕의 머리가 정신없이 도는 것을 바라보면서 단호하게 말했습니다.

"그래요. 나는 바로 내가 하는 일이에요. 내가 남을 위해서 하는 일이지요."

이 말이 떨어지자 빙글빙글 돌던 삼독대마왕의 머리들이 딱 멈춰섰습니다. 그리고 일제히 외쳤습니다.

"남을 위해서 하는 일이라고!"

"남을 위해서 욕심을 부린다고?"

"남을 위해서 화를 낸다고?"

"남을 위해서 거짓말을 한다고?"

삼독대마왕의 머리 셋은 일제히 놀라서 눈이 휘둥그레졌습니다. 그러더니 머리들이 부풀어 오르고 연기가 피어오르기 시작했습니다. 바리데기는 결심을 한 듯 두 눈을 꼭 감고 주먹을 꼭 쥐고 아래로 뛰어 내렸습니다. 그 순간 삼독대마왕 무장승은 혼란을 이기지 못해서인지 펑하고 연기를 내며 폭발해 버렸습니다. 바리데기는 연기 속으로 떨어져 사라졌습니다. 이것이 순식간에 일어난 일이라 바리데기 일행은 그저 어안이 벙벙하여 바라만 보고 있었을 뿐이었습니다. 바리데기가 연기 속으로 떨어지자 그때서야 아도니와 노도니는 공주님 하고 울부짖으며 달려갔습니다.

그런데 다음 순간 연기가 걷히고 나서 보니 이게 어떻게 된 일입니까. 삼독대마왕은 간 곳 없고 준수하고 잘생긴 도령이 바리데기를 받아 안고 서 있는 것이 아니겠습니까. 바리데기는 그 도령의 품에 안겨 두 눈을 꼭 감고 있었습니다. 도령은 바리데기를 살포시 땅에 내려놓고는 옷깃을 여민 뒤 바리데기에게 허리를 굽혀 공손히 인사하는 것이었습니다. 놀란 바리데기가 자세히 보니 그 도령은 바로 이무기의 여의주에서 본 바로 그 신랑이었습니다. 당황한 바리데기는 말했습니다.

"당신은 누구세요? 삼독대마왕은 어디 갔나요?"

"제가 바로 무장승입니다. 삼독대마왕은 저의 다른 모습이지요. 저의 탐욕과 분노와 어리석음이 극에 달해서 그런 모습으로 변했지요.

그런데 그대의 깨달음과 자신을 희생하려는 마음씨가 저를 미혹에서 구해 주었습니다. 저의 거짓 모습을 벗게 하고 참 모습을 되찾게 해 주었습니다. 바리데기님께 감사드립니다."

이를 보고 오늘낭자와 올제도령, 이무기와 연못일꾼이 모두 무장승 주위로 몰려왔습니다. 그리고 일제히 외쳤습니다.

"당신이 바로 무장승이라고? 그러면 우리들 소원은 어떻게 되는 거지?"

그러자 무장승은 조용히 말했습니다.

"그대들은 이미 바리데기님의 말과 마음씨에서 그 해답을 알았을 것입니다. 그대들은 그대들 자신만의 욕심에 집착해 있기 때문에 오히려 그대들의 소원을 이루지 못하는 것입니다."

무장승은 먼저 연못일꾼을 돌아보며 말했습니다.

"연못일꾼님, 연못일꾼님은 연꽃의 향기와 아름다움을 자신들만 누리고 다른 이들을 쫓아내기 때문에 나머지 봉오리들이 개화하지 않는 것입니다. 저 가운데 가장 크고 향기로운 첫 송이를 남에게 주십시오. 그러면 나머지도 모두 피어날 것입니다."

연못일꾼은 이 말을 듣자 낭패한 듯이 얼굴이 굳어졌습니다. 왜냐하면 첫 송이 연꽃이 가장 크고 향기로울 뿐만 아니라 신기한 힘도 가지고 있었기 때문입니다. 그 신기한 힘이란 이 연꽃을 지니면 누구나가 그 가진 사람을 존경하고 좋아하도록 만드는 것이었습니다.

연못일꾼은 잠시 주저하다가 결심한 듯 연못 속에 들어가 첫 송이 연꽃을 꺾어서 나왔습니다. 그리고는 바리데기에게 그 꽃을 주었습니다.

"이 꽃을 바리데기님에게 드리겠어요."

그러자 연못에 있던 모든 꽃봉오리들이 천천히 피어나기 시작했습니다. 모든 연꽃이 일시에 만개하자 연못은 일대 장관을 이루었습니다. 연꽃이 피기 이전에도 연못은 매우 아름다웠지만 연꽃이 만발하고 나니 더욱 아름다웠습니다.

무장승은 이어서 이무기를 돌아보고 말했습니다.

"이무기님, 이무기님은 남보다 위대한 용이 되려는 욕심에 여의주를 두 개나 물었기 때문에 오히려 용이 될 수 없었던 것입니다. 여의주 하나를 남에게 주면 바로 용이 될 수 있습니다."

이무기는 이 말을 듣자 탄식하였습니다.

"나는 가장 위대한 용이 되려고 두 개의 여의주를 완성시켰는데 오히려 그 때문에 용이 되지 못하다니…. 여의주 하나는 바리데기님께 드리리다."

이렇게 말하고 여의주 하나를 뱉어내어 바리데기에게 주었습니다. 이무기가 여의주 하나를 내놓는 순간 이무기는 이마에서 뿔이 돋기 시작하고 주둥이는 뾰족해지면서 수염이 나고 등줄기에는 갈기 비늘이 돋아나고 몸통은 가늘어지면서 다리 넷이 뻗어 나왔습니다. 그러자 마른하늘에 천둥 번개가 치면서 용이 된 이무기는 하늘로 올라가는 것이었습니다. 하늘로 오른 용은 바람과 구름을 일으키고 비를 뿌리며 한바탕 조화를 부렸습니다. 그런 다음 다시 땅위로 내려와 일행 곁에 콧김을 뿜으며 엎드렸습니다.

무장승은 끝으로 오늘낭자와 올제도령을 함께 보며 말했습니다.

"그대들은 그대들 홀로 자신들만의 욕심을 이루려하기 때문에 불만과 불안에서 벗어날 수 없는 것입니다."

이렇게 말하며 오늘낭자와 올제도령을 이끌어 서로 손을 맞잡게 했습니다.

"그대들은 자신만이 최고가 되어야 한다는 집착을 버리고 자신만을 위하려는 마음을 없애고 상대를 존경하고 위하면 행복해질 것입니다."

오늘낭자와 올제도령은 서로 손을 맞잡은 채 마주 보았습니다. 처음에는 약간 당황하고 굳은 표정이었으나 이내 둘 다 환한 웃음을 띠었습니다.

이렇게 하고 나서 무장승은 바리데기에게 다가가 손을 내밀어 바리데기가 들고 있던 첫 송이 연꽃과 여의주를 달라고 했습니다. 바리데기가 이들을 건네주자 무장승의 손 위에서 연꽃은 작은 반지로 변하고 여의주는 작은 구슬로 변하였습니다. 무장승이 구슬을 연꽃반지 속에 넣자 빛나는 구슬반지가 되었습니다. 무장승은 이 반지를 바리데기의 손가락에 끼워 주었습니다. 그러자 바리데기는 온 몸이 환하게 빛나는 것이었습니다.

이를 보고 아도니와 노도니가 외쳤습니다.

"바리공주님 만만세!"

나머지 일행도 뒤따라 외쳤습니다.

"바리공주님 만만세!"

바리데기는 이 모두가 얼떨떨했지만 고개 숙여 답례했습니다. 그런 다음 무장승에게 말했습니다.

"이제 감로수를 가져갈 수 있나요?"

"그대가 바로 감로수입니다. 그대가 뜨는 물이 환생수이며 그대가 주는 물이 불로장생수이지요. 저 옹달샘 물도 훌륭한 약수이니 저 물을 떠가도록 하지요."

바리데기가 옹달샘으로 가서 표주박 바가지로 물을 뜨니 이번에는 물이 달아나지 않고 그대로 있었습니다. 바리데기가 물을 떠서 호로병에 담고 나자 무장승은 모두에게 말했습니다.

"나는 이제 바리공주님을 따라 불라국으로 가겠소. 이 서역국은 이제 비울 테니 오늘낭자님과 올제도령님이 여기 살아도 좋소. 용이 된 이무기님은 우리를 불라국까지 태워주시오. 연못일꾼님은 어떻게 하시려오?"

"저는 불의 나라에 돌아가 연꽃 봉오리를 개화시키는 방법을 일러 주어야지요."

이렇게 연못일꾼은 돌아가기로 하고 오늘낭자와 올제도령은 무장승의 나라에서 저들이 지은 집과 연못 정원에서 살기로 하였습니다. 바리데기와 무장승, 그리고 아도니와 노도니는 이무기였던 용을 타고 불라국으로 돌아갔습니다. 바리데기가 아도니, 노도니와 함께 길을 떠나 육 년 만에 서천서역국에 도달하였지만 돌아갈 때는 용을 타고 날아가니 한나절 만에 불라국 궁궐 앞뜰에 내렸습니다.

바리데기는 내리자마자 길대아기씨왕비에게 달려갔습니다. 길대아기씨왕비는 야윌 대로 야위어 제대로 움직이지도 못했지만 바리데기를 보고 기쁜 표정을 지었습니다. 바리데기가 어머니 하고 부르며 호로병을 열어 감로수를 입에 흘려 넣었습니다. 그러자 길대아기씨왕비는 금방 기력을 회복하는 듯 보였습니다. 길대아기씨왕비가 조금 원

기를 회복하자 바리데기는 오구대왕에게로 달려가 감로수를 마시게 하였습니다. 오구대왕 역시 기진맥진해 있었는데 감로수를 마시자 금방 기운을 차렸습니다. 이렇게 며칠이 지나자 오구대왕과 길대아기씨 왕비는 병으로부터 완전 회복한 듯 건강해졌습니다.

10장

얼마후 불라국 궁궐에서는 잔치가 열렸습니다. 바리공주와 무장승의 혼례 잔치였지요. 가운데에는 크고 으리으리한 차양 막을 치고 오구대왕과 길대아기씨왕비가 앉아 건강한 모습으로 환하게 웃고 있었습니다. 그 앞에는 진수성찬이 차려져 있고 그 앞 뜰 가운데에는 바리공주와 무장승이 맞절을 하고 있었습니다. 오늘낭자가 준 선녀옷을 입은 바리공주는 눈부시게 아름다웠습니다. 이 모든 것이 예전에 용이 되지 못한 이무기의 여의주 속에서 본 모습 그대로였습니다.

　뜰아래 차양에는 여섯 언니공주와 그 남편들이 앉았습니다. 첫째언니 왕눈이 일안공주는 남편이 고관대작으로 남편과 함께 큰 눈으로 주위를 두리번두리번 살피고 있었습니다. 둘째언니 왕귀 이이공주는 남편이 악사로서 역시 큰 귀 남편과 함께 이리 솔깃 저리 솔깃 주위 말에 귀 기울이고 있었습니다. 셋째언니 왕코 삼비공주는 남편이 술 빚는 사람으로서 연신 술 냄새를 맡으며 품평하고 있었습니다. 넷째언니 왕입 사설공주는 남편이 요리사로서 맛난 음식을 먹느라 정신이 없었습니다. 다섯째언니 왕몸 오신공주는 남편이 의사로서 둘 다 뚱뚱하여 움직이기 귀찮아하고 있었습니다. 여섯째언니 왕머리 육의공주는 남편이 학자로서 서로 머리를 맞대고 무언가 끙끙대며 풀고 있었습니다.

　오늘낭자와 올제도령도 보였습니다. 서로 맛난 음식을 집어 주며

다정하고 행복한 모습이었습니다. 이무기였던 용을 타고 참석하였다고 합니다. 용은 하늘로 날아올라 구름으로 무장승님 만세, 바리공주님 만만세 라고 축하글자를 온 하늘에 수놓았습니다. 연못일꾼들도 한 귀퉁이에 앉아 메뚜기튀김요리와 모기눈알볶음요리를 즐기고 있었습니다. 아도니와 노도니도 한구석을 차지하고 앉아 차를 홀짝홀짝 마시고 있었습니다. 바리공주의 서역 모험여행에서 누가 더 활약했는지 옥신각신 다투면서 말입니다.

바리공주의 모험
(극본)

등장인물

바리데기　오구대왕의 일곱째 공주. 열두 살에 모험여행에 나섬.

아도니　오구대왕의 신하. 바리데기를 따라 모험여행에 나섬.

노도니　오구대왕의 신하. 바리데기를 따라 모험여행에 나섬.

여섯 공주　일안, 이이, 삼비, 사설, 오신, 육의. 바리데기의 언니 공주들.

오구대왕　불라국의 왕. 여섯 공주와 바리데기의 아버지.

길대아기씨왕비　오구대왕의 부인. 여섯 공주와 바리데기의 어머니.

오늘낭자　사막의 나라에 살고 있는 붉은옷처녀.

올제도령　바람의 나라에 살고 있는 푸른옷총각.

이무기　물의 나라에 살고 있는 용이 되지 못한 큰 구렁이.

연못일꾼　불의 나라 연못에서 연꽃을 가꾸는 일꾼들의 우두머리.

무장승　삼독대마왕, 심술쟁이 머리, 욕심쟁이 머리, 거짓말쟁이 머리를 달고 있음.

기타　바리공덕할머니, 할아버지, 다람쥐, 박새, 미꾸리, 패랭이꽃, 낙타, 순록, 연못일꾼들, 천지신명신령.

1장

바리데기가 노래를 부르며 숲 속 길을 가고 있다. 옆구리에 바구니를 끼고 나물 캐러 나온 모양이다. 누군가가 바리데기를 미행하는 듯한 시선으로 바리데기를 뒤따라가고 있다.

바리데기   (노래, 세상의 모든 공주들)
　　　　　세상의 모든 딸들은
　　　　　버려져서 태어나지요.
　　　　　모든 딸들은 태어나면
　　　　　세상에 버려지지요.
　　　　　세상은 어머니에게서 태어나지만
　　　　　모든 딸들에게 이 세상은
　　　　　태어나기 너무 힘든 곳이지요.

　　　　　세상의 모든 딸들은
　　　　　예쁜 공주랍니다.
　　　　　모든 딸들은 태어나면
　　　　　귀한 공주랍니다.
　　　　　하지만 세상은 공주의 나라가 아니지요.
　　　　　모든 딸들에게 이 세상은
　　　　　공주로서 살기에는 너무 힘들지요.

바리데기는 발걸음 가볍게 계속 길을 가는 데 어디선가 꼼지락 뒤척이는 소리가 들린다. 바리데기가 소리를 따라 가보니 아기다람쥐가 땅바닥에서 바둥대고 있다. 바리데기는 아기다람쥐를 두 손으로 가만히 들어 올린다.

바리데기　어머나, 불쌍해라.

바리데기는 아기다람쥐를 나무 등걸 둥지에 조심조심 넣어주고 다시 가던 길을 힘차게 간다. 또 어디선가 파닥파닥 뒤척이는 소리가 들린다. 이번에는 아기박새가 땅바닥에서 파닥거리고 있다.

바리데기　어머나, 둥지에서 떨어진 모양이구나.

바리데기는 아기박새를 두 손으로 감싸 올려 둥지 속에 넣 어 준다. 다시 가던 길을 재촉하는데 이번에는 길 옆 얼마 남지 않은 물웅덩이에서 아기미꾸리가 팔짝거리고 있다.

바리데기　어머나, 얼마나 힘들었을까.

바리데기는 아기미꾸리를 손에 담아 근처 큰 물웅덩이로 옮겨준다. 다시 길을 가는데 이번에는 길 옆 패랭이꽃이 줄기가 꺾여 땅바닥에 너부러져 쿨럭대고 있다.

바리데기 어머나, 얼마나 아팠을까.

바리데기는 근처 나뭇가지로 패랭이꽃에 부목처럼 받쳐 세우고 억새
풀로 묶어 준다. 바리데기는 계속 노래를 흥얼거리며 간다. 드디어
오두막집이 나타나고 사립문 앞으로 걸어간다. 시선은 계속 미행하듯
이 뒤쫓고 있다. 이윽고 사립문 앞에 선 바리데기가 그때서야 뒤돌아
보고 화들짝 놀란다. 뒤따라 온 시선은 아도니와 노도니이다.

바리데기 아니, 아도니아줌마, 노도니아저씨, 언제 오셨어요?
아도니 바리데기님, 그동안 잘 지내셨나요? 바리공덕할머니와 할
       아버지도 잘 계시지요?
노도니 바리공덕할머니와 할아버지는 안에 계신가요? 바리데기님
       과 할머니, 할아버지께 드릴 말씀이 있어서 왔는데….
바리데기 네, 계실 거예요. 안으로 들어가세요.

바리데기와 아도니, 노도니가 오두막집 안으로 들어간다. 바리공덕할
머니는 바느질을 하고 있고 할아버지는 새끼줄을 꼬고 있다. 아도니,
노도니는 할머니, 할아버지에게 인사하고 자리에 앉는다.

할아버지 자네들, 오래간만에 보는군. 그래, 잘지냈는가?
아도니,노도니 네, 할아버지, 할머니께서도 그동안 안녕하셨는지요?
바리공덕할머니 음, 그동안 바리데기와 잘 지냈지. 바리데기 너무 부지런
         해서 요즘 우리가 할 일이 별로 없어.

바리데기　할머니, 할아버지. 이제 제가 일 다 할 테니 편히 지내세요.

할아버지　어린 네가 무슨 일을 다 한다고 그러느냐. 이 할아비 할미
　　　　　가 해야지.

아도니　　(눈치를 보며) 바리데기님께 부탁드릴 일이 있어서 이렇게
　　　　　왔습니다.
　　　　　(쭈뼛쭈뼛하다가) 바리데기님이 누구신지 이제 밝혀야 하
　　　　　게 되었습니다.

할머니와 할아버지는 놀란 눈치로 서로 돌아본다. 아도니는 잠시 뜸
을 들이다가 말한다.

아도니　　바리데기님, 이제 제 말씀을 듣고 너무 놀라지 마십시오.
　　　　　바리데기님은 사실은 공주님이십니다.

바리데기　(전혀 놀라지 않은 눈치로) 알고 있어요. 제가 공주라는
　　　　　것을요. 할머니와 할아버지가 항상 저를 부를 때 우리 공
　　　　　주님, 우리 공주님 하시거든요.

아도니　　바리데기님, 그런 공주는 저희가 말하는 공주가 아닙니다.

바리데기　그럼 아도니아줌마가 말하는 공주는 어떤 공주인가요?

아도니　　제가 말하는 공주는 항상 예쁜 옷을 입고 아름다운 음악
　　　　　을 들으며 향기로운 향수를 뿌리고 맛있는 음식을 먹고
　　　　　부드러운 침대에서 잠들며 재미있는 놀이를 즐기는 귀한
　　　　　소녀랍니다.

바리데기　저도 할머니가 만들어 주시는 예쁜 옷을 입고 아름다운

새소리를 들으며 꽃향기 풀향기를 맡고 맛있는 산나물 들
나물을 먹으며 편한 잠자리에 자면서 재미있게 놀고 할머
니 할아버지가 저를 귀하디귀하게 여기는데요?

아도니와 노도니는 눈을 동그랗게 뜨고 서로 마주본다. 오두막집 안
에는 작은 나무장과 그 위에 누덕누덕 기운 이불이 있고 한 쪽에는
개다리소반이 있으며 바리데기의 옷은 깨끗하지만 기운 흔적이 있다.

아도니   (부드럽게 웃으며) 공주님, 놀라지 마시고 들어보세요. 공
           주님은 진짜 공주님이십니다. 이 나라의 대왕인 오구대왕
           이 공주님의 아버지시고 이 나라의 왕비인 길대아기씨왕
           비가 공주님의 어머니이십니다.
바리데기   (깜짝 놀라면서) 아니, 내게 어머니와 아버지가 살아 계신
           다는 말이에요?
아도니   예, 공주님의 어머니는 길대아기씨왕비님이고 공주님의 아
           버지는 오구대왕님이십니다. 바리데기님은 이 나라 오구대
           왕님과 길대아기씨왕비님의 일곱째 막내 공주님이십니다.
           바리데기님 위로 여섯 언니공주님들이 있지요. 제 이야기
           를 들어 보십시오. 바리데기님.

아도니의 이야기가 장면이 바뀌어 여섯 공주가 등장한다.

일안공주   나는 첫째 왕눈이 일안공주. 예쁜 옷이 너무 좋아.

이이공주	나는 둘째 왕귀 이이공주. 아름다운 음악소리가 너무 좋아.
삼비공주	나는 셋째 왕코 삼비공주. 향기로운 냄새가 너무 좋아.
사설공주	나는 넷째 왕입공주, 맛있는 음식이 너무 좋아.
오신공주	나는 다섯째 왕몸 오신공주, 부드러운 촉감이 너무 좋아.
육의공주	나는 여섯째 왕머리 육의공주, 재미있는 놀이가 너무 좋아.

장면이 바뀌어 아도니가 이야기한다.

아도니	길대아기씨왕비는 여섯 언니공주를 낳고 또 일곱째 공주를 낳으셨지요. 그런데 어떤 연유로 궁궐에서 키우지 못하고 바리공덕할머니와 할아버지에게 맡기게 되었습니다.
바리데기	(고개를 갸웃하며) 무슨 이유로요?
아도니	(약간 당황하며) 그건 저도 모르겠습니다. 차차 알게 되겠지요.

장면이 바뀌어 오구대왕과 길대아기씨왕비가 몸져누운 화면 영상과 함께 아도니의 이야기가 전개된다.

아도니	(목소리 나레이션) 그런데 그만 오구대왕님과 길대아기씨왕비님이 시르시름 앓기 시작하여 우울병에 걸리고 말았습니다. 병이 깊어지자 저희 신하들은 걱정스러워 전국에서 유명한 의원들을 모두 불러 모아서 약을 짓게 하였습니다. 그러나 오구대왕님과 길대아기씨왕비님은 약을 먹

기는커녕 쳐다보지도 않았습니다. 대왕님과 왕비님은 나날이 약해지고 야위어가서 이제는 죽을 날 만 기다리는 처지가 되고 말았습니다. 그러던 어느 날 오구대왕님은 기이한 꿈을 꾸게 되었습니다. 꿈속에 천지신명 신령님이 나타나서 말했습니다.

장면이 바뀌어 하얀 수염을 기른 신령이 나타난다.

천지신명신령   그대의 병은 그대가 그대 자손을 키우지 않고 내다버려서 생긴 것이다. 그대의 병이 나으려면 그대 자손 중 하나가 서천서역국에 가서 감로수를 가져오고 그 감로수를 마시면 낫게 될 것이다.

아도니   (목소리 나레이션) 신기하게도 이와 똑같은 꿈을 길대아기 씨왕비님도 꾸고 저와 노도니도 꾸었습니다. 오구대왕님은 저희를 불러놓고 꿈 이야기를 하셨습니다.

오구대왕   여봐라, 내가 꿈을 꾸었는데 천지신명 신령님이 나타나 내 병과 왕비의 병을 고치려면 공주 중 한사람이 서천서역국에 가서 감로수를 떠와야 한다는 구나.

아도니.노도니   대왕마마, 저희도 방금 똑같은 꿈을 꾸었사옵니다.

오구대왕   그래? 거참 신기하도다. 서천서역국은 어디에 있는 나라이며 감로수는 무엇이란 말이냐?

아도니   서천서역국은 서쪽 아주 멀리 있는 나라이옵니다. 그곳에 가려면 뜨거운 모래바람이 부는 사막의 나라와 차가운 눈보라가 몰아치는 바람의 나라, 끝없이 질척거리는 진흙 늪과 습지로 된 물의나라, 그리고 화산의 불덩이와 재가 쏟아지는 불의 나라를 건너가야 한다고 하옵니다.

노도니   감로수는 서천서역국의 어떤 샘에서 나오는 신기한 샘물 이온데 무장승이 지키고 있다고 하옵니다. 이 무장승은 머리가 셋, 팔이 여섯 달린 괴물이라는 소문도 있고 아 주 잘생긴 도령이라는 소문도 있사옵니다.

오구대왕   서천서역국은 그렇게 멀리 있고 가는 길은 그렇게 험한데 여섯 공주중에 누가 나설 수 있을꼬?

아도니,노도니   저희가 여쭈어 보겠습니다.

장면이 바뀌어 여섯 공주가 등장한다. 여섯 공주가 다함께 노래한다.

여섯공주   (노래, 세상은 나를 위해 존재하지)
          산에 들에 온갖 아름다운 꽃들은
          누굴 위해 피나, 나를 위해 피지
          산에 들에 온갖 지저귀는 새소리
          누굴 위해 노래하나, 나를 위해 노래하지
          예쁜 꽃도 내가 안보면 아무 필요 없네
          좋은 노래도 내가 안 들으면 무슨 소용

          산에 들에 온갖 향기로운 꽃들
          누굴 위해 향기롭나, 나를 위해서지

아침 저녁 온갖 맛있는 음식

누굴 위해 차렸을까, 나를 위해서지

향기로운 꽃내음도 내가 없으면 그뿐

맛있는 음식도 내가 안 먹으면 무슨 소용

부드러운 침대에 누워 꿈을 꾸네

예쁜 옷 입고 즐거운 노래 듣는 나날을

머리 돌려 지나온 기억을 되새기지

그윽한 향기와 아스라한 맛을

잊지 않도록

세상에는 두 가지만 있지

내가 좋아하는 것, 아닌 것

세상은 두 가지로 나뉘지

날 위한 것, 아닌 것

내가 좋아하지 않으면, 날 위하지 않으면

세상에 왜 있는 거지? 있을 필요 없는데

아도니와 노도니가 등장하여 여섯 공주에게 다가가 무언가 말하는
태도를 취한다. 여섯 공주가 차례로 말한다. 첫째 일안공주는 예쁘
고 화려하게 치장하고 있다. 둘째 이이공주는 음악을 듣는데 정신이
팔려있다. 셋째 삼비공주는 향수의 향기에 취해 있다. 넷째 사설공주
는 먹느라 정신이 없다. 오신공주는 침대에서 뒹굴고 있다. 다섯째 육
의공주는 장기에 온통 정신을 쏟고 있다.

일안공주　서천서역국은 아주 멀리, 사막의 나라, 바람의 나라, 물의
　　　　　나라, 불의 나라를 지나야만 갈 수 있다는데 예쁜 옷을
　　　　　입은 저같이 연약한 공주가 어떻게 갈 수 있겠어요. 게다
　　　　　가 감로수를 지키는 무장승은 아주 무시무시하게 생겼다
　　　　　는데 보기에도 아주 끔찍하겠죠?

이이공주　서천서역국은 아주 멀리 험한 곳에 있다는데 음악이나 듣
　　　　　는 저같이 연약한 공주가 어떻게 갈 수 있겠어요. 감로수
　　　　　를 지키는 무장승은 무시무시한 소리를 낸다는데 아주
　　　　　끔찍하겠죠?

삼비공주　저는 향수 만드느라 좀 바빠서요. 무장승은 아주 고약한
　　　　　냄새가 날 것 같아요. 아버지 어머니는 감로수보다 약초
　　　　　향 향기가 더 효과가 있을 것 같은데….

사설공주　서천서역국으로 멀리 가려면 그동안 맛있는 음식을 전혀
　　　　　먹지 못할 거예요. 저는 맛있는 것을 먹지 못하면 병나요.
　　　　　아버지 어머니도 못 드셔서 병이 나셨을 거예요.

오신공주　저는 부드러운 침대가 없으면 잠을 못자요. 서천서역국에
　　　　　이 큰 침대를 이고 갈 수도 없고… 언니들도 못 가는데
　　　　　제가 어떻게 갈 수 있겠어요?

육의공주　감로수를 마시면 낫는다는 꿈은 꿈일 뿐이에요. 믿을 수
　　　　　가 없잖아요? 그런 꿈을 믿고 서역에 간다는 것은 어리석
　　　　　은 일이에요.

아도니와 노도니는 어깨를 늘어뜨리고 고개를 숙인 채 힘없이 오구대

왕이 누워 있는 병상으로 간다.

아도니   대왕마마, 여섯 공주 모두 서천서역국에 갈 수 없다고 하
            옵니다.

오구대왕   (한숨을 내쉬며) 아아, 자식이 여섯이나 되어도 부모를 위
            하여 나서는 자식은 아무도 없구나. 이제 죽을날만 기다
            리는 수밖에 없도다.

이때 노도니가 우물쭈물 아도니의 눈치를 본다.

아도니   노도니, 왜 그래? 왜 내 눈치를 보는 거야? 그냥 말해봐.

노도니   (조심스럽게) 대왕마마, 아뢰옵기 황공하오나 아직 말해보
            지 않은 따님이 한 분 더 계십니다.

오구대왕   뭐라고? 그게 무슨 말이냐?

아도니   (그때서야 깨닫고 황급히) 대왕마마, 사실은 일곱째 공주
            가 바리공덕할머니 집에서 살고 있습니다.

오구대왕   무엇이라고? 일곱째 공주가 살아 있다고?

아도니   고정하시옵소서. 그 말씀은 차차 드리기로 하고 우선 일
            곱째 공주를 찾아가서 말해 보겠습니다.

오구대왕   (눈물을 흘리면서) 아아, 이 모두 나의 잘못이로다. 내가
            이제 와서 무슨 낯으로 나를 위해 머나먼 서천서역국으
            로 고생하며 가라고 하겠느냐. 내버려 두어라. 그리고 일
            곱째 아이는 이제 궁궐로 돌아와서 편히 행복하게 살라

고 하여라.

아도니의 이야기 장면이 끝나고 다시 바리공덕할머니 오두막으로 바뀐다.

아도니   이렇게 해서 저희가 일곱째 막내공주님인 바리데기님을 모시러 온 것입니다.

아도니는 이야기를 맺고 바리데기를 쳐다본다.

바리데기   (초롱초롱한 눈빛으로) 내게 어머니와 아버지가 있다는 것이 너무 기뻐요. 제가 서천서역국에 가서 감로수를 가지고 오겠어요. 어머니 아버지 병환을 고쳐드리고 함께 살겠어요.

아도니   하지만 공주님, 서천서역국은 아주 멀리 있답니다. 그곳에 가려면 뜨거운 모래바람이 부는 사막의 나라와 차가운 눈보라가 몰아치는 바람의 나라, 끝없이 질척거리는 늪과 습지로 된 물의 나라, 그리고 화산의 불덩이와 재가 쏟아지는 불의 나라를 지나가야 합니다.

노도니   그리고 서천서역국에는 감로수를 지키는 무장승이 있는데 무장승은 머리가 셋, 팔이 여섯 달린 괴물이랍니다. 이런 곳엘 어린 공주님이 어떻게 가시겠어요? 그냥 궁궐에 가서 언니공주들과 편히 지내시지요.

바리공덕할머니 그래, 바리데기야. 그동안 고생했는데 오구대왕님이 허락
　　　　　　　하셨으니 이제 그만 궁궐에 가서 편히 행복하게 지내도록
　　　　　　　하여라.

바리데기　　　괜찮아요. 내게 어머니 아버지가 계신 것을 알았으니 너
　　　　　　　무 기뻐요. 또 제가 어머니 아버지 병환을 고칠 수 있다
　　　　　　　니 더욱 기뻐요. 아무리 힘들고 어려워도 아도니아줌마와
　　　　　　　노도니아저씨가 같이 가주시면 아무렇지 않을 거예요. 아
　　　　　　　도니아줌마, 노도니아저씨, 저와 같이 가실 거죠?

아도니.노도니　(감격하여) 그럼요, 공주님. 공주님이 가시는 곳이라면 어
　　　　　　　디까지라도 언제까지라도 모시고 따르겠습니다.

바리데기　　　그런데 할머니와 할아버지는 제가 돌봐드려야 하는데…
　　　　　　　제가 없는 동안 어떡하지요?

바리공덕할머니 우리 걱정은 하지 말아라. 잘지낼 테니까.

아도니　　　　저희가 오구대왕님께 말씀드려 두 분을 돌보아 드리도록
　　　　　　　하겠습니다.

바리데기　　　고마워요. 이제 어머니 아버지를 뵈러 갈까요?

장면이 서서히 어두워진다.

2장

바리데기는 아도니, 노도니와 함께 불라국의 궁궐에 와서 우선 길대아기씨왕비를 만나러 간다. 길대아기씨왕비는 침상에 야위고 수척한 모습으로 누워 있다.

바리데기　(달려가 안기며) 어머니!

길대아기씨왕비 (눈물을 흘리며) 네가 막내로구나. 불쌍한 내 아기.

바리데기　네, 바리데기예요. 어머니, 제가 서천서역국에 가서 감로수를 가져와 어머니 병환을 낫게 해 드리겠어요.

길대아기씨왕비 (아무 말 없이 눈물만 흘린다) …

바리데기는 나와서 오구대왕을 만난다. 오구대왕 역시 야위고 수척한 모습으로 누워 있다.

바리데기　(달려가 엎드리며) 아버지!

오구대왕　(바리데기를 보고는 눈을 감으며) 네가 일곱째로구나. 내가 잘못했다.

바리데기　(일어서서 오구대왕의 팔을 잡고) 아버지, 제가 서천서역국에 가서 감로수를 가져오겠어요.

오구대왕　(부끄러운 듯 돌아누우며) 아니다, 얘야. 어린 네가 어떻게 그 고생을 하겠느냐. 그냥 궁궐에서 편히 지내거라. 그리

	고 이 아비를 용서하도록 하여라.
바리데기	용서라니요? 무엇을요? 아니에요. 제가 감로수를 가져와 서 아버지 병환을 고쳐 드릴 게요.
오구대왕	(돌아누운 채 한 줄기 눈물을 흘린다) …

오구대왕 방에서 나온 바리데기는 여섯 언니공주들을 만난다. 여섯 공주들이 차례로 등장한다.

일안공주	아유, 네가 바로 바리데기로구나. 무슨 옷이 이렇게 촌스 럽고 안 예쁘니? 네가 서천서역국에 간다고? 아버지는 너 를 내다버렸는데 너는 아버지를 위해 힘든 일을 마다하지 않다니 여하튼 대견하네. 나도 같이 가고 싶다마는 다른 할 일이 너무 많아서 바쁘단다. 대신에 이 예쁜 장식노리 개를 주마. 예쁜 옷에 아주 잘 어울릴 거야.
바리데기	(혼잣말로) 아버지가 날 내다버렸다고? 무슨 말이지?
이이공주	아유, 네가 바리데기로구나. 무슨 소리를 듣고 자랐을까. 이래서야 공주란 말을 듣겠니. 아버지는 너를 내다버렸는 데 너는 아버지를 위해 멀고 험한 곳을 가다니. 이게 옳 은 건지 사람들 말을 들어봐야지. 그러려면 바빠서 너와 같이 갈 수는 없을 거야. 대신에 이 소라고둥을 주마. 아 주 아름다운 소리가 나온단다.
삼비공주	아유, 바리데기야. 무슨 이런 시골 냄새가 나니? 서역에 간 다니 대견하구나. 아버지는 너를 내다버렸는데…. 나도 같

이 가주고 싶지만 바빠서 말이야. 대신 이 약초향 한 다발을 줄게. 향기가 피로를 풀어 준단다.

사설공주　아유, 바리데기야. 너는 무얼 먹고 자랐니? 서역에 간다고? 아버지는 널 내다버렸는데? 대견하네. 나도 가고 싶지만 할 일이 너무 많거든. 대신 이 은수저 한 벌을 주마. 식사를 즐겁게 해줄 거야.

오신공주　아유, 바리데기로구나. 잠은 잘 잤니? 감로수를 가지러 간다고? 기특해라. 아버지는 널 버렸다는데…. 나도 같이 가고 싶다만 집 떠나면 잠을 못 자거든. 대신이 비단베개를 주마. 잠을 편히 잘 수 있을 거야.

육의공주　아유, 바리데기야. 무슨 놀이하고 지냈니? 감로수 가지러 간다고? 감로수를 마시면 낫는다는 꿈을 어떻게 믿니? 아버지는 너를 내다 버리고서는 또 말도 안 되는 꿈으로 그 멀고 험한 곳으로 보내다니. 꿈 따위는 믿을 수 없어. 여하튼 기특하네. 내가 이 주사위를 주마. 심심할 때 재밌게 해줄 거야.

바리데기　(고개를 갸웃하며 혼잣말로) 이상하네. 왜 언니들 모두 아버지가 날 버렸다고 말하지? 아도니아줌마나 노도니아저씨는 그런 말 안했는데….

바리데기가 언니들이 준 선물들을 한아름 안고서 어찌할 바를 모른다.

아도니　공주님, 그 물건들은 노도니에게 들라고 하시고 이제 서천서역국으로 출발하시지요.

바리데기는 기쁜 기색으로 물건들을 얼른 노도니에게 넘겨준다. 노도
니는 못마땅한 듯 물건들을 두 팔 한가득 안고 뒤뚱뒤뚱 뒤따라가다
몰래 구석진 쓰레기통에 모두 처박아 버린다.
궁궐 문을 나선 바리데기 일행은 힘차게 발길을 내딛어 숲길을 간다.
가는데 다람쥐가 나타나 바리데기를 부른다.

다람쥐   바리데기님, 바리데기님. 어디를 가세요?
바리데기   서천서역국에 감로수를 가지러 간단다.
다람쥐   서천서역국에 가시려면 도중에 뜨거운 모래바람이 부는
         사막의 나라를 건너야 하는데 어떻게 건너시려고요?
바리데기   글쎄. 그건 아직 모르겠구나.
다람쥐   여기 이 도토리를 드릴 테니 사막의 나라에 당도하거든 던
         지세요. 그러면 방법을 알게 되실 거예요.
바리데기   고맙다, 다람쥐야.

바리데기가 다람쥐로부터 노란 도토리 한 알을 받아 주머니에 넣고
다시 길을 간다. 이번에는 박새가 나타나 바리데기에게 말한다.

박새   바리데기님, 바리데기님. 어디를 그렇게 가세요?
바리데기   서천서역국에 감로수를 가지러 간단다.
박새   서천서역국에 가시려면 도중에 차가운 눈보라가 몰아치는

　　　　　바람의 나라를 건너야 하는데 어떻게 건널 건가요?

바리데기　　글쎄. 그건 아직 모르겠구나.

박새　　　　여기 이 콩알을 드릴 테니 바람의 나라에 도착하거든 던

　　　　　지세요. 그러면 방법을 알게 되실 거예요.

바리데기　　고맙다, 박새야.

박새로부터 하얀 콩알 한 알을 받아 주머니에 넣는다. 차례로 미꾸리
와 패랭이꽃을 만난다.

미꾸리　　　서천서역국에 가시려면 도중에 질척거리는 진흙 늪과 습

　　　　　지로 가득 찬 물의 나라를 건너야 하는데 이 물고기 알

　　　　　을 드릴 테니 물의 나라에 당도하거든 던지세요. 방법을

　　　　　알게 되실 거예요.

바리데기　　고맙다, 미꾸리야.

패랭이꽃　　서천서역국에 가시려면 도중에 화산의 불덩이와 화산재가

　　　　　쏟아지는 불의 나라를 건너야 하는데 이 꽃씨를 드릴 테

　　　　　니 불의 나라에 도착하거든 던지세요. 방법을 일러줄 거

　　　　　예요.

바리데기　　고맙다, 패랭이꽃아.

바리데기는 미꾸리에게서 푸른 알, 패랭이꽃에게서 붉은 씨앗을 각
각 받아 주머니에 넣고 아도니, 노도니와 함께 힘차게 걸어간다.

바리데기   (노래, 나는 외롭지 않아요)

나는 외롭지 않아요.
내게는 친구들이 있으니까요.
내 친구들은 나를 사랑하고,
나는 내 친구들을 사랑하지요.

나는 두렵지 않아요.
내가 가는 길은 바른 길이니까요.
바른 길은 내게 믿음을 주고,
나는 바른 길을 굳게 믿지요.

나는 슬프지 않아요.
나의 소망은 남들을 위하는 거지요.
내 마음은 소망으로 가득 차 있고,
예쁜 소망은 마음을 기쁘게 하지요.

장면이 어두워진다.

3장

바리데기는 아도니, 노도니와 함께 걸어가고 있다. 그러다 끝없이 모래로 뒤덮힌 사막의 나라에 당도한다. 뜨거운 모   래바람이 끊임없이 불고 있다.

아도니   이젠 어디로 가야 하지?

노도니   이젠 어떻게 해야 하지?

바리데기   (손뼉을 치며) 아, 우리가 떠나올 때 다람쥐가 도토리를
          주었잖아요. 사막의 나라에 당도하거든 던지라고 했지요.

아도니   맞아요. 어서 그 도토리를 던져 보세요.

바리데기가 주머니에서 도토리를 꺼내어 던진다. 도토리가 공중에서 펑하고 연기를 피우면서 터지고 다람쥐의 정령이 나타난다.

다람쥐정령 바리데기님, 이 사막의 나라를 건너려면 붉은옷처녀 오늘
          낭자를 찾아가서 도움을 청해야 합니다. 제가 붉은옷처
          녀 오늘낭자에게로 인도하여 드리지요.

다람쥐의 정령이 앞장서서 모래사막을 가로질러 촐랑촐랑 뛰어간다. 한참동안 가다보니 저 멀리 오아시스가 보이고 호숫가에 아주 큰 대궐 같은 집이 있다. 그 대궐문 앞까지 다람쥐의 정령이 안내한다.

다람쥐정령　여기가 바로 붉은옷처녀 오늘낭자의 집입니다. 오늘낭자
　　　　　에게 부탁하면 이 사막의 나라를 건널 수 있을 거예요.
　　　　　저는 이만 여기서 작별할 게요.
바리데기　　고맙다, 다람쥐야.

다람쥐의 정령은 사라지고 노도니가 문을 두드린다. 잠시 후 문이 삐
거덕 열리면서 낙타가 머리를 내민다. 바리데기가 나서서 말한다.

바리데기　　우리는 붉은옷처녀 오늘낭자님을 만나러 왔습니다.

낙타는 따라오라는 듯이 고갯짓을 하고는 안으로 들어간다. 대궐 안
은 아주 크고 으리으리하며 화려하다. 주위에는 진기한 물건들이 산
더미같이 쌓여 있다. 금은보화와 도자기, 비단과 양탄자, 옷과 구두와
가방, 모자와 목걸이, 귀걸이와 팔찌 등 온갖 보물들이 마치 잡동사니
처럼 널려 있다. 바리데기 일행은 그 사이를 조심조심 걸어간다.
넓고 기다란 회랑을 지나 마침내 커다란 방에 도착한다. 그 방은 크
고 화려하다.　천정에는 온갖 아름다운 샹들리에가 불을 밝히고 있
다. 바닥에는 역시 보물들이 어지러이 널려 져 있다. 방 가운데에는
커다란 식탁이 있고 그 위에는 온갖 진기한 음식들이 화려한 접시 위
에 담겨져 있다. 식탁 옆에는 아름다운 베틀이 있고 베틀 위에 화려
한 붉은 옷을 입은 여자가 앉아 있다. 그 여자는 얼굴이 예쁘고 금발
머리이며 약간 통통한 편이지만 풍만한 몸매를 가지고 있다. 낙타는
바리데기 일행을 방까지 인도하고 조용히 사라진다.

오늘낭자   (바리데기에게) 너는 누구니? 여기엔 왜 왔니?

바리데기   저는 바리데기예요. 불라국의 오구대왕의 일곱째 공주이
            지요. 이들은 제 친구인 아도니와 노도니입니다. 저희는
            서천서역국에로 가는 길입니다. 오늘낭자님께 이 사막의
            나라를 건너게 해 달라고 부탁하려고 왔습니다.

오늘낭자   서천서역국에는 왜 가지?

바리데기   오구대왕 아버지와 길대아기씨왕비 어머니가 죽을병에 걸
            렸거든요. 천지신명 신령님이 말하기를 서천서역국에 가
            서 감로수를 떠와 마시면 나을 수 있답니다. 그래서 저와
            아도니, 노도니가 감로수 가지러 갑니다.

오늘낭자   그래? 그런데 왜 어린 네가 가니?

바리데기   언니들은 모두 가지 못할 사정이 있어서요. 제가 제일 씩
            씩하거든요.

오늘낭자   훌륭하구나, 바리데기야. 네가 이 사막의 나라를 건너도
            록 내가 도와주지. 내 낙타들을 타고 가면 쉽게 이 사막
            을 건널 수 있을 거야. 하지만 사막은 낮에는 너무 뜨겁고
            밤에는 매우 춥단다. 그래서 사막을 건너려면 낮에는 뜨
            거운 햇볕을 막아주고 밤에는 살을 에는 추위를 막아주
            는 요술만능옷을 입지 않으면 안돼. 그 요술 만능옷이 어
            딘가 있을 텐데…. 보다시피 나는 물건을 정리하지 못하
            고 이렇게 쌓아두기만 했거든. 너희가 내 물건들을 모두
            정리해 주렴. 그러면 내가 그 요술만능옷을 찾아서 너희
            에게 줄게.

바리데기   알겠어요. 저희가 전부 정리해 드릴 게요.

바리데기는 물건들을 정리하려고 나서서 대궐 안을 둘러본다. 대궐
은 아주 크고 물건들은 어마어마하게 많다. 갖가지 비단과 옷감, 양
탄자며 온갖 색깔과 모양의 도자기들이며 금은으로 만든 장식과 패
물들, 금강석, 홍옥, 자수정, 흑진주 등 보석들과 반지, 귀걸이, 목걸이
등 귀금속 공예품들과 온갖 가죽의 가방과 구두들이 쌓여 있다.

바리데기   우와, 어마어마하게 많군요. 아도니아줌마, 노도니아저씨,
            이것들을 어떻게 다 정리해야 할까요?
아도니,노도니 글쎄요, 어떻게 해야 할까요?
바리데기   우선 계획을 세워야 하겠어요. 일단 상자와 보석함을 만
            들어 물건들을 집어넣죠. 그런 다음 상자별로 목록을 만
            들고 마지막으로 그 목록에 따라 다시 분류해야 할 것 같
            아요.
아도니,노도니 좋아요, 공주님 말씀대로 따를 게요.

바리데기 일행은 상자와 함을 만들어 물건들을 집어넣는다. 반년의
세월이 흘러 물건들을 모두 상자에 담았다. 바리데기는 이제 상자별
로 목록을 만들고 있다. 오늘낭자가 기웃거린다.

바리데기   (오늘낭자에게) 오늘낭자님은 귀한 물건을 정말 많이 가지
            고 있군요. 어떻게 이렇게 많이 모으셨어요. 오늘낭자님

은 세상에서 제일가는 최고 부자이신 것 같아요.

오늘냥자 　그래, 내가 세상에서 제일가는 최고 부자란다. 어떻게 최고 부자가 되었는지 말해 줄까?

바리데기 　네, 알려 주세요.

오늘냥자 　이 오아시스에는 세상에서 여기 밖에 살지 않는 누에나방이 있단다. 이 누에는 세상에서 가장 귀한 비단실을 뽑아 내지. 나는 이 비단실로 세상에서 나밖에 모르는 방법으로 아름다운 비단을 이 베틀에서 짠단다. 이 비단은 황금보다 열 배 이상 비싸. 나는 이 비단을 팔아 귀한 물건들을 사지. 그리고 이 귀한 물건들을 또 더 비싸게 팔아 더 귀한 물건들을 산단다. 이렇게 해서 나는 이 세상에서 가장 큰 부자가 되었지.

바리데기 　그런데 왜 이 귀한 물건들을 잡동사니처럼 아무렇게나 내팽개쳐 두셨나요?

오늘냥자 　(한숨을 쉬며) 예전에는 아주 열심히 정리해서 보관하였지. 그런데 물건이 많아지면 많아질수록, 내가 부자가 되면 부자가 될수록 더욱 많은 보물을 갖고 싶어지고 더욱 큰 부자가 되고 싶어지는 거야. 내가 보물들을 정리해서 기록하여 그 종류와 수량을 알게 되면 나는 그것들이 내가 가졌으면 하는 것보다 얼마나 적은지 또한 알게 되는 거야. 다른 사람들도 알게 된다면 최고 부자가 겨우 그것밖에 갖지 않았냐고 얕잡아 볼 것만 같고. 그래서 정리하기가 싫어지고 두려워졌어. 그러다보니 이렇게 산더미로 잡동사니처럼 쌓이게 되었지.

바리데기 (고개를 갸웃하며) 그러면 왜 부자가 되려고 하세요?

오늘낭자 부자가 되어야 비싸고 귀한 옷을 마음대로 입고 비싸고
귀한 음식을 마음대로 먹고 비싸고 귀한 곳엘 마음대로
갈 수 있단다.

바리데기 왜 비싸고 귀한 옷을 입고 비싸고 귀한 음식을 먹고 비싸
고 귀한 곳엘 가야 하나요?

오늘낭자 얘야, 그래야만 사람들이 나를 존경하고 부러워하게 되지
않니.

바리데기 왜 사람들이 나를 존경하고 부러워해야 하나요?

오늘낭자 그래야만 내 마음이 기쁘게 되니까.

바리데기 하지만 저는 바리공덕할머니 집에서 수수한 옷을 입고 거
친 음식을 먹었지만 할머니와 할아버지가 저를 사랑하시
고 제 마음은 항상 기뻤는걸요.

오늘낭자 (한숨을 쉬며) 그래? 사실 나는 매일 귀한 옷을 입고 귀한
음식을 먹어도 마음은 항상 허전하고 기쁘지 않구나. 세
상에서 최고 부자가 되면 행복할 줄 알았는데 그렇지 못
하니 왜 그런 걸까?

오늘낭자가 한탄하며 노래한다.

오늘낭자 (노래, 오늘은 항상 오늘)
오늘은 오늘

여기는 우리가 지금 있는 곳

지금은 우리가 여기 있는 때

오늘은 항상 오늘

여기는 언제나 여기

지금은 영원히 지금

오늘 지금 여기에서 해야 할 일은

오늘 지금 여기를 즐기는 것

오늘 지금 여기가 즐거우면

오늘 지금 여기는 언제나 항상 영원하지

오늘은 항상 오늘

여기는 언제나 여기

지금은 영원히 지금

나는 오늘 지금 여기에서

오늘 지금 여기를 즐기고 있지

그런데 왜

오늘 한 켠은 왜 항상 허전할까?

여기 한구석은 왜 언제나 비어 있을까?

지금 한 귀퉁이는 왜 영원히 모자랄까?

한탄하며 우울해 하는 오늘낭자를 보고 바리데기도 풀이 죽었다가
다시 밝아지면서 말한다.

바리데기　오늘낭자님, 저와 함께 서천서역국에 가시지 않을래요? 서
　　　　　천서역국의 무장승이 혹시 오늘낭자님이 최고 부자에 만
　　　　　족하지 못하고 행복하지 않은 이유와 해답을 알고 있을지
　　　　　도 모르잖아요.

오늘낭자　과연 그럴까?

바리데기는 물건들을 담은 상자를 조사하고 목록을 작성한다. 각 물
건들이 무엇이며 어디에 쓰이는지를 아도니와 노도니, 오늘낭자에게
묻고 배운다. 마침내 목록을 모두 작성하고 그 목록을 조사하여 물건
들을 재분류한다. 보석은 보석대로 자기는 자기대로 옷은 옷대로 옷
감이며 장신구며 구두며 가방이며 종류별 색깔별 크기별로 다시 분
류하여 정리한다. 진열대를 회랑에서 큰 방까지 질서정연하게 재배치
하고 각 진열대마다 목록표를 부착하고 이 목록들을 묶은 장부까지
완성하여 오늘낭자에게 준다.

오늘낭자　어머나, 우리 바리데기가 너무나 열심히 잘 해냈구나.
　　　　　(목록장부를 뒤지더니) 여기 요술만능옷이 있네. 마침 모
　　　　　두 네 벌이 있구나..
　　　　　(바리데기를 돌아보며) 바리데기, 네가 너무 일을 잘 했으
　　　　　니 내가 상으로 선물을 줄게.

오늘낭자는 바리데기를 데리고 옷들이 진열된 옷장으로 간다. 옷들
사이에서 작은 손수건처럼 접힌 옷을 집어 든다.

오늘낭자 이것은 하늘나라 선녀옷인데 선녀옷 중에서도 가장 아름
         다운 것이란다. 접으면 손바닥 안에 들어가지만 펼치면 이
         렇게 아름다운 신부 옷이 되지.

오늘낭자가 접은 옷을 펼치자 눈부시게 아름다운 신부 옷으로 변한다.

오늘낭자 이 옷을 줄 테니 나중에 시집갈 때 혼례식에서 입으렴.
바리데기 고맙습니다. 오늘낭자님.

오늘낭자가 옷을 도로 접어 손수건처럼 만들어 바리데기에게 주고
바리데기는 이것을 주머니에 넣는다. 오늘낭자가 손뼉을 치니 낙타들
이 나타난다. 오늘낭자는 바리데기와 아도니, 노도니에게 요술만능옷
을 주고 자신도 요술만능옷을 입고 낙타에 올라탄다.

오늘낭자 나도 너희를 따라 서천서역국에 가려고 해. 어차피 혼자
         지내는 것도 지겹고 네 말대로 혹시 무장승이 내가 만족
         하지 못하고 행복하지 않은 이유를 알고 있을 지도 모르
         잖니.

바리데기와 아도니, 노도니, 그리고 오늘낭자가 낙타를 타고 사막을
건너간다.

장면이 어두워진다.

4장

눈보라가 몰아치는 설원. 저 멀리 희미하게 성이 보인다. 점점 가까이 가자 성 위에는 푸르고 뾰족한 지붕을 한 탑들이 보인다. 그 중 하나의 창에서 불빛이 비친다. 시선이 그 창으로 점점 가까이 간다.

커다란 방. 천장은 높고 어두워 잘 보이지도 않고 방 저편에는 벽난로가 있어 장작불이 타고 있다. 벽 쪽으로 수많은 책들이 어지러이 쌓여 있다. 벽난로 옆에 기다란 탁자가 있고 한쪽 끝에 한 남자가 촛불을 켜고 앉아 무언가를 읽으며 열심히 쓰고 있다. 푸른 옷을 입고 키가 크며 검은 머리에 얼굴은 희고 마른 몸매를 하고 있다. 쓰던 것을 멈추고 일어서서 노래한다.

올제도령　　(노래, 내일이여 오라)
　　　　　　내일이여 오라
　　　　　　우람하고 당당하게 앞에서 오라
　　　　　　산 넘고 물 건너서 우당탕탕
　　　　　　큰 소리 한 몸짓 와지끈 뚝닥
　　　　　　잔 시름 모두 떨치고 앞에서 오라
　　　　　　귀밑머리 휘날리며 콧김 내뿜으며
　　　　　　잔가지 잔돌부리 모두 걷어차 버리고
　　　　　　거침없이 주저 없이 앞에서 오라

무엇이 두려울소냐, 무엇을 아낄소냐
무엇이 안될소냐, 무엇을 버릴소냐
우람하고 당당하게 내일이여 오라

내일이여 오라, 제발
위풍당당, 기세등등 앞에서 오라
고양이 생쥐 노리듯 살금살금
물수리 숭어 낚아채듯 희뜩번뜩
수풀 속에 뱀처럼 쉬익쉭
어둠 속에 맹수처럼 서늘서늘
뒷목 섬뜩하니 스멀스멀 오지 말고
정정당당하게 앞에서 오라, 제발
무엇이 두려운가, 무엇이 아까운가
무엇을 바라는가, 무엇을 노리는가
우람하고 당당하게 내일이여 오라

올제도령이 다시 탁자에 앉아 쓰던 일을 계속한다. 순록이 바리데기
일행을 이끌고 저 편 문에서 등장한다. 순록은 바리데기 일행에게 고
갯짓을 하고 사라진다. 바리데기가 앞장서서 올제도령에게로 간다.

올제도령   너희는 누구지? 여기엔 왜 왔지?
바리데기   저는 바리데기입니다. 불라국의 일곱째 공주이지요. 이들
          은 제 친구들입니다. 여기는 아도니와 노도니이고 저 분

은 붉은옷처녀 오늘낭자님이시지요.

오늘낭자가 살짝 굽혀 목례를 한다.

바리데기 우리는 서천서역국에로 가는 길입니다. 푸른옷총각 올제
도령님께 이 바람의 나라를 건너게 해달라고 부탁하려고
왔습니다.

올제도령 서천서역국에 간다고?

바리데기 예, 저와 아도니, 노도니는 어머니 아버지 병을 고칠 감로
수를 가지러 갑니다. 오늘낭자님은 서천서역국의 무장승
에게 최고 부자인데도 만족하지 못하고 행복하지 않은 이
유를 물어보려고 가지요.

올제도령 그래? 좋아요. 내가 여러분이 이 바람의 나라를 건너도록
해 드리지요. 내 순록을 타고 가면 쉽게 이 눈보라치는 설
원을 벗어날 수 있거든. 하지만 이 설원은 눈보라가 밤낮
없이 몰아쳐서 방향을 분간할 수 없어요. 어디가 어딘지
알 수 없어서 요술지도책이 없으면 길을 잃고 헤매다 영
원히 빠져나오지 못하게 된다오. 이 성에 요술지도책이 어
디 있을 텐데… 보다시피 내가 가진 책들을 전혀 정리하
지 못하고 이렇게 쌓아 두기만 해서 어디에 두었는지 알
지 못해요. 여러분이 전부 좀 정리해 주시오. 그러면 요술
지도책을 찾아내서 주도록 하지요.

바리데기 알겠어요. 저희가 전부정리할 게요.

바리데기는 씩씩하게 말하고 당장 일을 시작할 듯이 나선다. 오늘낭자는 좀 시큰둥한 표정이다. 성은 아주 크고 책들은 어마어마하게 많이 있다.

바리데기   우와, 책들이 엄청나게 많군요. 이들을 정리하려면 계획을 세워야 되겠어요. 우선 책장을 만들어 책들을 집어넣어야 하겠어요. 그런 다음 모든 책들의 제목, 저자, 내용을 기록한 카드를 만들고 이 카드의 목록을 만든 뒤에 다시 책들을 재분류해야 될 것 같아요.

일동   그렇게 하지요.

바리데기와 아도니, 노도니는 열심히 일한다. 오늘낭자는 돕는 둥 마는 둥 게으름을 피우다가 올제도령과 시시콜콜 아웅다웅 다툰다. 오늘낭자는 책의 카드와 목록을 작성하다가 책읽기에 빠진다.

바리데기   올제도령님은 책들을 정말 많이 가지셨군요. 올제도령님은 세상에서 제일 최고로 아는 것이 많은 분이신가 봐요.

올제도령   그래, 나는 이 세상에서 제일 아는 것이 많단다. 나는 하늘에 별이 몇 개인지도 알고 우주의 나이가 얼마인지도 알고 낙타와 순록의 털이 몇 개인지도 안단다. 내가 가진 책들은 모두 세상에서 하나밖에 없는 것들이지. 왜냐하면 모두 내가 덧붙여 썼으니까. 나는 세상의 모든 책들을 구하고 그 위에 나만이 아는 지식을 덧붙여 새로운 책을 만들었지.

바리데기　그런데 왜 이 책들을 잡동사니처럼 아무렇게나 내팽개쳐
　　　　　두셨나요?

올제도령　(한숨을 쉬며) 예전에는 아주 열심히 정리해서 서가에 꽂
　　　　　아 두었었지. 그런데 내가 알면 알수록 알고 싶은 것이 더
　　　　　욱 많아지는 거야. 나는 누구보다 많이 알고 있지만 알면
　　　　　알수록 내가 아는 것은 넓디넓은 바닷가 모래밭에 겨우
　　　　　작은 모래알 하나에 지나지 않는다는 것을 절실히 알게
　　　　　되지. 알면 알수록 나는 더욱 실망하고 좌절하는 거야.
　　　　　정리하기가 싫어지고 두려워졌어. 그래서 이렇게 산더미
　　　　　잡동사니처럼 쌓아두게 되었지.

바리데기　(고개를 갸웃하며) 왜 많이 알려고 하세요?

올제도령　많이 알아야만 어떻게 될지 알 수 없는 미래를 대비할 수
　　　　　있단다.

바리데기　왜 알 수 없는 미래를 대비해야 하나요?

올제도령　그래야만 사람들이 존경하고 부러워하게 되지. 또 내 마
　　　　　음에서 불안과 근심을 없앨 수 있단다.

바리데기　하지만 저는 서천서역국으로 알 수 없는 여행길에 나섰지
　　　　　만 불안하지도 않고 근심한 적도 전혀 없는 걸요.

올제도령　(크게 한숨을 쉬며) 그래? 사실 나는 많은 지식을 가지면
　　　　　미래의 일을 예측할 수 있고 그렇게 되면 불안과 근심이
　　　　　사라질 줄 알았는데 오히려 알면 알수록 불안과 근심이
　　　　　더욱 커지는구나. 왜 그럴까?

올제도령이 한탄하며 표정이 어두워지자 바리데기도 덩달아 침울해진다. 잠시 후 바리데기가 손뼉을 치며 말한다.

바리데기 올제도령님, 저희와 함께 서천서역국에 가지지 않을래요?
        무장승이 혹시 그 이유를 알고 해답을 알려줄 수도 있잖아요.
        아요.
올제도령 그래? 그럴까?

세월이 흘러 바리데기 일행은 책을 모두 정리한다. 회랑에서 큰방까지 가지런히 구석구석 보기 좋게 서가에 책들이 꽂혀 있다. 올제도령이 바리데기로부터 목록을 받는다.

올제도령 이야, 정말 훌륭하게 정리했구나. 여기 요술지도책이 있네.
        바리데기 네가 일을 너무 잘했으니 상으로 선물을 주겠다.

올제도령이 바리데기를 데리고 서가로 가서 작은 책 한권을 뽑아 건네면서 펼쳐준다.

올제도령 이 책은 요술그림책이란다. 보는 사람의 과거를 보여주지.
        덮으면 손바닥 안에 들어가지만 펼치면 이렇게 커진단다.
바리데기 고맙습니다.

바리데기가 펼친 그림책을 들여다본다. 펼친 그림책에는 아무것도 없다가 서서히 그림들이 나타난다. 바리데기가 오늘낭자와 함께 낙타를 타고 사막을 건너는 장면이다. 앞으로 넘기자 바리데기가 오늘낭자로 부터 선녀옷을 받는 장면이 나온다.

바리데기는 얼른 요술그림책을 들고 아무도 없는 구석으로 간다. 혼자 앉은 바리데기는 요술그림책을 앞으로 앞으로 넘긴다. 맨 앞장에 오자 그림이 나타나기를 기다린다.

요술그림책에 젊고 팔팔한 오구대왕과 길대아기씨왕비가 나 타난다. 여섯 언니공주들이 차례로 태어나고 오구대왕은 딸들이 태어날 때마다 실망하고 아쉬워하다 화를 내고 분노한다.

오구대왕 (노래, 태어나서 해야 할 한 가지)
         이 세상에 태어나면 반드시 해야 할 일이 하나 있지
         아버지 날 낳으시고 할아버지 아버지 낳고
         할아버지의 아버지 할아버지 낳고
         할아버지의 할아버지 할아버지의 아버지 낳고
         할아버지의 할아버지의 아버지 할아버지의 할아버지 낳
         고….
         아득한 옛날부터 끊이지 않은 사명
         조상님의 뜻을 받들어 아들을 낳아야 해
         내 분신을 만들어야 해

         딸들이 있다고?
         어머니는 딸을 낳고 외할머니는 어머니를 낳고

외외할머니는 외할머니를 낳고

외외외할머니는 외외할머니를 낳고…

내 상관할 바 아니지

저들이 알아서 하라지

딸이 손자를 낳는다고?

딸이 손자를 낳고, 아버지는 딸을 낳고

할머니는 아버지를 낳고

외할아버지는 할머니를 낳고 외할아버지의 어머니는 외할

아버지를 낳고…

엉망진창이군, 도대체 어쩌겠다는 거야?

아득한 옛날부터 끊이지 않은 사명

조상님의 뜻을 받들어 아들을 낳아야 해

내 분신을 만들어야 해

아들아, 어디 있니? 왜 안 나오는 거니?

그림책에는 일곱째 아기가 태어나고 또 딸이라는 그림이 나타난다.

바리데기   (혼잣말로) 이 아기가 나네.

오구대왕   (흥분하여) 아니, 또 딸이란 말인가. 지난번에 천지신명께
            이번에도 딸이 태어나면 내다버린다고 맹세했는데… 에잇
            할 수 없지. 여봐라, 아도니, 노도니 게 있느냐. 이 아기를
            내다버리도록 하여라.

아도니 노도니가 궁궐 정원 후미진 곳에 아기를 눕혀 놓고 새들이 와서 돌본다. 다음날 오구대왕이 정원을 거닐다가 아기를 발견한다.

오구대왕   (노발대발하여) 아도니, 노도니 너 이놈들. 이 아기를 당장 동해바다에 내다 버려라. 너희들이 제대로 시행하지 않으며 너희들을 바다에 처박아 버릴 테다.

아도니와 노도니는 아기를 바구니에 담아 동해 바닷가로 가서 바다에 띄운다. 파도가 아기바구니를 도로 모래밭에 내려놓자 다시 바다에 띄우고 이러기를 세 번 한 다음 아도니와 노도니는 서로 의논한 끝에 바리공덕할머니와 할아버지에게 아기를 맡긴다.

바리데기   (혼잣말로) 아아, 이렇게 내가 바리데기가 되었구나.

그림책 다음 장에는 길대아기씨왕비가 병에 걸리고 뒤이어 오구대왕도 병에 걸린다. 이를 보던 바리데기는 눈물짓는다. 그림책을 덮고 바리데기는 한동안 멍하니 앉아 있다. 그때 아도니가 부른다.

아도니   공주님, 공주님. 어디계세요?
바리데기   (얼른 눈을 닦고 밝은 목소리로) 여기 있어요.

올제도령이 순록을 모아 썰매에 묶는다. 바리데기 일행을 썰매에 태우고 자신도 썰매에 타서 고삐를 잡는다.

올제도령   나도 여러분을 따라 서천서역국에 가겠소. 어차피 혼자
         지내는 것도 지겹고 무장승이 내가 불안하고 근심이 끊
         이지 않는 이유를 바리데기 말대로 알지도 모르잖소.

썰매는 눈보라치는 설원을 달린다. 바리데기와 아도니, 노도니 그리고
오늘낭자는 요술만능옷을 입고 있다. 올제도령은 두툼한 모피옷을
껴입고 요술지도책을 보면서 순록을 몰고 간다.

장면이 서서히 어두워진다.

5장

끝없는 늪과 습지로 된 물의 나라다. 질척거리는 진흙과 바닥을 알수 없는 수렁에다 끝없는 갈대밭에 물안개가 덮여 있다. 갈대밭사이에 커다란 구렁이가 누워 있다. 갑자기 벌떡 목을 세우고 머리를 들고 소리 지른다.

이무기   나는 위대한 이무기다. 위대한 용이 될 테다. 나는 여의주를 두 개나 완성했다.

그런 다음 이무기는 털썩 고개 떨구고 목을 늘힌다.

이무기   그런데 왜 용이 되지 않는 거지? 왜 뿔이 돋지 않고 갈기 비늘이 돋지 않는 거지? 네다리는 왜 안 나오고 하늘로 올라가지 않는 거야? 어디가 잘못된 거지? 무엇이 잘못된 거야?

이무기   (노래, 하늘의 큰 별)
             오랜 세월
             일분일초를 비늘 한 조각 한 조각
             하늘에 오를 염원을 심었건만
             거대한 몸뚱이만 바닥 수렁에 남아

눈에 비치는 건 온통 하늘에 별뿐
하늘에는 온 천지 별들,
세상에는 온갖 갖가지 용들,
차이는 것이 별이요 걸리는 것이 용이건만
그 흔한 별이며 그 흔한 용이 나는 왜
되지 못한 걸까, 이 못난 이무기
숱한 별 가운데 큰 별처럼
등 푸른 청룡이 되고자 염원했건만
이 비대한 몸뚱이 구렁이는
실개천 사금파리마저 비웃지
세상은 어디에나 별천지, 용천지
안 보려면 차라리 눈을 감아야 할까

이무기는 눈을 감고 아무 미동 않은 채 엎드려 있다. 세월이 지나
며 이무기 위로 진흙이 쌓인다. 점점 진흙이 쌓여 마침내 이무기 모
습은 사라지고 크고 기다란 진흙언덕이 생긴다.

바리데기 일행이 미꾸리정령과 함께 진흙언덕 앞에 나타난다. 올제도
령이 합류해 있다. 미꾸리정령이 사라지고 노도니가 진흙언덕을 툭
툭 찬다.

노도니   아니, 어디에 용이 되지 못한 이무기가 있다는 거야?

진흙언덕 윗부분 흙덩어리가 떨어지면서 눈이 나타난다. 아랫부분 흙덩어리가 갈라지면서 입이 열린다.

이무기　　너희는 누구냐? 누가 나를 찾는 것이냐?

바리데기　(앞으로 나서며) 저는 바리데기입니다. 불라국의 일곱째
　　　　　공주이지요. 이들은 제 친구들입니다. 아도니와 노도니,
　　　　　그리고 오늘낭자와 올제도령이지요.

이무기　　너희는 여기 왜 왔느냐? 왜 나를 찾았느냐?

바리데기　저희는 서천서역국에로 가는 길입니다. 이무기님께는 이
　　　　　물의 나라를 건너게 해달라고 부탁드리러 왔습니다.

이무기　　서천서역국에는 왜 가느냐?

바리데기　저와 아도니, 노도니는 저희 부모님의 병을 고칠 감로수를
　　　　　가지러 갑니다. 오늘낭자님은 세상에서 최고 부자인데도
　　　　　만족하지 못하고 행복하지 않은 이유를 무장승에게 물어
　　　　　보려고 갑니다. 올제도령님은 세상에서 제일 많이 아는데
　　　　　도 불안하고 근심이 끊이지 않는 이유를 무장승에게 물
　　　　　어 보려고 가지요.

이무기　　그래? 좋아. 내가 너희들이 이 물의 나라를 건널 수 있게
　　　　　해주지. 내 등을 타고 가면 아무 문제없이 이 수렁을 지나
　　　　　갈 수 있어. 하지만 내가 오랜 세월을 이렇게 처박혀 있어
　　　　　서 온 몸과 비늘에 진흙이 잔뜩 엉겨 움직일 수 없게 되
　　　　　어 버렸어. 너희가 우선 이 진흙을 모두 떼어내고 깨끗이
　　　　　닦아주어어만 해.

바리데기   알겠어요. 저희가 전부 닦아낼 게요.

바리데기는 씩씩하게 팔을 걷고 나선다. 아도니, 노도니도 뒤따르는데 오늘낭자와 올제도령은 내키지 않는 표정으로 느릿느릿 따른다.

바리데기   진흙덩어리 떼어내는 일이야 오늘낭자님 물건 정리나 올
            제도령님 책 정리보다 쉽지 않겠어요?
노도니   그렇지 않은데요. 여기 언덕 위로 와보세요. 진흙들이 굳
            어서 돌덩이 같아요.
바리데기   그래요? 그럼 물을 길어 와서 풀어야 하겠군요. 가만있
            자… 떼어낸 흙덩이는 저 멀리 옮겨야 하겠군요.
아도니   이거야 원… 이건 산을 옮기는 것이나 다름없어요.
바리데기   자, 다 같이 열심히 해요.

바리데기 일행은 물을 길어 오고 흙덩이를 이고 나른다. 세월이 흘러 겨우 머리와 목 부분을 깨끗이 닦아낸다. 이무기의 머리와 목이 드러나자 몸에서 칠흑 같은 윤기가 흐르고 비늘이 아름다운 무늬를 이루며 영롱하게 빛난다.

바리데기   (감탄하며) 이무기님, 이렇게 아름다운 비늘을 왜 진흙탕
            속에 처박아 두셨나요?
이무기   (한숨을 쉬며) 예전에 나는 위대한 이무기였지. 모든 구렁
            이와 도마뱀, 거북과 자라, 악어까지 모든 파충류들이 나

를 존경하고 두려워했지. 왜냐하면 나는 용이 될 위대한 이무기였으니까. 나는 다른 용들보다 더욱 위대한 용이 되기 위해 여의주를 만들 옥돌덩이를 두 개나 물었어. 다른 용들은 여의주를 하나밖에 만들지 않는데 말이야. 두 옥돌덩이를 오랜 세월 입 안에서 갈고 닦았지. 드디어 여의주를 두 개 다 완성하여 이렇게 양 볼에 물게 되었지.

이무기가 슬쩍 입을 벌려 입 안의 여의주를 보여준다. 둘 다 크고 아름다우며 오색 빛을 띠고 있다.

이무기   그때 나는 당연히 이렇게 생각했지. 이제 나는 위대한 이무기에서 위대한 용이 될 거라고. 여의주를 두 개나 물었으니 더욱 위대한 용이 될 거라고. 그런데 아무런 변화가 일어나지 않는 거야. 이마에 뿔이 돋고 주둥이가 뾰족해지면서 수염이 나고 등줄기에는 갈기 비늘이 돋고 네 다리가 솟아나고 불과 연기를 뿜으면서 하늘로 올라가야 하는데 그냥 이대로 인거야. 나는 당황했지만 기다렸어. 몇 날 며칠을 기다렸지. 하지만 여전히 이무기였어. 하늘로 올라가 구름을 타고 천둥 번개를 휘두르며 조화를 부려야 하는데 여전히 땅바닥에 배를 붙이고 기고 있는 구렁이인 거야. 그러자 모두들 나를 업신여기기 시작했지. 구렁이며 뱀이며 거북이며 자라며 모든 파충류들이 나를 비웃었어. 용이 되지 못한 이무기라고. 한순간에 모두에게 멸시받는 구렁이가 돼버렸지. 이렇게 진흙 수렁에 처박혀 아무짝에 쓸 모 없는 진흙덩어리가 되고 말았어.

바리데기 이무기님, 너무 상심마세요. 지금도 훌륭하신데요. 저희와 함께 서천서역국에 가시지 않겠어요? 아마 무장승이 이무기님이 왜 용이 되지 못했는지 일러 줄지도 모르잖아요.

이무기 과연 그럴까? 바리데기야, 너는 고운 마음씨를 가졌구나. 네게 선물 하나를 줄까? 오른쪽 여의주를 닦아 보아라. 너의 미래를 보여 줄 것이다.

바리데기 제 미래를요? 이무기님도 여의주를 보고 미래를 알면 되잖아요?

이무기 보았지. 그러나 여의주는 보고 싶은 미래를 보여주는 것이 아니라 마음대로 일부만 보여준단다. 여의주 속에서 나는 하늘을 나는 용을 보았지만 그게 나인지는 알 수 없었어.

이무기는 입을 열어 여의주가 드러나게 한다. 바리데기는 고개를 갸우뚱하며 다가가 여의주를 조심스레 닦고는 들여다본다. 여의주 속에서 희미한 모습이 보인다. 점점 뚜렷해지면서 알아볼 수 있다.
그곳은 불라국 궁궐의 넓은 안뜰 같은데 무슨 성대한 잔치를 하고 있다. 모습들이 점점 가까워져 커지는데 차양 막 아래 언니공주들이 앉아 있다. 그 옆에는 남자들이 앉았는데 언니공주들의 남편들 같다.

바리데기 (큰소리로) 아도니아줌마, 노도니아저씨, 이리 와 보세요.

여기 우리 미래가 보여요.

아도니와 노도니가 일을 멈추고 달려와 함께 여의주를 들여다 본다.

아도니   저기 우리도 있네!
노도니   정말!

아도니와 노도니가 한쪽 구석에서 차를 마시고 있는 모습이 보인다.

아도니   혼례를 하나 봐요.
노도니   (큰소리로) 오구대왕님과 길대아기씨왕비님도 계시네. 매
         우 건강해 보이세요.
아도니   그래요, 공주님. 공주님이 감로수를 가져가셨나 봐요.
노도니   그런데 저 신랑 신부는 누구죠? 신부는 혹시 바리데기 공
         주님이 아닌가요?
아도니   맞아요. 신부 옷이 오늘낭자가 준 선녀옷이 틀림없어요.
바리데기 그렇다면 저 신랑은 누굴까요?
아도니   그러게요. 저희도 처음 보는데… 저렇게 훌륭한 신랑이 어
         디서 나타났지?

여의주의 모습들이 점점 희미해지면서 사라져간다. 바리데기는 돌아
서서 턱을 괴고 한참을 가만히 앉아 있다. 그동안 오늘낭자와 올제
도령이 티격태격 하고 있다.

올제도령   이무기가 더럽든 깨끗하든 용이 된다면 아무 상관없는 일
이오. 왜냐하면 용이 된 이후에는 이무기는 단지 이무기
일 뿐이지 더러운 이무기인지 깨끗한 이무기인지 아무도
기억하지 않기 때문이오.

오늘낭자   그렇지 않아요. 이무기는 지금 이무기로서 평가받는거예
요. 위대한 이무기인지 진흙덩어리 구렁이인지 지금이 중
요한 거예요. 만약 나중에 용이 된다면 용은 이미 이무기
가 아닌 거죠. 용의 일은 나중 일이고 그 용이 어떤 용인
지는 그 때 판단할 일이에요.

세월이 흘러 드디어 이무기의 모든 비늘에서 진흙덩이를 떼어내고 깨
끗이 닦아낸다. 이무기는 목을 꼿꼿이 들고 고개를 똑바로 세운다.
그 모습이 너무나도 장엄하고 위용이 넘쳐 모두들 감탄한다.

이무기   자, 이제 슬슬 떠나볼까. 나도 바리데기를 따라 서천서역
국에 가도록 하겠어. 어차피 여기 있어봐야 용이 되지도
못하니 무장승에게 그 이유나 물어봐야지.

이무기는 바리데기 일행을 모두 등에 태우고 슬슬 움직여 진흙 수렁
과 늪을 미끄러져 나아간다.

장면이 서서히 어두워진다.

6장

커다란 연못에 연꽃 봉오리가 가득하다. 연못 가운데 크고 하얀 탐스러운 연꽃이 한 송이 피어 있다. 연못 뒤로는 저 멀리 산봉우리가 눈으로 덮인 하얀 화산이 연기를 내뿜고 있다. 연못가에 사람들이 앉아 있다. 맨발에다 머리에 수건을 동여매고 손에 긴 막대를 들고 있다. 얼굴은 개구리 닮았고 손과 발에는 물갈퀴가 달려 있다. 가끔 일어서서 긴 막대를 휘두르며 무언가 내쫓는 시늉을 한다.

연못일꾼들 저리가, 저리가. 이것들아, 연꽃은 너희 것이 아니야.
연못일꾼   이 연꽃은 우리가 공들여 가꾼 것이다. 너희들같이 하찮
            은 벌레들이나 천박한 짐승들을 위한 것이 아니란 말이야.

연못일꾼들은 긴 막대를 휘저으며 노래한다.

연못일꾼들 (노래, 나의 연꽃 나의 우주)
        숨을 멈추고 온 힘을 다하여
        심장마저 멈추고 젖 먹던 힘까지 짜내어
        새 우주를 마주하라
        백척간두 장대 끝에서 한걸음 더
        순수 허공에 최후의 발을 내딛어라
        시작도 끝도 없는 혼돈의 진흙에서

금강갑옷 같은 영겁의 수면을 뚫고 나와

태고의 정적에 우뚝 선 봉오리여

그 참마음을 열어라

지고의 순결을 개화하라

순백을 발화하라

연꽃이여, 만개하라

아, 그러나

미동 않는 좌절이여

굳게 닫힌 절망이여

그런 다음 연못일꾼들은 털썩 바닥에 주저앉는다.

연못일꾼   왜 다른 연꽃들은 피지 않는 거지?

연못일꾼들 그러게요. 왜 다른 연꽃들은 봉오리 그대로지요?

연못일꾼   무엇이 잘못된 거지? 어디서 잘못 되었지?

연못일꾼들은 고개 떨구고 낙담한다. 연꽃줄기가 서서히 엉키고 진흙으로 더러워진다. 가운데 큰 연꽃을 제외하고는 연못이 연꽃줄기로 얽히고설킨 더러운 진흙탕으로 변한다.

연못 저편에 패랭이꽃 정령과 함께 바리데기 일행이 나타나 두리번거리자 연못일꾼들이 막대를 들고 달려간다.

연못일꾼들 게 섯거라. 너희들은 누구냐? 여기는 왜 왔느냐? 설마 우리 연꽃을 훔치러 온 것은 아닐 테지?

바리데기 저는 바리데기입니다. 이들은 제 친구들입니다. 아도니와 노도니, 오늘낭자와 올제도령, 그리고 이무기이지요. 우리는 서천서역국에로 가는 길이랍니다. 연못일꾼님께는 이 불의 나라를 건너게 해달라고 부탁드리러 왔습니다.

연못일꾼 서천서역국에는 왜 갑니까?

바리데기 저는 부모님 병을 고칠 감로수를 가지러 갑니다. 아도니아줌마, 노도니아저씨와 같이 가지요. 오늘낭자와 올제도령은 왜 불만과 불안이 가득하고 행복하지 않은지, 이무기님은 왜 용이 되지 않는지를 무장승에게 물어 보러 간답니다.

연못일꾼 그래요? 좋아요. 우리가 이 불의 나라를 건너게 해드리지요. 요술 가시연잎만 있으면 문제없이 건널 수 있지요. 하지만 이 연못의 연꽃줄기들을 오랜 세월 돌보지 않아서 보다시피 이렇게 어지럽게 뒤엉켜 버렸어요. 여러분이 이 연꽃줄기와 잎들을 모두 깔끔히 풀어내 주셔야만 그 요술 가시연잎을 찾아낼 수 있을 거예요.

바리데기 알겠어요. 연못일꾼님, 저희가 깨끗이 정리할 게요.

바리데기는 씩씩하게 팔을 걷고 연못으로 뛰어들 기세다. 아도니, 노도니도 뒤따르는데 오늘낭자와 올제도령은 건성으로 연못가에서 연꽃줄기를 만지작거리고 이무기는 연못가에 드러눕는다.

바리데기 연꽃줄기 푸는 일은 이무기님 진흙덩어리 떼어내는 일하
         고 비슷하지 않겠어요?

아도니   그것만큼 어렵겠어요. 그나저나 물속에 있으니 어떻게 일
         을 하죠?

바리데기 우선 물을 빼내야 하겠군요. 가만있자… 연못 옆에 웅덩
         이를 파고 도랑을 낸 다음 연못물을 빼 옮기죠.

노도니   이거야 원… 연못을 하나 더 만드는 것이네요.

바리데기 자, 이무기님, 오늘낭자님, 올제도령님, 저를 좀 도와주세
         요. 금방 할 수 있을 거예요.

바리데기 일행은 웅덩이를 파고 도랑을 내 연못물을 빼낸다. 연못가
주변부터 연꽃줄기를 진흙에서 씻고 끝가지를 찾아 조심조심 풀어낸
다. 세월이 지나 반 정도 정리한다. 풀어낸 연꽃줄기와 잎은 푸른 윤
기가 돌고 아름다운 무늬를 띠고 있다.

바리데기 (감탄하며) 연못일꾼님, 이렇게 아름다운 줄기와 잎들을
         왜 얽히고설키어 더러워지게 내버려 두었지요?

연못일꾼 (한숨을 쉬며) 우리는 이 연못에서 연꽃을 전심전력을 다
         하여 가꾸었지요. 연꽃 씨 하나를 싹틔워 줄기 하나를 키
         워내고 또 그 줄기를 번식시키고… 한 줄기 한 줄기를 성
         심성의껏 정성을 다해 늘려갔지요. 우리는 연꽃줄기와 잎
         들이 한 치의 뒤틀림도 없게 하고 한 점의 얼룩도 묻지
         않게 했다오. 그래서 마침내 온 연못에 줄기와 잎이 뒤덮

게 만들었지요. 드디어 꽃봉오리가 나타났을 때 우리는 얼마나 감격했던지…. 가운데 꽃봉오리가 나타나고 차례로 수많은 꽃봉오리가 올라왔지요. 드디어 가운데 가장 큰 꽃봉오리가 활짝 만개하여 커다란 연꽃을 드러냈지요.

연못일꾼은 연못 가운데 홀로 피어 있는 커다란 연꽃송이를 가리킨다.

연못일꾼　우리는 기뻐서 어쩔 줄 몰랐고 다른 봉오리도 만개하기를 기다렸지요. 그러나 그 기쁨은 잠시였을 뿐, 우리는 끝없는 실망에 빠져들고 말았다오. 다른 봉오리는 전혀 꽃이 되지 않았어요. 우리는 몇날 며칠 몇 년을 기다렸지만 봉오리는 여전히 봉오리일 뿐 꽃으로 피어나지 않았지요. 우리는 실망한 나머지 이렇게 포기하게 되었다오. 저 유일한 한 송이나 지키면서 말이지요. 그래서 이 지경이 된 것이랍니다.

바리데기　저 가운데 한 송이 연꽃은 왜 그렇게 열심히 지키시나요?

연못일꾼　저 연꽃은 크고 향기로울 뿐만 아니라 신기한 힘도 가지고 있기 때문이지요. 그 신기한 힘이란 저 연꽃을 지니면 누구나가 그 가진 사람을 존경하고 좋아하도록 만든답니다. (다시 한숨을 쉬며) 다른 봉오리들은 왜 안 피는지…

바리데기　그래요? 연못일꾼님, 너무 상심마시고 저희와 함께 서천서역국으로 가보는 게 어때요? 아마 무장승이 왜 연꽃 봉오리들이 개화하지 못하는지 해답을 줄 수 있을 거예요.

연못일꾼 그럴까요? 바리데기님은 마음씨도 곱고 항상 희망을 잃지
않고 가지신 것 같아요.

바리데기는 집중해서 연꽃줄기와 잎을 풀어내는 일을 한다. 이마에
땀이 송글송글 맺히고 두 눈을 깜박이지도 않고 응시하며 집중한다.
그러다보니 머릿속에서 바리데기를 내내 괴롭히던 기억이 살아난다.

바리데기 (마음속 독백) 왜 나는 버려지게 되었을까. 왜 오구대왕
아버지는 하필 일곱째 막내인 나를 버렸을까. 왜 길대아
기씨왕비 어머니는 나를 내버려 두었을까. 왜 나는 여섯
언니들처럼 궁궐에서 어머니와 함께 행복하게 살 수 없
었을까. 왜 나는 여섯 언니들처럼 궁궐에서 좋은 옷 입고
좋은 음악 들으며 좋은 향기 맡고 좋은 음식 먹으며 부드
러운 침대에서 잠들고 재미있는 놀이를 하면서 살 수 없
었을까.

이런 생각들을 하면서 바리데기는 어떤 때는 눈가에 이슬이 맺히기
도 하고 어떤 때는 입술을 질끈 물기도 한다.

바리데기 (마음속 독백) 세상이 나를 버렸어. 아버지는 나를 버렸
어. 어머니도 나를 버리는 것을 막지 못했어. 언니들은 관
심조차 없었어. 세상은 나를 버렸어.

바리데기는 이런 생각으로 가슴이 미어지려는데 연꽃줄기 끝에서 이제 막 싹을 내밀고 있는 연두색의 조그맣고 돌돌 말린 잎을 본다. 바리데기가 손을 뻗어 살그머니 만지려고 하자 그 순간 돌돌 말린 잎이 탁 펴진다.

바리데기 (마음속 독백) 아… 그래, 바리공덕할머니와 할아버지가 나를 사랑하고 귀여워 하셨지. 아도니아줌마와 노도니아 저씨도 나를 얼마나 위하는데… 내가 세상에 태어났는데 세상이 어떻게 나를 버린담. 세상이 나를 받아 주면서부터 나는 세상과 함께 있는 거지. 오늘낭자며 올제도령이며 이무기 연못일꾼 모두 항상 나를 도와주려고 하지. 나는 외롭지 않아. 혼자 버려진 것이 아니야.

바리데기는 얼굴이 밝아지면서 미소를 띤다.

바리데기 (노래, 세상은 누구도 버리지 않아)
        세상은 누구도 버리지 않아요
        넓고 큰 마음을 가지고 있으니까요
        누구도 세상을 버릴 수 없어요
        세상은 충직하고 속임없이
        그 누구와도 끝까지 같이 가기 때문이니까요
        나는 이때까지 알지 못했어요
        이렇게 세상이 내 가까이 있는 줄을

정말 이제까지 모르고 있었어요
세상이 내내 내 곁을 지키고 있은 줄을
이제 나도 세상에 함께 있을 거예요
세상을 지키며 세상이 내게 준 사랑을
세상에게 모두 갚을 거예요,
더욱 더 많이,
언제나 항상

바리데기는 다시 얼굴이 어두워지면서 한숨을 쉰다.

바리데기　　아아, 불쌍한 아버지, 나를 버리고 얼마나 힘드셨으면 병이 났을까. 불쌍한 어머니, 어머니는 아무 잘못도 없는데… 어서 가서 낫게 해 드려야 할 텐데.

오늘낭자와 올제도령이 바리데기와 좀 떨어진 곳에서 같이 일하고 있다. 건성건성 일하면서 서로 아웅다웅 옥신각신 다투고 있다.

올제도령　　연꽃 봉오리는 연꽃으로 피지 않았더라도 연꽃이지요. 왜냐하면 봉오리 속에는 이미 연꽃이 들어있기 때문이오. 봉오리 속에 연꽃이 들어있지 않다면 봉오리는 연꽃이 될 수 없겠지요. 연꽃이 피게 되면 봉오리는 사라지고 항상 연꽃이었다고 기억되지요.

오늘낭자　　그렇지 않아요. 봉오리는 지금 봉오리일 뿐이에요. 봉오리가 꽃으로 개화하면 그때는 연꽃이 되는 것이에요. 그러나 꽃이 되든 안 되든 그 꽃이 연꽃이든 아니든 지금 봉오리는 봉오리일 뿐이고 지금 봉오리가 어떤 봉오리이냐가 중요한 것이죠. 탐스럽고 예쁜 봉오리인지 초라하고 시든 봉오리인지 말이에요.

세월이 흘러 드디어 모든 연꽃줄기와 잎들을 풀고 펴낸다. 옆 웅덩이에서 다시 도랑을 내 물을 연못에 도로 채운다. 연못은 서로 얽히고 설키어 지저분하고 더러웠던 예전의 모습은 감쪽같이 사라지고 아주 아름답고 깨끗하게 바뀌어 있다. 한 가운데 크고 하얀 한 송이 연꽃만 홀로 피어 있고 다른 봉오리들은 여전히 봉오리인 채로 이다. 연못일꾼이 연못으로 들어가 가시연잎을 떼어내 온다.

연못일꾼　　이것이 요술 가시연잎입니다. 이 연잎을 쓰면 이 불의 나라를 문제없이 건널 수 있지요.

우두머리 연못일꾼은 요술 가시연잎을 바리데기 일행에게 나누어 주고 자신도 하나를 머리에 쓴다.

연못일꾼　　저도 바리데기님을 따라 서천서역국에로 가겠습니다. 무장승에게 왜 다른 봉오리들은 연꽃으로 개화하지 못하는지 물어봐야 되겠어요.

이렇게 하여 연못일꾼도 바리데기 일행과 동행하게 된다. 불의 나라의 화산의 불덩이와 재는 요술 가시연잎이 모두 막아준다. 요술 가시연잎은 신기하게도 그 커다란 이무기도 전부 막아준다. 이무기에 떨어지는 불덩이며 화산재가 이무기가 쓴 작은 요술 가시연잎으로 죄다 떨어진다.

장면이 어두워진다.

7장

바리데기 일행은 드디어 서천서역국에 도착한다. 떠날 때 열두 살이
던 바리데기는 열여덟 아리따운 처녀로 자라 있다. 모두 서천서역국
감로수가 있는 아름다운 정원으로 향한다. 기후는 온화하고 날씨는
맑고 화창하며 숲은 우거지고 풀과 나무는 푸르고 새들이 지저귀고
나비와 벌이 꽃을 찾아다니고 시냇물이 졸졸 흐르고 있다. 정원 한가
운데에는 커다란 바위가 우뚝 서 있고 그 아래에 옹달샘이 퐁퐁 솟고
있다.

노도니　　　(달려가며) 저게 바로 감로수 일거야.

노도니가 옹달샘 물을 뜨려고 하자 벽력같은 고함소리와 함께 무장
승이 나타난다.

무장승어떤 놈이 감히 내 감로수를 훔치려고 하느냐?

옆에 있던 동굴에서 괴물이 뛰어나오면서 소리친다. 이 괴물은 머리
가 셋 달리고 팔이 여섯이나 달려 있다. 머리 하나는 탐욕스럽고 게
걸스럽게 생기고 다른 하나는 무시무시하고 사납게 생겼으며 나머지
하나는 우스꽝스럽고 우둔하게 생겼다. 여섯 개의 팔은 제각각 칼이
며 몽둥이며 창 같은 무기를 들고 있었고 웃통은 옷을 벗어 제쳐 옷

옷을 허리춤에 걸치고 있다. 이를 보고 바리데기 일행은 깜짝 놀라 벌벌 떠는데 간신히 바리데기가 나서서 말한다.

바리데기　저는 불라국에서 온 바리데기이고 이들은 제 친구들입니다. 우리는 무장승님께 부탁이 있어서 찾아왔습니다. 당신은 누구신지요?

무장승　(심술쟁이 머리가) 내가 바로 무장승이다. 삼독대마왕이라고도 부르지. 너희는 무슨 부탁이 있어서 나를 찾아 왔느냐?

바리데기　저는 제 아버지인 오구대왕과 어머니인 길대아기씨왕비가 죽을병에 걸렸는데 무장승님의 감로수를 마시면 나을 수 있다기에 감로수를 얻으러 왔습니다.

오늘낭자　나는 사막의 나라에서 온 오늘낭자입니다. 나는 왜 수많은 금은보화 재산을 가진 최고 부자인데도 만족하지 못하고 더욱 많이 갖고 싶은지, 왜 비싸고 귀한 옷을 입고 좋은 음식을 먹어도 행복하지 않은지 그 이유를 알고 싶어 왔습니다.

올제도령　나는 바람의 나라에서 온 올제도령입니다. 나는 왜 수많은 지식을 알게 돼도 더욱 모르는 것이 많아지는지, 왜 미래를 예측하고 대비하는 데도 불안이 가시지 않는지 그 이유를 알고 싶어 왔습니다.

이무기　나는 물의 나라에서 온 이무기요. 나는 여의주를 두 개나 완성시켰는데도 왜 용이 되지 못하는지 그 이유를 알고 싶어 왔소.

연못일꾼   나는 불의 나라에서 온 연못일꾼입니다. 우리는 열심히
연못을 가꾸고 연꽃을 길렀는데 왜 가운데 한 송이만을
제외하고는 나머지 봉오리들이 꽃으로 개화하지 못하는
지 그 이유를 알고 싶어 왔습니다.

삼독대마왕 무장승의 머리들이 차례로 말한다.

무장승   (거짓말쟁이 머리가) 좋다. 바리데기 너에게는 감로수를
떠가게 해 주마. 오늘낭자와 올제도령, 너희에게는
족하지 못하는 이유, 행복하지 못한 이유, 불안한 이유를
알려 주마. 이무기와 연못일꾼, 너희들에게도 용이 되지
못한 이유와 다른 꽃봉오리들이 개화하지 않는 이유를
알려주겠다.

무장승   (욕심쟁이 머리가) 하지만 그 전에 너희들은 나에게 대가
를 치러야 한다. 나를 위해 여기에 훌륭한 누각을 지어라.
또한 그 앞에 연못을 파고 연꽃을 가꾸어야 한다. 누각은
비단으로 치장해야 한다.

무장승   (심술쟁이 머리가) 만약 일을 제대로 하지 못하면 너희들
소원을 들어주기는커녕 너희를 모조리 죽여 버릴 테다.
너희 모두 죽여서 잡아먹어 버리겠다.

무장승   (머리 셋 모두 함께) 당장 시작해라!

이렇게 소리 지르고는 삼독대마왕 무장승이 옆에 있는 동굴 안으로 도로 들어가 버린다. 바리데기 일행은 저 괴물이 도대체 무엇인지 술렁거린다. 그러자 서천서역국에서 가장 가까이 살고 있던 연못일꾼이 소문을 들려준다.

연못일꾼 저 탐욕스럽고 게걸스럽게 생긴 머리는 욕심쟁이 무장승이라고 불리지요. 욕심이 대단해서 무엇이든 가지려고 하고 갖고 싶은 것은 누구 것이든 뺏으려고 한답니다. 저 무시무시하고 사납게 생긴 머리는 심술쟁이 무장승이라고 불리지요. 항상 화가 나 있고 짜증을 부리며 조금이라도 마음에 들지 않으면 매우 사납게 변한답니다. 저 우스꽝스럽고 우둔하게 생긴 머리는 거짓말쟁이 무장승이랍니다. 언제나 거짓말을 일삼고 속이기를 좋아해서 남들이 믿고 속으면 어리석게도 기뻐한답니다. 그래서 사람들은 저 머리 셋달린 괴물을 삼독대마왕이라고 부른답니다.

바리데기 일행은 귀를 모으고 고개를 갸우뚱하며 연못일꾼의 이야기를 듣는다.

연못일꾼 아득한 옛날에는 삼독대마왕 무장승이 준수하게 생긴 훌륭한 도령이었다는 소문도 있지요. 하지만 아무도 그를 본 사람은 없고 또 왜 저렇게 변하게 되었는지 아는 사람도 없답니다.

연못일꾼이 이렇게 말하는 동안 동굴 안에서 으르렁거리는 소리가
들려온다.

무장승   (심술쟁이 머리 목소리) 게으름 피우면 당장 죽여서 잡아
         먹어 버릴 테다.

무장승   (노래, 나는 참을 수 없다, 머리 셋이 함께)
         나의 욕심은 언제부터 시작됐는지 모른다
         아마 분노가 시작됐을 때부터이리라
         분노는 어리석음이 시작될 때 시작됐다
         나의 욕심은 저 밑바닥 심연에서부터 올라온다
         어디서부터 분노가 합류했는지 모른다
         어리석음이 먼저 합류했는지도 모른다
         서로 항상 어울리지만
         서로 다정하지는 않다
         서로 의논하거나 대화하지도 않는다
         어쩌면 오로지 자신의 일만 하는지도 모른다
         치밀어 오르는 태고의, 원초의 힘은
         분노와 욕심과 어리석음을 분출시키고
         내 마음은 참을 수 없다, 참지 못한다

바리데기 일행은 두려움에 떨며 얼른 일을 시작한다.

169

바리데기	일을 나누어서 하는 게 어떨 까요? 올제도령님은 누각을
	짓고 오늘낭자님은 누각을 치장할 비단을 짜고 이무기님
	은 연못을 파고 연못일꾼님은 연꽃을 가꾸는 것이지요.
	저는 올제도령님을 돕고 아도니는 오늘낭자님을, 노도니
	는 이무기님과 연못일꾼님을 돕도록 하지요.
일동	(다같이) 좋아요. 그렇게 하지요.

이렇게 하여 바리데기 일행은 누각을 짓고 연못을 파고 비단을 짜고
연꽃을 가꾸며 모두 열심히 일을 한다. 세월이 지나 드디어 누각과
연못이 완성되고 누각은 비단으로 치장하고 연못은 연꽃줄기와 잎,
봉오리로 덮여 있다. 연꽃은 가운데 한 송이만 피어 있다. 누가 보아
도 훌륭한 누각이며 아름다운 연못이다.

일동	(다같이) 삼독대마왕 무장승님, 이리 와서 보세요.
바리데기	삼독대마왕 무장승님, 말씀대로 누각을 짓고 연못을 파고
	치장을 하고 연꽃을 가꾸었으니 약속대로 우리 소원을
	들어주세요.

삼독대마왕은 동굴에서 어슬렁어슬렁 나와 누각과 연못을 둘러본다.
그리고 못마땅한 표정을 짓는다.

무장승	(욕심쟁이 머리가) 누각도 형편없고 연못도 형편 없어. 장
	식도 형편없고 연꽃도 형편없어. 모두가 마음에 안 들어.

심술쟁이 머리는 투덜투덜 짜증을 낸다. 거짓말쟁이 머리는 입을 삐죽 내민다. 바리데기 일행은 삼독대마왕이 트집을 잡고 약속을 지키지 않으면 어떡하나하고 모두들 조마조마해 한다.

무장승   (거짓말쟁이 머리가) 그렇지만 내가 약속했으니까 너희들의 부탁을 들어주지.
        (바리데기에게) 바리데기, 너는 저 감로수 옹달샘 물을 떠서 가져가도록 하여라.

바리데기와 아도니, 노도니는 이 말을 듣자 뛸 듯이 기뻐한다.

무장승   오늘낭자, 너는 수많은 금은보화 재산을 갖고도 만족하지 못하고 비싸고 귀한 옷을 입고 좋은 음식을 먹어도 행복하지 못한 것은 그대 홀로 부자가 되려하고 그대 홀로 누리려하기 때문이지.

오늘낭자는 이 말을 듣고 고개를 끄덕인다.

무장승   올제도령, 너는 수많은 지식을 알고도 더욱 모르는 것이 많아지고 아무리 미래를 잘 예측하고 대비해도 불안이 가시지 않는 것은 그대 홀로 지식을 누리려 하고 그대 홀로 미래를 대비하려하기 때문이야.

올제도령도 이 말을 들으며 옳다고 고개를 끄덕인다.

무장승   이무기, 너는 가장 위대한 용이 되려고 여의주를 두 개나
물었지만 그대 홀로 남보다 위대한 용이 되려고 했기 때
문에 오히려 용이 되지 못한 것이지.

이무기도 이 말을 듣고 수긍하는 눈치다.

무장승   연못일꾼, 너는 연꽃의 향기와 아름다움을 너희만 누리려
고 하고 벌과 나비며 새들은 모두 쫓아냈지. 그 때문에 나
머지 봉오리들은 개화하지 못하는 거야.

연못일꾼도 마지못한 듯 고개를 끄덕인다.

무장승의 말이 끝나자 노도니는 얼른 감로수 옹달샘으로 달려간다.
표주박 바가지를 집고 호로병을 꺼내 바가지로 물을 떠서 병에 담으
려고 한다. 그런데 이게 어찌 된 일인지 바가지로 물을 뜨려고 하자
물이 쑤욱 밑으로 달아난다. 노도니가 더욱 몸을 숙여 물을 뜨려고
하니 물은 또다시 더 밑으로 달아나 버린다. 노도니는 몸을 더욱 들
이밀다가 그만 옹달샘 안으로 떨어지고 만다. 그랬더니 풍덩 빠지면
서 가슴까지 물이 차는 것이다. 노도니가 물에 앉은 채로 바가지를
집어 물을 뜨려고 하니 다시 물은 아래로 도망간다.

노도니는 어안이 벙벙하여 물에 젖은 채로 샘 안에 앉았고 바리데기
일행도 이 모습을 어리둥절하여 멍하니 보고 있다. 이들이 당황해

하는 모습을 보고 삼독대마왕은 재미있다는 듯이 손뼉을 치며 깔깔 깔 웃어 댄다. 아도니가 화를 내며 말한다.

아도니   아니 감로수 물을 주신다고 했잖아요.
무장승   (거짓말쟁이 머리가 숨넘어갈 듯 깔깔 웃으며) 나는 너희
         에게 감로수 물을 떠가게 해준다고 했지 떠서 주겠다고
         하지 않았다. 너희들이 떠가지 못 하는 것은 너희들 잘못
         이지 내 잘못은 아니야.

오늘낭자와 올제도령, 이무기와 연못일꾼이 무장승에게 일제히 묻 는다.

오늘낭자   어떻게 해야 만족하고 행복해 질 수 있나요?
올제도령   어떻게 해야 만족하고 불안을 없앨 수 있나요?
이무기   어찌 해야 용이 될 수 있는 거요?
연못일꾼   어찌 해야 연꽃을 모두 피우지요?
무장승   (거짓말쟁이 머리가 숨넘어갈 듯 계속 웃으며) 나는 이미
         다 말했다. 너희들은 이유를 물었지 해결책을 묻지는 않
         았어. 약속대로 나는 그 이유를 다 말해 주었다.
일동   (다 같이 달려들며) 이 거짓말쟁이!

오늘낭자와 올제도령, 이무기와 연못일꾼은 이렇게 외치며 삼독대마 왕에게 달려든다. 그러나 삼독대마왕은 여섯 주먹을 휘둘러 모두 뿌

리친다. 그리고 모두를 흠씬 두들겨 패는데 바리데기 일행은 삼독대마왕을 당해내지 못한다.

무장승   (심술쟁이 머리가 길길이 날뛰며) 이놈들아, 너희들과 약속한 대로 모두 일러 주었건만 너희는 배은망덕하게도 도리어 나를 해코지하려고 해? 너희들을 아주 단단히 혼내주겠다.

삼독대마왕은 바리데기 일행들에게 마구 주먹을 휘두른다. 그때 구석 한쪽에 물러서 있던 바리데기가 앞으로 나서며 조용히 말한다.

바리데기   그만 하세요, 무장승님. 무장승님은 말씀대로 약속을 지키셨어요. 그러면 이제 제게 감로수를 떠 주고 저 분들에게 해결책을 알려 주시려면 어떻게 해야 하나요?

이 말을 듣자 삼독대마왕은 날뛰던 것을 멈추고 머리 셋은 바리데기를 한동안 노려본다. 그리고는 서로 마주보며 눈빛을 주고받는다.

무장승   (욕심쟁이 머리가) 좋다. 바리데기야. 너의 피와 살덩이를 나에게 바쳐라. 네 피와 살을 먹어야겠다. 그러면 감로수를 떠주고 저들에게는 해답을 일러주지.
                (심술쟁이 머리) 지금 당장 바쳐라.
                (거짓말쟁이 머리) 이건 거짓말이 아니다.

이 말을 듣고 바리데기 일행은 모두들 일순간 얼어붙어 일제히 바리데기를 쳐다본다. 바리데기도 놀라서 일순간 하얗게 변한다. 그러나 곧 결심한 듯 주저하지 않고 또박또박 말한다.

바리데기   좋아요, 무장승님. 제 피와 살을 바치겠습니다. 대신에 감로수를 떠서 아도니와 노도니에게 주세요. 제 어머니와 아버지를 살리게 해 주세요. 오늘낭자님과 올제도령님이 불만과 불안을 없애고 행복해질 수 있도록 알려 주시고 이무기님이 용이 되도록, 연못일꾼님이 연꽃을 모두 피우도록 해결책을 알려주세요.

이렇게 말한 바리데기 감로수 옹달샘 뒤에 있는 큰 바위 위로 누가 말릴 겨를도 없이 기어오른다.

장면이 어두워진다.

8장

바리데기는 옹달샘 뒤 큰 바위위로 기어 올라가 꼭대기에 똑바로 선다. 그리고는 뛰어내리려는 듯이 두 손을 모으고 눈을 꼭 감는다. 그러자 삼독대마왕 거짓말쟁이 머리가 바리데기를 올려다보고 놀란 표정을 지으며 말한다.

무장승   (거짓말쟁이 머리가) 너는 도대체 누구냐? 너는 네 아비
         오구대왕이 내다버린 바리데기 아니냐? 네가 감로수를 가
         지러 온 것은 아비를 구하기보다는 공을 세워 공주의 자
         리를 찾으려는 것 아니냐? 그런데 네가 죽어버리면 무슨
         소용이 있느냐?

바리데기   처음에 저는 아무 것도 모르는 바리데기였지요. 그러다가
         바리데기가 버려진 아기이고 오구대왕의 일곱째 공주인
         것을 알게 되었지요. 그런 다음에는 저는 감로수를 찾아
         나선 불라국 막내공주인데 아깃적에 버려졌던 바리데기
         가 되었지요. 그러나 저는 이제 모두 깨달았습니다. 저는
         버려진 공주도 아니고 버려졌던 바리데기도 아닙니다. 저
         는 버려진 적도 없고 버려질 수도 없습니다.

무장승   (거짓말쟁이 머리가 갸웃하며) 네가 버려진 적도 버려질
         수도 없다니 무슨 말이냐? 공주도 아니고 바리데기도 아
         니라니 도대체 뭐란 말이냐?

바리데기   저는 나면서부터 세상과 함께 있으니 버릴 수도 버려질 수
          도 없습니다. 저의 참 모습은 버려진 공주도 아니고 버려
          졌던 바리데기도 아니에요. 저는, 저의 참 모습은 바로 제
          가 하는 일이에요.

이 말에 삼독대마왕 무장승은 혼란스러워 한다. 욕심쟁이 머리가 빙
글빙글 돌면서 지껄인다.

무장승   (욕심쟁이 머리가) 나는 내가 하는 일이라고? 내가 하는
          일은 욕심 부리는 일이지. 그러면 나는 욕심 부리는 일이
          고 내가 하는 일은 욕심 부리는 일이니까 욕심 부리는 일
          이 욕심을 부리고 욕심 부리니까 욕심 부리고….

심술쟁이 머리와 거짓말쟁이 머리도 빙글빙글 돌면서 지껄인다.

무장승   (심술쟁이 머리가) 나는 내가 하는 일이라고? 내가 하는
          일은 화내는 일이지. 그러면 나는 화내는 일이고 내가 하
          는 일은 화내는 일이니까 화내는 일이 화내고 화내니까
          화내고….

무장승   (거짓말쟁이 머리가) 나는 내가 하는 일이라고? 내가 하는
          일은 속이는 일이지. 그러면 나는 속이는 일이고 내가 하
          는 일이 속이는 일이니까 속이는 일이 속이고 속이니까
          속이고….

삼독대마왕의 머리 셋은 정신없이 돌며 혼란스러워 한다. 바리데기
는 바위위에 꼿꼿이 서서 노래한다.

바리데기 (노래, 나의 참모습)
처음에는 바리데기였다가
다음에는 공주였다가
그 다음에는 버려진 바리데기인 공주이다가
그 다음에는 공주로 밝혀진 바리데기인데다
그리하여 바리데기이고 공주이며
공주이고 바리데기인데,
그러나 나의 참 모습은
과거도 아니고 미래도 아니고
외관도 아니고 관계도 아니고
마음도 아니고 성품도 아니라네

나의 참 모습은
바로 내가 하는 일이지
내가 남을 위해 하는 일
나를 위해 산다면
그건 겨우 나를 위해 살 뿐
내가 사라지면 나도 사라지고 말지
그러나 남을 위해 산다면
남은 남을 위해 살고

나도 남이니까

그래서 나는 남을 위해 또 나를 위해 살고

남을 위하고 나를 위하고 남을 위하고

그리하여 나는 영원히 계속된다네

바리데기   그래요. 나는 바로 내가 하는 일이에요. 내가 남을 위해서
          하는 일이지요.

이 말이 떨어지자 빙글빙글 돌던 삼독대마왕의 머리들이 딱 멈춰 서
더니 일제히 외친다.

무장승   (머리 셋 모두 함께) 남을 위해서 하는 일이라고!
무장승   (욕심쟁이 머리가) 남을 위해서 욕심을 부린다고?"
무장승   (심술쟁이 머리가) 남을 위해서 화를 낸다고?"
무장승   (거짓말쟁이 머리가) 남을 위해서 거짓말을 한다고?"

삼독대마왕의 머리 셋은 일제히 놀라서 눈이 휘둥그레지더니 머리들
이 부풀어 오르고 연기가 피어오르기 시작한다. 바리데기는 결심을
한 듯 두 눈을 꼭 감고 주먹을 꼭 쥐고 아래로 뛰어 내린다. 그 순간
삼독대마왕 무장승은 혼란을 이기지 못해서인지 펑하고 연기를 내며
폭발해 버린다. 바리데기는 연기 속으로 떨어져 사라진다. 이것이 순
식간에 일어난 일이라 바리데기 일행은 그저 어안이 벙벙하여 바라
만 보고 있다가 바리데기가 연기 속으로 떨어지자 그때서야 아도니

와 노도니는 달려간다.

아도니,노도니 (울부짖으며) 공주님, 공주님.

그런데 다음 순간 연기가 걷히고 나서 삼독대마왕은 간 곳 없고 준수하고 잘생긴 도령이 바리데기를 받아 안고 서 있다. 바리데기는 그 도령의 품에 안겨 두 눈을 꼭 감고 있다. 도령은 바리데기를 살포시 땅에 내려놓고는 옷깃을 여민 뒤 바리데기에게 허리를 굽혀 공손히 인사한다.

아도니   아니, 저 사람은…
노도니   그래, 저 사람은 이무기의 여의주에서 본 그 신랑이잖아?
바리데기   (당황하여) 당신은 누구세요? 삼독대마왕은 어디 갔나요?
무장승   제가 바로 무장승입니다. 삼독대마왕은 저의 다른 모습이
          지요. 저의 탐욕과 분노와 어리석음이 극에 달해서 그런
          모습으로 변했지요. 그런데 그대의 깨달음과 자신을 희생
          하려는 마음씨가 저를 미혹에서 구해 주었습니다. 저의
          거짓 모습을 벗게 하고 참 모습을 되찾게 해주었습니다.
          바리데기님께 감사드립니다.

이를 보고 오늘낭자와 올제도령, 이무기와 연못일꾼이 모두 무장승 주위로 몰려와서 일제히 외친다.

일동   (다같이) 당신이 바로 무장승이라고? 그러면 우리들 소원
      은 어떻게 되는 거지?

무장승 (조용조용하게) 그대들은 이미 바리데기님의 말과 마음씨
      에서 그 해답을 알았을 것입니다. 그대들은 그대들 자신
      만의 욕심에 집착해 있기 때문에 오히려 그대들의 소원을
      이루지 못하는 것입니다.

무장승은 먼저 연못일꾼을 돌아보며 말한다.

무장승 연못일꾼님, 연못일꾼님은 연꽃의 향기와 아름다움을 자
      신들만 누리고 다른 이들을 쫓아내기 때문에 나머지 봉
      오리들이 개화하지 않는 것입니다. 저 가운데 가장 크고
      향기로운 첫 송이를 남에게 주십시오. 그러면 나머지도
      모두 피어날 것입니다.

연못일꾼 (얼굴이 굳어지며 혼잣말로) 저 꽃송이는 신비한 힘이 있
      는데 남에게 주어야 한다고?

연못일꾼은 잠시 주저하다가 결심한 듯 연못 속에 들어가 피어있는
한 송이를 꺾어서 나온다.

연못일꾼 이 꽃송이를 바리데기님에게 드리겠어요.

연못일꾼이 연꽃송이를 바리데기에게 주자 연못에 있던 나머지 봉오

리들이 일제히 피기 시작한다. 마침내 꽃잎을 다 펼치자 연못을 일대 장관을 이룬다.

무장승은 이어서 이무기에게 말한다.

무장승　이무기님, 이무기님은 남보다 위대한 용이 되려는 욕심에 여의주를 두 개나 물었기 때문에 오히려 용이 될 수 없었던 것입니다. 여의주 하나를 남에게 주면 바로 용이 될 수 있습니다.

이무기　(탄식하며) 나는 가장 위대한 용이 되려고 두 개의 여의주를 완성시켰는데 오히려 그 때문에 용이 되지 못하다니…. 여의주 하나는 바리데기님께 드리리다.

이무기가 여의주 하나를 뱉어내어 바리데기에게 주고 이무기가 여의주 하나를 내놓는 순간 이마에서 뿔이 돋기 시작하고 주둥이는 뾰족해지면서 수염이 나고 등줄기에는 갈기 비늘이 돋아나고 몸통은 가늘어지면서 다리 넷이 뻗어 나온다. 마른하늘에 천둥 번개가 치면서 용이 된 이무기는 하늘로 올라가고 용은 바람과 구름을 일으키고 비를 뿌리며 한바탕 조화를 부린다. 그런 다음 다시 땅위로 내려와 일행 곁에 콧김을 뿜으며 엎드린다.

무장승은 끝으로 오늘낭자와 올제도령을 함께 보며 말한다.

무장승　그대들은 그대들 홀로 자신들만의 욕심을 이루려하기 때문에 항상 불만과 불안에서 벗어날 수 없는 것입니다.

무장승은 오늘낭자와 올제도령을 잡아끌어 서로 손을 맞잡게 한다.

무장승   그대들은 자신만이 최고가 되어야 한다는 집착을 버리고
         자신만을 위하려는 마음을 없애고 상대를 존경하고 위하
         면 행복해질 것입니다.

오늘낭자와 올제도령은 서로 손을 맞잡은 채 마주 보는데 처음에는
약간 당황하고 굳은 표정이었으나 이내 둘 다 환한 웃음을 띤다.
이렇게 하고 나서 무장승은 바리데기에게 다가가 손을 내밀어 바리데
기가 들고 있던 첫 송이 연꽃과 여의주를 달라고 하고 바리데기가 이
들을 건네주자 무장승의 손 위에서 연꽃은 작은 반지로 변하고 여의
주는 작은 구슬로 변한다. 무장승이 구슬을 연꽃반지 속에 넣자 빛
나는 구슬반지가 되는데 이 반지를 바리데기의 손가락에 끼워 준다.
그러자 바리데기는 온몸이 환하게 빛난다. 이를 보고 아도니와 노도
니가 외친다.

아도니,노도니 (큰소리로) 바리공주님 만만세!
나머지 일행 (뒤따라) 바리공주님 만만세!

바리데기는 이 모두가 얼떨떨하지만 고개 숙여 답례한다.

바리데기   (무장승에게) 이제 감로수를 가져갈 수 있나요?
무장승   그대가 바로 감로수입니다. 그대가 뜨는 물이 환생수이며

그대가 주는 물이 불로장생수이지요. 저 옹달샘 물도 훌륭한 약수이니 저 물을 떠가도록 하지요.

바리데기가 옹달샘으로 가서 표주박 바가지로 물을 뜨니 이번에는 물이 달아나지 않고 그대로 있다. 바리데기가 물을 떠서 호로병에 담고 나자 무장승은 모두에게 말한다.

무장승   나는 이제 바리공주님을 따라 불라국으로 가겠소. 이 서역국은 이제 비울 테니 오늘낭자님과 올제도령님이 여기 살아도 좋소. 용이 된 이무기님은 우리를 불라국까지 태워주시오. 연못일꾼님은 어떻게 하시려오?
연못일꾼   저는 불의 나라에 돌아가 연꽃 봉오리를 개화시키는 방법을 일러주어야지요.

이렇게 연못일꾼은 돌아가기로 하고 오늘낭자와 올제도령은 무장승의 나라에서 저들이 지은 집과 연못 정원에서 살기로 한다. 바리데기와 무장승, 그리고 아도니와 노도니는 이무기였던 용을 타고 불라국으로 돌아간다. 바리데기가 아도니, 노도니와 함께 길을 떠나 육 년 만에 서천서역국에 도달하였지만 돌아갈 때는 용을 타고 날아가니 한나절 만에 불라국 궁궐 앞뜰에 내린다.
바리데기는 내리자마자 길대아기씨왕비에게 달려간다. 길대아기씨왕비는 야윌 대로 야위어 제대로 움직이지도 못하지만 바리데기를 보고 기쁜 표정을 짓는다. 바리데기가 호로병을 열어 감로수를 입에 흘려 넣자 길대아기씨왕비는 금방 기력을 회복하는 듯 보인다. 이어서 바리데기는 오구대왕에게로 달려가 감로수를 마시게 하는데 오구대 왕 역시 기진맥진해 있었지만 감로수를 마시자 금방 기운을 차린다. 이렇게 며칠이 지나자 오구대왕과 길대아기씨왕비는 병으로부터 완 전 회복한 듯 건강해진다.

장면이 어두워진다.

9장

얼마 후 불라국 궁궐에서는 잔치가 열리고 있다. 바리공주와 무장승의 혼례 잔치로서 가운데에는 크고 으리으리한 차양 막을 치고 오구대왕과 길대아기씨왕비가 앉아 건강한 모습으로 환하게 웃고 있다. 그 앞에는 진수성찬이 차려져 있고 그 앞 뜰 가운데에는 바리공주와 무장승이 맞절을 하고 있다. 오 늘낭자가 준 선녀옷을 입은 바리공주는 눈부시게 아름답다. 이 모든 것이 예전에 용이 되지 못한 이무기의 여의주 속에서 본 모습 그대로다.

뜰아래 차양에는 여섯 언니공주와 그 남편들이 앉아 있다. 첫째언니 왕눈이 일안공주는 남편이 고관대작으로 남편과 함께 큰 눈으로 주위를 두리번두리번 살피고 있다. 둘째언니 왕귀 이이공주는 남편이 악사로서 역시 큰 귀 남편과 함 이리 솔깃 저리 솔깃 주위 말에 귀 기울이고 있다. 셋째언니 왕코 삼비공주는 남편이 술 빚는 사람으로서 연신 술 냄새를 맡으며 품평하고 있다. 넷째언니 왕입 사설공주는 남편이 요리사로서 맛난 음식을 먹느라 정신이 없다. 다섯째언니 왕몸 오신공주는 남편이 의사로서 둘 다 뚱뚱하여 움직이기 귀찮아한다. 여섯째언니 왕머리 육의공주는 남편이 학자로서 서로 머리를 맞대고 무언가 끙끙대며 풀고 있다.

오늘낭자와 올제도령도 보이는데 서로 맛난 음식을 집어 주며 다정하고 행복한 모습이다. 이무기였던 용은 하늘로 날아올라 구름으로 무장승님 만세, 바리공주님 만만세 라고 축하글자를 온 하늘에 수놓는

다. 연못일꾼들도 한 귀퉁이에 앉아 메뚜기튀김요리와 모기눈알볶음
요리를 즐기고 있다. 아도니와 노도니도 한구석을 차지하고 앉아 차
를 홀짝홀짝 마시고 있다.

아도니   바리공주님을 모시고 다니면서 내가 노도니 너보다 열배
         는 더 활약했어.
노도니   무슨 소리! 내가 한 일에 비하면 아도니 너는 병아리 눈물
         이야.

티격태격 다투다가 노래한다.

아도니,노도니 (노래, 이렇게 좋은 날)
         이렇게 좋은 날이 있을 줄을
         처음부터 알고 있었지
         힘들고 어려운 날에도 궂은 날에도
         이런 날이 올 줄 진즉에 짐작했지
         물론 좋은 날도 있고 나쁜 날도 있지만
         나쁜 날엔 좋은 날이 올 줄 알고
         좋은 날엔 나쁜 날을 추억으로 회상하면
         언제나 좋은 날 뿐이라네
         하루하루가 좋은 날이라네
         이렇게 좋은 날이 있을 줄을
         진즉부터 알고 있었으니

좋은 날이 더욱더 즐겁지
하루하루가 즐거운 날이지
하루하루 좋은 날만 있을 뿐

-막